Zugangsberechtigung und besondere Sicherung im Sinne von § 202a StGB
Datensicherung – Nicht nur ein juristisches Problem

Europäische Hochschulschriften
Publications Universitaires Européennes
European University Studies

Reihe II
Rechtswissenschaft
Série II   Series II
Droit
Law

Bd./Vol. 1470

PETER LANG
Frankfurt am Main · Berlin · Bern · New York · Paris · Wien

Ernst Jessen

Zugangsberechtigung und besondere Sicherung im Sinne von § 202a StGB

Datensicherung –
Nicht nur ein juristisches Problem

PETER LANG
Europäischer Verlag der Wissenschaften

Die Deutsche Bibliothek- CIP-Einheitsaufnahme

Jessen, Ernst:

Zugangsberechtigung und besondere Sicherung im Sinne von
§ 202a StGB : Datensicherung - nicht nur ein juristisches
Problem / Ernst Jessen. - Frankfurt am Main ; Berlin ; Bern ;
New York ; Paris ; Wien : Lang, 1994
  (Europäische Hochschulschriften : Reihe 2, Rechts-
  wissenschaft ; Bd. 1470)
  Zugl.: Kiel, Univ., Diss., 1993
  ISBN 3-631-46745-1

NE: Europäische Hochschulschriften / 02

D 8
ISSN 0531-7312
ISBN 3-631-46745-1
© Peter Lang GmbH
Europäischer Verlag der Wissenschaften
Frankfurt am Main 1994
Alle Rechte vorbehalten.

Das Werk einschließlich aller seiner Teile ist urheberrechtlich
geschützt. Jede Verwertung außerhalb der engen Grenzen des
Urheberrechtsgesetzes ist ohne Zustimmung des Verlages
unzulässig und strafbar. Das gilt insbesondere für
Vervielfältigungen, Übersetzungen, Mikroverfilmungen und die
Einspeicherung und Verarbeitung in elektronischen Systemen.

Meinem Vater
gewidmet

Vorwort

Die Zeit, in der Rechtswissenschaften und EDV-Technik zwei voneinander völlig losgelöste Fachbereiche waren, ist vorbei. Sowohl der praktische Einsatz der elektronischen Datenverarbeitung in der Rechtsanwendung als auch die gesetzgeberische Erfassung von Arbeitsabläufen in der Datenverarbeitung verknüpfen diese beiden Gebiete endgültig miteinander.

Mir ist bewußt, daß gerade dieser Bereich sehr kurzlebig ist. Dies mag allein der Umstand verdeutlichen, daß bei Beginn der Recherchen die CD-ROM als Speichermedium diskutiert wurde und bei Drucklegung des Textes schon umfangreiche Werke wie Rechtsprechungssammlungen oder die NJW auf CD-ROM erhältlich sind. Gerade deshalb zielt dieses Werk auf die Erarbeitung eines grundsätzlichen Ergebnisses ab, ohne sich aber der konkreten Subsumtion zu entziehen.

Mein Dank gilt Professor Wagner, der sich trotz der oft schwierigen technischen Materie die Zeit nahm, alle anfallenden Fragen mit mir zu erörtern. Meiner Frau danke ich für die unermüdliche Hilfe bei der Ausgestaltung der Arbeit.

Anregungen und Kritik aus dem Kreis der Leser sind stets willkommen.

Kiel, im Juli 1993

Inhaltsverzeichnis:

1. Einleitung	13
2. Von der Geschichte bis zur Gegenwart	15
2.1. Der Begriff der Computerkriminalität	15
2.1.1. Streit um die richtige Formulierung	15
2.1.2. Definitionsversuch	16
2.2. Das Problem der Computerkriminalität	18
2.2.1. Gibt es überhaupt Computerkriminalität?	18
2.2.2. Dunkelfeld und dessen Gründe	19
2.2.3. Schadenshöhe	21
2.2.4. Weitere Gründe für die Bedeutung der Computerkriminalität	22
2.2.5. War das alte Strafrecht ausreichend?	23
2.2.5.1. Allgemein	23
2.2.5.2. § 202 Absatz 3 StGB a.F.	24
2.2.6. Schutz von Daten aus der Sicht der Literatur	25
2.2.7. Ergebnis	25
2.3. Entstehungsgeschichte des 2. WiKG	26
2.4. Gegenwart	29
2.5. Zusammenfassung	32
3. Das Rechtsgut des § 202a StGB	33
3.1. Begriff und Funktion des Rechtsgutes	33
3.2. Die verschiedenen Thesen	35
3.2.1. Das Vermögen	36
3.2.2. Materielles Geheimnis	36
3.2.3. Formelles Geheimnis	37
3.2.4. Stellungnahme	37
3.2.5. Ergebnis	43
3.3. Zusammenfassung	44
4. Der Tatbestand	45
4.1. Daten	45
4.1.1. Datenbegriff	46
4.1.2. § 202a Abs.2 StGB	50
4.1.3. Speicher- und Übertragungsmedien	55
4.1.4. Zusammenfassung	58
4.2. Bestimmung	59
4.3. Besondere Sicherung	63
4.3.1. Verwendung in § 243 Absatz 1 Satz 2 Nummer 2 und § 202 Absatz 2 StGB	63
4.3.1.1. § 243 Absatz 1 Satz 2 Nummer 2 StGB	64
4.3.1.1.1. Die Literatur	64
4.3.1.1.2. Die Rechtsprechung	69
4.3.1.1.3. Weitere Probleme bei der Auslegung	72

4.3.1.2. § 202 Absatz 2 StGB	75
4.3.1.3. Zusammenfassung	77
4.3.2. Datensicherung	78
4.3.2.1. Informatik	79
4.3.2.2. Wirtschaftswissenschaften	81
4.3.2.3. Datenschutzrecht	83
4.3.2.4. Strafrecht	85
4.3.3. Verschiedene Theorien zur Auslegung	86
4.3.3.1. Datenschutzrechtliche Deutung	88
4.3.3.2. § 202 Absatz 2 StGB und § 243 Absatz 1 Satz 2 Nummer 2 StGB	92
4.3.3.3. Objektive Strafbarkeitsbedingung	94
4.3.3.4. Engste Auslegung	97
4.3.3.5. Zusammenfassung	100
4.3.4. Auslegung	100
4.3.4.1. Grammatische Auslegung	101
4.3.4.2. Systematische Auslegung	103
4.3.4.3. Historische Auslegung	105
4.3.4.4. Teleologische Auslegung	112
4.3.4.5. Zusammenfassung	118
4.3.5. Eigener Lösungsvorschlag	119
4.3.5.1. Ungeeignetes Merkmal	119
4.3.5.2. Lösung	120
4.3.6. Muß die Sicherung überwunden werden?	121
4.3.7. Zusammenfassung	123
4.4. Unberechtigter Zugang	124
4.4.1. Zugang	125
4.4.1.1. Wortlaut	125
4.4.1.2. Systematik	130
4.4.1.3. Geschichte	130
4.4.1.4. Teleologie	131
4.4.1.5. Ergebnis	133
4.4.2. Berechtigung	133
4.4.2.1. Auslegungsversuche	133
4.4.2.1.1. Gleichsetzung mit 'nicht für den Täter bestimmt'	134
4.4.2.1.2. Umkehrschluß aus dem Wort 'bestimmt'	134
4.4.2.1.3. Lückenloser Schutz	135
4.4.2.1.4. Ergebnis	136
4.4.2.2. Auslegung	137
4.4.2.2.1. Wortlaut	137
4.4.2.2.2. Systematik	137
4.4.2.2.3. Geschichte	138
4.4.2.2.4. Teleologie	139
4.4.2.2.5. Ergebnis	140
4.4.3. Zusammenfassung	141

4.5. Verschaffen	141
4.6. Der subjektive Tatbestand und die Irrtümer	145
4.6.1. Der Vorsatz	146
4.6.2. Irrtümer und ihre Auswirkungen	146
4.6.3. Zusammenfassung	148
4.7. Unbefugt	148
4.8. Zusammenfassung	150

5. Paßwort und Kryptographie — 151

5.1. Das Paßwort	151
5.1.1. Die Technik	152
5.1.2. Rechtliche Würdigung	154
5.1.3. Ergebnis	156
5.2. Die Kryptographie	157
5.2.1. Die Technik	157
5.2.2. Rechtliche Würdigung	158
5.2.3. Ergebnis	161
5.3. Zusammenfassung	161

6. Übertragung des Ergebnisses auf § 202 Absatz 2 StGB und § 243 Absatz 1 Satz 2 Nummer 2 StGB — 163

6.1. § 202 Abs.2 StGB	163
6.2. § 243 Absatz 1 Satz 2 Nummer 2 StGB	165
6.3. Zusammenfassung	167

7. Abgrenzung zu § 17 UWG — 169

7.1. Der Tatbestand	170
7.2. Vergleich mit § 202a StGB	174
7.3. Zusammenfassung	176

8. In der Praxis relevante Beispiele — 179

8.1. Hacker	179
8.2. Mißbrauch von Datenbanken am Beispiel von 'juris'	185
8.3. Spielautomatenmißbrauch	186
8.4. Raubkopien	190
8.5. Trojanische Pferde	196
8.6. Zusammenfassung	198

9. § 202a StGB und das Straf- und Strafprozeßrecht — 199

9.1. Täterschaft und Teilnahme	199
9.2. § 202a StGB und Auslandsberührungen	200
9.3. Strafprozessuale Fragen	202
9.3.1. Ermittlungsverfahren	202
9.3.2. Hauptverfahren	206
9.3.3. Zusammenfassung	208

10. Ist das Merkmal der Sicherung zeitgemäß?	211
11. Abschließende Bewertung	215
Reformvorschläge:	216
Abkürzungsverzeichnis	219
Literaturverzeichnis	223

1. Einleitung

Thema dieser Arbeit ist die Zugangsberechtigung und die besondere Sicherung im Sinne von § 202a StGB. Die Auslegung dieser beiden aufeinander aufbauenden Begriffe ist von zwei ganz unterschiedlichen Faktoren beeinflußt. War der Begriff der 'besonderen Sicherung' schon zuvor im Strafgesetzbuch zu finden, so ist der Ausdruck 'unberechtigter Zugang' neu im deutschen Strafrecht. Der Gesetzgeber verwandte somit sowohl einen bekannten Terminus, mit dem Lehre und Rechtsprechung schon gearbeitet hatten, als auch einen neuen Begriff, den der Gesetzgeber zudem noch in den Motiven nicht weiter erklärte. Einerseits führten die fehlenden Erläuterungen zu mißverständlichen Deutungen. Einige Stimmen in der Literatur wollen mit dem Merkmal der Berechtigung den Tatbestand wesentlich einschränken. Nach Auffassung anderer Autoren hat dieses Tatbestandsmerkmal keine eigenständige Bedeutung. Andererseits entstehen Auslegungsprobleme bei § 202a Abs.1 StGB, wenn man versucht, alte Begriffe und damit auch alte Strukturen auf die neue Norm zu übertragen. In § 243 Abs.1 S.2 Nr.2 StGB bezieht sich die besondere Sicherung auf körperliche Sachen. Der neue Tatbestand gegen das Ausspähen von Daten knüpft demgegenüber an nicht materialisierte Tatobjekte an. Beide vom Gesetzgeber verwendeten Begriffe bedürfen somit der Präzisierung.

Die bis jetzt erschienenen Veröffentlichungen zum Tatbestand des § 202a StGB beschränken sich auf die kurzgefaßte Kommentarliteratur und auf eine größere Zahl von Aufsätzen, die Ende 1986 alle Neuerungen des 2. WiKG im Bereich der Computerkriminalität vorstellten. Damals stand - verständlicherweise - der Computerbetrug gemäß § 263a StGB im Vordergrund. Nur ein Autor setzte sich Anfang 1987 ausdrücklich mit dem Merkmal der 'besonderen Sicherung' auseinander. Die strafrechtliche Literatur überläßt ansonsten den Problembereich der Datensicherung den Informatikern und den Wirtschaftswissenschaftlern. Selbst im öffentlich-rechtlichen Datenschutz ist der Terminus 'Datensicherung' nicht zu finden.
Die vorliegende Arbeit stellt die erste umfassende juristische Auseinandersetzung mit Zugangsberechtigung und Datensicherung dar.

In einigen Kapiteln ist es für die Erarbeitung einer Lösung notwendig, technische Abläufe und Voraussetzungen zu beschreiben. Zum besseren Verständnis werden Vereinfachungen vorgenommen, soweit dadurch das Ergebnis nicht verfälscht wird. Die vollständige Wiedergabe der zumeist elektronischen Vorgänge würde den Umfang der Arbeit sprengen und das Schwergewicht von der juristischen Ausarbeitung in die Informatik verschieben. Eine technisch vollständige und verständliche Darstellung aller Abläufe bei der Datensicherung enthält das Buch "Datensicherheit" des Informatikers Weck.

Die Arbeit beginnt mit allgemeinen Erwägungen zur Computerkriminalität und der steigenden Bedrohung durch sie. Nur wer versteht, welches Gefahrenpotential im Laufe der Jahre entstanden ist und sich auch weiterhin aufbauen wird, kann die Risiken und Herausforderungen dieser neuen Form der Kriminalität beurteilen. In diesem Zusammenhang ist die Entstehungsgeschichte des § 202a Abs.1 StGB als Teil des 2. WiKG zu sehen.

Die Tatbestandsmerkmale 'besonders gesichert' und 'unberechtigter Zugang' sind nur im Kontext des § 202a Abs.1 StGB verständlich, deshalb sind alle Merkmale der Vorschrift darzustellen. Schon hier zeigt sich, daß einige der bis heute vertretenen Definitionen mangelhaft sind. Der Datenbegriff des § 202a Abs.2 StGB und die Zustandsbegriffe 'Übertragen' und 'Speichern' sind neu zu definieren.

Die Untersuchung des Merkmales der 'besonderen Sicherung' knüpft sowohl an die bekannte Deutung in § 243 Abs.1 S.2 Nr.2 StGB und § 202 Abs.2 StGB als auch an das computerbezogene Wort 'Datensicherung' an. Um eine überzeugende Deutung zu erhalten, muß die 'besondere Sicherung' allerdings neu ausgelegt werden. Der 'unberechtigte Zugang' ist, da andere Anknüpfungspunkt fehlen, allein durch Auslegung zu bestimmen.

Nachdem alle Tatbestandsmerkmale definiert wurden, bleibt das Verhältnis von § 202a Abs.1 StGB zu anderen Strafgesetzen und die praktische Umsetzung zu untersuchen. Letztere gliedert sich in zwei Problembereiche. Zum einen ist zu klären, ob die vielfach genutzten Vorkehrungen wie Paßwort und Datenverschlüsselung überhaupt in jedem Fall geeignet sind, einem Täter konkret den Zugang zu fremden Daten zu erschweren. Zum anderen werden die in Literatur und Rechtsprechung am häufigsten diskutierten Beispiele zu § 202a Abs.1 StGB auf ihre Tatbestandsmäßigkeit untersucht. Hierzu zählen unter anderem Hacker, Trojanische Pferde und Personen, die Raubkopien anfertigen. Zudem sind bei der praktischen Anwendung die Einflüsse sowohl des Allgemeinen Teiles des Strafgesetzbuches als auch der Strafprozeßordnung zu beachten. Das Verhältnis von § 202a Abs.1 StGB zu anderen Strafvorschriften umfaßt erstens die Abgrenzung zu den ebenfalls an das Tatobjekt 'Daten' anknüpfenden § 17 UWG. Zweitens ist zu prüfen, ob sich der bei § 202a Abs.1 StGB hergeleitete Sicherungsbegriff auch auf den besonders schweren Fall des Diebstahls und auf die Verletzung des Postgeheimnisses übertragen läßt.

Indem § 202a Abs.1 StGB das Tatobjekt auf Daten, die gegen unberechtigten Zugang besonders gesichert sind, einschränkt, reduziert es den Anwendungsbereich. Diese Einschränkung ermöglicht es aber auch, neue und wichtige Aspekte in den Rechtsschutz gegen illegale Datenerlangung einzubringen.

Die Arbeit greift diese Chance mit einer eigenständigen Auslegung der Tatbestandsmerkmale auf. Zudem sind am Ende zwei Reformvorschläge zu § 202a StGB zu finden.

2. Von der Geschichte bis zur Gegenwart

Dieser Abschnitt stellt das generelle Phänomen der Computerkriminalität und dessen Bedrohungspotential dar. Außerdem wird die historische Entwicklung des 2. WiKG, insbesondere die des § 202a StGB, aufgezeigt.

2.1. Der Begriff der Computerkriminalität

2.1.1. Streit um die richtige Formulierung

Schon der Begriff der Computerkriminalität wurde von verschiedenen Seiten abgelehnt.
Von der Industrie[1] kam der Alternativvorschlag, diese Form der Kriminalität 'Computermißbrauch' zu nennen.
Steinke schlug vor, die Straftaten unter der Überschrift 'Delikte unter Beeinflussung von Rechnerabläufen' zusammenzufassen.[2] Begründet wurden diese Vorschläge mit dem Argument, nicht der Computer sei kriminell, sondern nur der Anwender mißbrauche das Gerät.[3] Auch sei der Begriff zu plakativ und in keiner Weise präzise.[4]
Trotz dieser Einwände wurden die Alternativen nicht übernommen, da diese Begriffe zum einen zu eng und unpräzise waren, und zum anderen das Wort 'Computerkriminalität' schon Allgemeingut geworden war.[5] Auch wurde auf den sprachlichen Ursprung hingewiesen: Computerkriminalität ist die genaue Übersetzung des englischen Wortes 'computer crime'.[6] Entscheidend war, daß der Begriff 'Computerkriminalität' eine Signalwirkung hat. Aufgrund des mangelnden Problembewußtseins bei den Betroffenen kann bis heute noch nicht auf diese Funktion verzichtet werden.[7]
Aus diesen Gründen ist an dem Wort 'Computerkriminalität' festzuhalten.

---

1 Federführend war IBM, mitgeteilt bei Sieber, DSWR 1974, S.245, S.245
2 Steinke, NJW 1975, S.1867, S.1867
3 Mitgeteilt bei von zur Mühlen, Computer-Kriminalität, S.17
4 Steinke, NJW 1975, S.1867, S.1867
5 Sieber, DSWR 1974, S.245, S.246
6 Von zur Mühlen, Computer-Kriminalität, S.17
7 Sieber, DSWR 1974, S.245, S.246; ders., Computerkriminalität II, S.140

2.1.2. Definitionsversuch

Seit Anfang der 70er Jahre erfolgten von verschiedenen Seiten eine Vielzahl von Versuchen, die Computerkriminalität zu definieren.
Von einer Darstellung dieser Definitionsversuche wird abgesehen[8], da die Zahl der Vorschläge kaum erfaßbar ist, und keine der im Laufe der Zeit entwickelten Begriffsbestimmungen überzeugen kann. Entweder sie erfassen Taten, die nicht als Computerdelikte angesehen werden können,[9] oder sie sind nicht in der Lage, alle Erscheinungsformen zu erfassen.
Aus diesem Grund verzichten viele Autoren auf eine Definition.[10] Entscheidend für diesen Verzicht ist der Umstand, daß an den Begriff der Computerkriminalität keine Rechtsfolgen geknüpft werden. Weder das materielle Strafrecht noch das Prozeßrecht verwenden diesen Ausdruck.[11]
An Stelle einer Definition wird versucht, die Erscheinungsformen systematisch zu erfassen.
Anfänglich beschränkte man sich auf die Ebene der Vermögensdelikte.[12] Sie teilte sich in vier Untergruppen:[13]
- Computermanipulation
  Sie wird auch als Computerbetrug bezeichnet. Die Fallkonstellation sind vielfältig. Gemeinsames Merkmal aller Begehungsweisen ist, daß der Täter in Bereicherungsabsicht handeln muß.
- Computersabotage
  Ziel einer Computersabotage ist die Beschädigung oder Zerstörung entweder der Hard- oder der Software. Nicht notwendig dagegen ist das Löschen von Datensätzen.

---

8   Ohne einen Anspruch auf Vollständigkeit erheben zu wollen, wird auf die Definitionsversuche von dem Wirtschaftswissenschaftler von zur Mühlen (Computer-Kriminalität, S.17), dem Informatiker Weck (S.22) und den Juristen Sieber (mit seinen unterschiedlichen Thesen in Computerkriminalität I, S.187f und Computerkriminalität II, S.137), Frey (S.8) und Steinke (NJW 1975, S.1867, S.1867) verwiesen.
9   Was mit Computerkriminalität nicht gemeint ist, ist bei Liebl nachzulesen (Erscheinungsformen, S.25, S.30ff). Noch deutlicher zeigt es folgender Fall: Ein Angestellter wirft seinem Chef aus Verärgerung über seine Kündigung den Computer vor die Füße.
10 Herrmann, Der Kriminalist 1986, S.462, S.462; Lenckner, Computerkriminalität, S.14; Winkelbauer, CuR 1985, S.40, S.40; Sieber, Informationstechnologie, S.14f; Weck, S.22
11 Winkelbauer, CuR 1985, S.40, S.40. Anders verhält es sich bei dem Begriff der Wirtschaftskriminalität, da § 74c GVG eigene Strafkammern für die Wirtschaftskriminalität vorschreibt.
12 Richtigerweise müßte man es als Vermögens- und Eigentumsdelikte bezeichnen, da sowohl der Datendiebstahl als auch die Gebrauchsanmaßung ein Problem der Eigentumsdelikte ist.
13 Von zur Mühlen, Computer-Kriminalität, S.18; Lampe, GA 1975, S.1, S.1

- Computerspionage
Bei dieser Form handelt es sich um Datenverschaffung. Die Daten werden meist durch Kopieren von Datenträgern oder durch Abhören von Datenleitungen erlangt. Mögliche Angriffsziele sind Daten von wirtschaftlichem Interesse, da nur sie einen Vermögenswert verkörpern.
- Computermißbrauch
Computermißbrauch wird auch als Zeitdiebstahl bezeichnet. Es handelt sich um eine spezielle Form der Gebrauchsanmaßung.

Zu Beginn der 80er Jahre wuchs die Erkenntnis, daß es bei der Computerkriminalität nicht allein um den Schutz von Vermögenspositionen gehen kann.[14] So traten neben die Gruppe der Vermögensdelikte, die seitdem als Computerkriminalität im engeren Sinne bezeichnet wird[15], zwei weitere Kategorien. Es werden seitdem drei Hauptgruppen unterschieden:[16]
1. Vermögensdelikte
Diese Fallgruppe besteht unverändert aus Computersabotage, -manipulation, -spionage und -mißbrauch.
2. Verletzung des Persönlichkeitsrechtes
Begründet werden soll einerseits das Recht, sich vor einer Erhebung von Daten zu schützen; der Schwerpunkt dieser Gruppe ist das Datenschutzrecht.[17] Andererseits soll der Schutz von Informationen gewährleistet werden. Hierunter fällt die Informationserlangung. Um sie besser von der Computerspionage abzugrenzen, wird diese Handlung im folgenden nur noch als 'Ausspähen von Daten' bezeichnet. Zwischen dem Ausspähen und der Computerspionage bestehen Ähnlichkeiten, sie sind jedoch differenziert zu betrachten, da nur die Computerspionage einen Schaden im Sinne der Vermögensdelikte voraussetzt.

---

14 Lenckner, Computerkriminalität, S.16; Sieber, Computerkriminalität II, S.138f
15 Lenckner, Computerkriminalität, S.15; Sieber, Informationstechnologie, S.15
16 Bühler, MDR 1987, S.448, S.449; Fischer, S.7; Frey, S.7; Rupp, Computersoftware, S.29; Lenckner, Computerkriminalität, S.14; Sieber, DSWR 1974, S.245, S.246; ders., Informationstechnologie, S.14ff; Weck, S.22; Winkelbauer, CuR 1985, S.40, S.40. Schon 1973 unterteilte Wiesel (data report 1973 Heft 3 S.23, S.23) die Computerkriminalität in diese Kategorien.
17 Frey, S.8; Zimmerli/Liebl, S.16; Winkelbauer, CuR 1985, S.40, S.40. Umstritten ist, ob es sich bei den in § 41 BDSG a.F. umschriebenen Handlungen um Formen der Computerkriminalität handelt. Befürwortend: Rupp, Computersoftware, S.29; Fischer, S.7; Sieber, Computerkriminalität II, S.138f; Lenckner, Computerkriminalität, S.16; a.A.: Marx, DSWR 1977, S.323, S.325

3. Verletzung überindividueller Rechtsgüter

Hierunter fallen die computerbezogenen Verstöße gegen so unterschiedliche Rechtsgüter wie zum Beispiel die Sicherheit und Zuverlässigkeit im Rechtsverkehr oder die nationale Sicherheit.[18]

Diese Aufzählung ist zur Abgrenzung der Computerkriminalität von der 'allgemeinen' Kriminalität heranzuziehen. Sie liefert einen deutlichen Rahmen, nur darf sie nicht auf die Computerkriminalität im engeren Sinne beschränkt werden.[19]

2.2. Das Problem der Computerkriminalität

Dieser Abschnitt stellt Gründe dar, die für die Allgemeinheit die Faszination der Computerkriminalität ausmachen. Hierzu zählen sowohl das Dunkelfeld und die Schadenshöhe, als auch die Fragen, ob Computerkriminalität wirklich vorkomme und ob das Strafrecht ausreiche.

2.2.1. Gibt es überhaupt Computerkriminalität?

Anfang der 70er Jahre war es umstritten, ob Computerkriminalität überhaupt existiere. In der Diskussion darüber wurde zum Teil sehr poetisch argumentiert.[20] Exemplarisch wurde der Streit am Pfennig-Rundungsfall ausgetragen.[21] Ein Programmierer soll sich von Zinsberechnungen jeweils die Zehntelpfennige auf sein Konto überwiesen haben. Ob dieser Fall wirklich vorkam, wird wohl nie geklärt werden, denn die potentiellen Opfer streiten einen solchen Vorfall ab.

---

18 Sieber, Informationstechnologie, S.15
19 So aber Steinke, NStZ 1984, S.295, S.295; wohl auch Herrmann, Der Kriminalist 1986, S.462, S.462; Pfiszter, Der Kriminalist 1986, S.509, S.509. Der Gesetzgeber hat unter anderem mit § 269 StGB auch zum Ausdruck gebracht, daß nicht nur Vermögensinteressen beim 2. WiKG geschützt werden sollen.
20 Computerkriminalität - Dichtung oder Wahrheit?, Betzl, DSWR 1972, S.317; Computerkriminalität - nicht Dichtung, sondern Wahrheit, Sieben/von zur Mühlen, DSWR 1972, S.397; Computerkriminalität - Viel Lärm um Nichts, Betzl, DSWR 1972, S.475; Computerkriminalität - nur fauler Zauber?, Lampe, DSWR 1974, S.242
21 Betzl (DSWR 1972, S.317, S.318; DSWR 1972, S.475; DSWR 1973, S.254) will beweisen, daß der Fall nicht funktioniert. Sieben und von zur Mühlen (DSWR 1972, S.397; DSWR 1973, S.252) behaupten, daß ein solcher Fall möglich und auch vorgekommen ist. Ob der Fall tatsächlich passiert ist, konnte nie geklärt werden.

Die Autoren, die schon Anfang der 70er Jahre vor der Computerkriminalität warnten, verwiesen auf die parallele Entwicklung in den USA und in Europa.[22] Trotz aller Einwände ist seit Mitte der 70er Jahre das Phänomen der Computerkriminalität allgemein anerkannt.[23] Aber erst seit 1984 wird die Computerkriminalität vom Bundeskriminalamt als eigene Deliktsform ausgewiesen.[24] Bis dahin wurden die mit einem Computer begangenen Delikte in die klassischen Kategorien eingeordnet oder blieben unberücksichtigt. Nach Verabschiedung des 2. WiKG wurden für 1987 insgesamt 3067 Anzeigen von Computerkriminalität registriert. Davon entfielen 2777 auf den Computerbetrug und 49 auf das Ausspähen von Daten. 1988 wurden insgesamt 3355 Straftaten gemeldet; davon bezogen sich 54 auf § 202a Abs.1 StGB.[25]
Diese Zahlen geben nur einen Teil der vorkommenden Computerkriminalität wieder.

2.2.2. Dunkelfeld und dessen Gründe

Die Vermutungen über die Höhe der Dunkelziffer divergieren sehr stark.
Nach Meinung einiger Autoren[26] ist die Zahl der nicht erfaßten Straftaten gering, da solche meist in einem Betrieb vorkommenden Delikte kaum geheimzuhalten sind.[27]
Umgekehrt stuft die Mehrheit der Autoren das Dunkelfeld als generell hoch ein.[28] Einige Verfasser[29] sprechen sogar von 90 - 99 Prozent.

Unabhängig von der genauen Zahl der unaufgedeckten Delikte sprechen viele Gründe für eine größere Dunkelziffer:

---

22 Statt vieler: siehe von zur Mühlen/Scholten, NJW 1971, S.1642, S.1642
23 Lampe, GA 1975, S.1, S.1; Sieber, DSWR 1974, S.245, S.245; eine Aufzählung von Fällen und erste zahlenmäßige Erfassung finden sich bei: von zur Mühlen, Computer-Kriminalität, S.45-110 und Sieber, Computerkriminalität I, S.178ff.
24 Herrmann, Der Kriminalist 1986, S.462, S.463. Eine nachträgliche Erhebung des BKA ergab für 1980: 9 Fälle, 1981: 8 Fälle und 1982: 9 Fälle. Mitgeteilt bei Steinke, NStZ 1984, S.295, S.295. 1984 gab es 16 Fälle und 1985 14 Fälle. Mitgeteilt bei Pfiszter, Der Kriminalist 1986, S.509, S.511.
25 Polizeiliche Kriminalstatistik bei Poerting (BFuP 1990, S.177, S.180); offen bleibt, in wievielen Fällen eine Verurteilung wegen Computerkriminalität erfolgte.
26 Steinke, NStZ 1984, S.295, S.297; Bschorr, S.7
27 Steinke, NStZ 1984, S.295, S.297
28 Lenckner, Computerkriminalität, S.10; von zur Mühlen, Computer-Kriminalität, S.30; Sieber, Computerkriminalität I, S.174; Tiedemann, Wirtschaftsstrafrecht Bd. 2, S.149
29 Pfiszter, Der Kriminalist 1986, S.509, S.511; Herrmann, Der Kriminalist 1986, S.462, S.462

1. Viele Fälle werden nicht entdeckt, da Tathandlungen und Taterfolg oft auseinanderfallen. Dies erschwert zusätzlich die Aufdeckung.[30] Auch fehlen bei einer EDV-Verarbeitung die früher anfallenden Unterlagen über Zwischenergebnisse.[31] Beim Ausspähen von Daten stellt sich außerdem das Problem, daß das Opfer im Gegensatz zum Diebstahl weiter im 'Besitz' seiner Daten bleibt. Dem Betroffenen 'fehlt nichts', es kommt nur eine Kopie hinzu.[32]

2. Es treten immer neue Formen von Computerkriminalität auf. Viele Tatvarianten sind wahrscheinlich noch nicht einmal bekannt oder entdeckt.[33]

3. Auch wenn die Tat aufgedeckt wird, bleibt eine Strafanzeige aus verschiedenen Gründen oft aus.
- Vielfach wird eine Handlung als schlichte Fahrlässigkeit eingestuft, so daß aus Sicht des Betroffenen keine Straftat vorliegt.[34]
- Es besteht kaum Vertrauen in die Strafverfolgung. Die Ursache ist in der unklaren Rechtslage und zum anderen in der unbefriedigenden Handhabung der Fälle durch die Ermittlungsbehörden zu sehen.[35] Auch nachdem das 2. WiKG in Kraft getreten ist, bleibt die Skepsis gegenüber den Strafverfolgungsbehörden bestehen.
- Der mögliche Schaden durch Imageverlust wird oft höher eingestuft als der, der durch den Täter entstanden ist.[36] Dies gilt insbesondere im sensiblen Banken- und Versicherungsbereich.[37]
- Das Opfer versucht durch eine Absprache mit dem Täter, den Schaden zu verringern. Denn im Falle einer Verurteilung besteht meist keine Chance, Scha-

---

30 Möhrenschlager, wistra 1986, S.128, S.128; Tiedemann, Wirtschaftsstrafrecht Bd. 2, S.152
31 Frey, S.18; Sieber, Computerkriminalität I, S.148; Zweifel, S.143
32 Natürlich kann der Täter auch den Datenträger selbst entwenden, doch liegt das computerspezifische Problem in der Möglichkeit Kopien zu erstellen. Wird der Datenträger selbst gestohlen und später zurückgebracht, so stellen sich neue Probleme.
33 Herrmann, Der Kriminalist 1986, S.462, S.462
34 Bayerisches Landeskriminalamt, vertreten durch Paul, BT-Anhörung vom 6.6.1984, Anlage S.54
35 Sieber, Informationstechnologie, S.17
36 Pfiszter, Der Kriminalist 1986, S.509, S.512; Möhrenschlager, wistra 1986, S.128, S.128
37 Von zur Mühlen, Computer-Kriminalität, S.30. Bei einem Gespräch mit Herrn von zur Mühlen während der CEBIT 1989 bestätigte er, daß die generelle Politik der Banken und Versicherungen auch heute noch dahin geht, solche Fälle nicht zur Anzeige zu bringen.

denersatz zu erhalten.[38] Hinzukommt, daß der Täter meist hochqualifiziert und deshalb schwer zu ersetzen ist.[39]
- Der Schaden wird auch dadurch begrenzt, daß die Betroffenen versichert sind. Die Versicherungen verlangen jedoch keine Anzeige[40], nur die seit 1987 angebotene Hackerversicherung setzt eine Strafanzeige voraus.[41]
- Beim Ausspähen der Daten stellt sich zusätzlich das Problem, ein Verschaffen nachzuweisen. Hierfür müssen die Daten beim Täter gefunden und ihre Identität mit dem Original festgestellt werden.[42] Werden die Daten vom Täter weiterverarbeitet, so potenziert sich das Problem. Ohne das entsprechende Datenverarbeitungsprogramm ist der Ursprung kaum mehr zu ermitteln.

Zur Bestimmung des Dunkelfeldes existieren Erhebungen.
Umfragen der Versicherungen haben ergeben, daß bei 1.300 befragten Firmen 30% zugegeben haben, von Computerkriminalität schon einmal betroffen gewesen zu sein.[43] Nur 10-20% der Versicherten zeigten diese Fälle auch bei den Ermittlungsbehörden an.[44]

2.2.3. Schadenshöhe

Die Computerkriminalität ist nicht zwingend mit einem Schaden verbunden, doch geht ein Schaden in den meisten Fällen mit der Tat einher.
Sieg[45] sieht einen Großteil der Faszination der Computerkriminalität in den ungewöhnlich hohen Schadenssummen. Von Sieber stammt die Einschätzung von 500.000 bis 1,5 Mio. DM je Fall. Dabei ist anzunehmen, daß die Tendenz steigend ist.[46]
Die hohen Schäden lassen sich durch die Permanenz der Tat erklären.[47] Darunter ist die häufige Wiederholbarkeit und der Automatismus von Computern zu verstehen.[48] Ist ein Computerprogramm erst manipuliert, so wird die Veränderung ständig aufs neue durchgeführt. Nur so ist zu erklären, daß im Pfennig-Rundungs-

---

38 Möhrenschlager, wistra 1986, S.128, S.128; von zur Mühlen, Computer-Kriminalität, S.30
39 Pfiszter, Der Kriminalist 1986, S.509, S.512
40 Pfiszter, Der Kriminalist 1986, S.509, S.512
41 O.V., DuD 1987, S.202, S.202
42 Frey, S.18
43 Andrich, DB/Spezial 1985, S.20, S.20
44 Pfiszter, Der Kriminalist 1986, S.509, S.512
45 Sieg, Jura 1986, S.352, S.353
46 Sieber, BB 1982, S.1433, S.1438; Sieg, Jura 1986, S.352, S.353
47 Von zur Mühlen, Computer-Kriminalität, S.25
48 Lenckner, Computerkriminalität, S.10

fall 6-stellige Beträge in weniger als einem halben Jahr zusammengekommen sein können.[49]
Zudem waren Ende der achtziger Jahre allein in der Bundesrepublik Deutschland mittlere und große Computeranlagen im Wert von 50 Mrd. DM installiert. Die eingesetzte Software wird auf 100 Mrd. DM geschätzt.[50] Der Wert der mit diesen Rechnern erfaßten oder erstellten Datenbestände dürfte noch um ein Vielfaches höher liegen.[51]
Deshalb ist auch verständlich, daß Versicherer bei der Computermißbrauchsversicherung eine Deckungssumme von generell 5 Millionen DM empfehlen.[52]
Aber auch bei Nichtvermögensdelikten wie dem Ausspähen von Daten wirkt sich der Automatismus aus. Viele Informationen werden heute schon von Computern automatisch über einen Verteilungsschlüssel an bestimmte Personen übertragen. Gelingt es einem Täter, seinen Namen an den Verteiler anzuhängen, erlangt er automatisch alle Informationen, ohne in irgendeiner Weise nochmals tätig werden zu müssen.

2.2.4. Weitere Gründe für die Bedeutung der Computerkriminalität

Unabhängig von der Schadenshöhe und der Dunkelziffer gibt es weitere Gründe für die Pönalisierung der Computerkriminalität.
Der Computer eröffnet völlig neue Möglichkeiten, an große Mengen von Informationen heranzukommen. Dabei sind Informationen zum neuen Produktionsfaktor neben Boden, Arbeit und Kapital geworden.[53] So wird z.B. der größte Teil des Geldumlaufes der westlichen Volkswirtschaften in Form von Buchgeld von Computern verwaltet.[54] Banken räumen ein, daß sie nach einem Ausfall ihres Rechenzentrums keine 24 Stunden funktionsfähig bleiben können.[55]
Zudem steigt die Zahl der Rechner ständig an, und im gleichen Umfang sind Daten in fast allen Unternehmen zum wichtigsten Träger betrieblichen Know-hows geworden.[56]

---

49 Jede Zinsbuchung bringt im Schnitt 0,5 Pfennige für den Täter. Dieser Betrag ist mit der Zahl der Buchungen zu multiplizieren. Bei einer durchschnittlichen Zahl von zwanzigtausend Buchungen pro Tag ergibt sich ein Tageserlös von Hundert DM.
50 Sieber, NJW 1989, S.2569, S.2569
51 Kohlmann/Löffeler, BFuP 1990, S.188, S.188
52 Andrich, DB/Spezial 1985, S.20, S.20
53 Möhrenschlager, wistra 1986, S.128, S.128
54 Sieber, BB 1982, S.1433, S.1433
55 Gliss, S.5, S.7
56 Andrich, DB/Spezial 1985, S.20, S.20; Sieber, BB 1981, S.1547, S.1547

Um potentielle Täter abschrecken zu können, reichen Sicherungsmaßnahmen nicht aus. Für bestimmte Kreise sind die Sicherungen vielmehr ein Anreiz zu erproben, ob sie diese Hindernisse überwinden können.
Es wurde deshalb zusätzlich ein wirksamer Strafrechtsschutz gefordert.[57] Diesen Schutz durch das StGB verlangte 1985 auch Bundesjustizminister Engelhard in einem Aufsatz zum 2. WiKG.[58]

2.2.5. War das alte Strafrecht ausreichend?

Mit dem Streit, ob Computerkriminalität überhaupt existiert, war die Frage nach neuen Strafgesetzen verbunden. Eine gesetzgeberische Initiative wäre nur dann notwendig, wenn das damals bestehende Strafrecht nicht ausreiche.

2.2.5.1. Allgemein

Einige Autoren[59] hielten die gesetzlichen Regelungen im Bereich des Betruges, der Untreue, des Diebstahls und der Urkundenfälschung für ausreichend. Sie argumentierten damit, daß die Computerkriminalität keine neuen Rechtsgüter bedrohe.[60]
Doch verkennen die Vertreter dieser Auffassung, daß der Strafrechtsschutz gerade im Bereich der Eigentums- und Vermögensdelikte fragmentarisch ist.[61] So scheitert ein Betrug oft am Merkmal des Irrtums, da sich Computer nicht irren können. Der Tatbestand der Untreue greift gegenüber betriebsexternen Schädigern nicht ein.[62] Daten als unkörperliche Elemente unterliegen nicht dem Schutz des § 242 StGB.[63]
Aus diesen Gründen war das Strafrecht auf die neuen Tathandlungen der Computerkriminalität zu erweitern.[64]

---

57 Möhrenschlager, wistra 1986, S.128, S.128
58 Engelhard, DVR 1985, S.165, S.165
59 Steinke, NJW 1975, S.1867, S.1868; ders., NStZ 1984, S.295, S.297; Tröndle in einem Referat, mitgeteilt von Lenckner, Computerkriminalität, S.24, Fußnote 39
60 Winkelbauer, CuR 1985, S.40, S.40
61 Statt vieler siehe Wessels, StR BT-2, Einleitung II.
62 Lampe, GA 1975, S.1, S.3 und 14
63 Lampe, GA 1975, S.1, S.19; a.A.: Haft, DSWR 1986, S.235, S.238
64 Tiedemann, Wirtschaftsstrafrecht Bd. 2, S.153; von zur Mühlen, Computer-Kriminalität, S.108; Lenckner, Computerkriminalität, S.34; Sieber, Computerkriminalität II, S.24; anhand von Fällen weisen Marx (DSWR 1977, S.323, S.323f) und Lampe (DSWR 1974, S.242, S.242f; GA 1975, S.1, S.1ff) die Notwendigkeit nach.

2.2.5.2. § 202 Absatz 3 StGB a.F.

Vor Verabschiedung des § 202a StGB waren Daten nicht völlig ungeschützt. Der Gesetzgeber hatte schon 1973 den § 202 StGB um einen Absatz 3 erweitert. Danach wurden neben Briefen auch andere zur Gedankenübermittlung bestimmte Träger geschützt. Voraussetzung war jedoch, daß der Datenträger verschlossen im Sinne des Absatzes 1 oder durch ein verschlossenes Behältnis gegen Kenntnisnahme im Sinne des Absatzes 2 besonders gesichert war.
Tröndle[65] und Frey[66] subsumierten nicht nur klassische Sicherungen, sondern auch geistige Sicherungen in Form von Passwörtern und Verschlüsselungen unter den Oberbegriff des 'verschlossenen Behältnisses'. Bei der Datenfernübertragung sollte § 202 Absatz 3 ebenfalls anwendbar sein.
Diese These konnte jedoch nicht überzeugen.[67]
Zum einen wurde gegen die These von Tröndle und Frey der Einwand erhoben, Datennetze seien nicht Träger, sondern Transportmittel der Information.[68] Dieses Gegenargument ist allerdings falsch, da das Netz die Daten, wenn auch nur sehr kurz, beinhaltet. Für diesen Moment ist es Träger der Information.
Entscheidend ist vielmehr der Umstand, daß bei der Datenfernübertragung nur geistige Sicherungen in Frage kommen. Die Datennetze sind frei zugänglich. Es fehlt an der Möglichkeit, die Netze durch einen Verschluß zu sichern, denn Datenleitungen haben eine Vielzahl von Endpunkten. Datennetze sind folglich nicht mit einem verschlossenen Raumgebilde gleichzusetzen.[69]
Demgegenüber spricht der Wortlaut des § 202 StGB in Absatz 1 von einem verschlossenen Brief oder in Absatz 2 von einem verschlossenen Behältnis. Bei einem Verschluß handelt es sich um eine körperliche Sicherung. Eine Erweiterung auf nicht gegenständliche Sicherungen stellt eine Analogie dar.
Sowohl eine historische als auch eine systematische Betrachtung kommen zu keinem anderen Ergebnis. Der Gesetzgeber dachte nur an körperliche Sicherungen, als er Absatz 3 nachträglich einfügte.[70] Vor der Ergänzung des § 202 StGB bestand Einigkeit darüber, daß es sich bei den Sicherungen im Sinne von Absatz 1 und 2 um körperliche Verschlüsse handelte. Da der Gesetzgeber Absatz 3 ohne

---

65 Dreher/Tröndle, 42. Auflage, § 202 RdNr.3
66 Frey, S.339
67 Schönke/Schröder/Lenckner, 22. Auflage, § 202 RdNr.5; Leipziger-Kommentar Jähnke, § 202a RdNr.1; Engelhard, DVR 1985, S.165, S.171; Sieber, Informationstechnologie, S.52; Winkelbauer, CuR 1985, S.40, S.44
68 Schönke/Schröder/Lenckner, 22. Auflage, § 202 RdNr.5; Winkelbauer, CuR 1985, S.40, S.44
69 Sieber, Informationstechnologie, S.52f; Winkelbauer, CuR 1985, S. 40, S. 44
70 BT-Drucksache 7/550, S.237

Änderung der vorangehenden Absätze einfügte, war der neue Absatz an die bestehenden Auslegungen gebunden.[71]
Aus diesen Gründen ist die These von Tröndle und Frey abzulehnen. Demzufolge war § 202 Abs.3 StGB a.f. nicht in der Lage, Daten umfassend zu schützen.

2.2.6. Schutz von Daten aus der Sicht der Literatur

Der Schwerpunkt der Reformvorschläge, zur Bekämpfung der Computerkriminalität, galt dem Computerbetrug.[72]
Die Fälle, in denen sich die Täter Daten verschaffen, so daß ein Vermögensschaden vorliegt, wurden als Computerspionage eingestuft.[73]
Wenn überhaupt über den generellen strafrechtlichen Schutz von Daten nachgedacht wurde, so wurde das Datenschutzrecht[74] mit § 41 BDSG a.F. und das Gesetz gegen den unlauteren Wettbewerb[75] mit § 17 UWG als ausreichend angesehen.
Der erste Vorschlag für eine eigenständige Strafvorschrift zum Schutz von Daten stammt von Sieber aus dem Jahr 1980. Kernpunkt seiner Überlegungen war der Bereich der Datenfernübertragung. Er zeigte mehrere Parallelen auf, um die neue Norm einzuordnen. Das Schutzbedürfnis ist entweder mit der Urkundenfälschung gemäß § 269 StGB oder mit dem Hausfriedensbruch gemäß § 123 StGB zu vergleichen. Eine dritte Parallele hat Sieber im Schutz des gesprochenen Wortes gemäß § 201 StGB gesehen.[76]

2.2.7. Ergebnis

Die Zahl der Fälle von Computerkriminalität ist im Verhältnis zur Gesamtkriminalität gering. Auch sollten die hohen Schäden und das kaum erfaßbare Dunkelfeld einen Betrachter nicht blenden, doch wird sich durch die steigende Menge

---

71 Sieber, Informationstechnologie, S.52
72 Statt vieler: Lenckner, Computerkriminalität, S.34ff; Möhrenschlager, wistra 1982, S.201, S.201ff
73 Von zur Mühlen/Scholten, NJW 1971, S.1642, S.1643; Sieber, DSWR 1974, S.245, S.246; Haft, DSWR 1979, S.136, S.136; Steinke, NStZ 1984, S.295, S.295; Pfiszter, Der Kriminalist 1986, S.509, S.510
74 Haft, DSWR 1979, S.136, S.136; Herb, S.207; Marx, DSWR 1979, S.86, S.86; Schünemann, ZStW 90 (1978), S.11, S.23. Sie hielten die Norm in ihrer damaligen Fassung für verfassungswidrig.
75 Steinke, NJW 1975, S.1867, S.1869; Tiedemann, Wirtschaftsstrafrecht Bd. 2, S.155
76 Sieber, Computerkriminalität II, S.45

von Rechnern im betrieblichen wie im privaten Bereich die Zahl der potentiellen Tatmittel und Tatziele vervielfachen.
Das Gefährdungspotential wird nicht nur in Deutschland erkannt. Fast alle Staaten der Welt erlassen Strafgesetze, um die Computerkriminalität sanktionieren zu können.[77]
Die Computerkriminalität stellt eine neue Form der Kriminalität dar, zu ihrer Abwehr bedurfte es deshalb neuer Strafvorschriften.

2.3. Entstehungsgeschichte des 2. WiKG

Am 1. September 1976 trat das 1. WiKG in Kraft. Schwerpunkt dieser Strafrechtsnovelle waren der Subventionsbetrug, der Kreditbetrug und das Konkursstrafrecht.
Schon kurze Zeit später wurde der Grundstein zum 2. WiKG gelegt. Ein erster Referentenentwurf folgte im Herbst 1978. Ein darin enthaltener Regelungsbereich befaßte sich mit der Computerkriminalität. Sie bestand aus dem Computerbetrug (§ 263a StGB) und der Fälschung gespeicherter Daten (§ 269 StGB).[78] Weitere Regelungsbereiche des 2. WiKG waren der Kapitalanlagebetrug, der Schutz von Arbeitsentgelt und die illegale Arbeitnehmerüberlassung. Je nach politischer Ausrichtung der Regierungsparteien wechselten die gesetzgeberischen Schwerpunkte. Von diesen Querelen unberührt blieb nur der Teil des Gesetzesentwurfes über die Computerkriminalität. Weitere größere Korrekturen wurden deshalb nicht vorgenommen.[79]
Weder in der 8. noch in der 9.Legislaturperiode konnte das Gesetz verabschiedet werden. In der 9.Legislaturperiode waren sich Bundestag und Bundesrat weitgehend einig,[80] doch fiel das 2. WiKG aufgrund der Neuwahlen Anfang 1983 erneut der Diskontinuität zum Opfer.
Bundesjustizminister Engelhard übernahm 1983 die Entwürfe aus der letzten Legislaturperiode und leitete sie dem Innen- und Rechtsausschuß des Bundestages zu.[81]

---

77 Eine Aufzählung ausländischer Gesetze ist bei Sieber (Handbook of Computer Crime S.187ff) zu finden.
78 Möhrenschlager, wistra 1986, S.123, S.125; Achenbach, NJW 1986, S.1835, S.1835
79 Ein Alternativentwurf von Lampe, Lenckner, Stree und Tiedemann aus dem Jahr 1977 wurde so gut wie nicht berücksichtigt. In den Jahren 1980 und 1981 kam es zu weiteren Gegenvorschlägen aus der Literatur. Die Vorschläge von Sieber (Computerkriminalität II, S.31ff) und Lenckner (Computerkriminalität, S.35, 37ff) bezogen sich insbesondere auf das Strafmaß des § 263a StGB.
80 Siehe BT - Drucksache 9/2008, S.55 und BR - Drucksache 219/82
81 Siehe BT - Drucksache 10/318

Am 6. Juni 1984 hörte der Rechtsausschuß des Bundestages mehrere Sachverständige an, die die Gesetzgebung zur Computerkriminalität erheblich beeinflußte. Zur Sitzung waren unter anderem die Sachverständigen Haft[82], Mohr[83], Oertel[84], Brentrup[85] und Sieber[86] eingeladen worden.[87]
Vom Gesetzgeber war folgende Frage vorgegeben:
"Besteht derzeit ein Bedürfnis, insbesondere Erscheinungsformen der Computerkriminalität wie die Computersabotage, die Computerspionage, den sog. Programm-'Diebstahl', das unbefugte Abrufen von Daten und andere unbefugte Nutzungen wie den sog. 'Zeitdiebstahl' oder sogar schon das unbefugte Eindringen in DV-Systeme über teilweise bereits bestehende oder vorgeschlagene Strafvorschriften (vgl. § 303 StGB; § 274 StGB i.d.F. des E-2. WiKG; §§ 17 UWG; § 106 UrhG; § 41 BDSG) hinaus strafrechtlich zu erfassen?"[88]
Die Kritik von Haft an der Gesetzesnovelle beschränkte sich auf die Fragen zu § 263a und § 269 StGB. Zur Computerspionage oder zur Verletzung von Persönlichkeitsrechten durch den Einsatz von Computern äußerte er sich nicht.[89]
Mohr zeigte nur die Unzuverlässigkeit beim Schutz von Geschäftsdaten auf. Die Informationserlangung und das Ausspähen von Daten waren seines Erachtens ein Problem der § 17 UWG und § 41 BDSG a.F., weshalb nur diese Vorschriften überarbeitet werden müßten.[90]
Weitergehend waren die Forderungen von Oertel, der die Datenerlangung nicht nur in dem unvollkommenen UWG abhandeln wollte. Außerdem forderte er, den Schutz von Programmen zu erweitern[91], sowie Datenbanken besser zu schützen. Dies könnte durch die Bestrafung von Eindringlingen oder durch Pönalisierung des Vorfeldes erreicht werden. Das Herstellen und der Gebrauch von Geräten, die in der Lage seien, Sicherungen zu überwinden, sollten unter Strafe gestellt werden.[92]

---

82 Professor an der Universität Tübingen
83 Vertreter der Firma DATEV, Nürnberg
84 Vertreter der Firma Nixdorf Computer, Paderborn
85 Vertreter des Gesamtverbandes der Deutschen Versicherungswirtschaft
86 Professor an der Universität Freiburg i.Br.
87 Außerdem waren zum Themenkreis "Computerkriminalität" die Sachverständigen Paul (Bayerisches Landeskriminalamt) und Lehnhoff (Zentraler Kreditausschuß, Bonn) anwesend. Zu dem Punkt des Ausspähens von Daten schloß sich Paul den Ausführungen von Sieber an (BT-Anhörung vom 6.6.1984, Protokolle S.26/178). Lehnhoff machte Ausführungen zum Kreditkartenmißbrauch (BT-Anhörung vom 6.6.1984 Protokolle, S.26/184).
88 BT-Anhörung vom 6.6.1984, Protokolle S.26/XII
89 Haft, BT-Anhörung vom 6.6.1984, Protokolle S.26/164
90 Mohr, BT-Anhörung vom 6.6.1984, Anlagen S.218f mit Grafik
91 Oertel, BT-Anhörung vom 6.6.1984, Protokolle S.26/182 und 183
92 Nixdorf, BT-Anhörung vom 6.6.1984, Anlagen S.45

Sieber zeigte Änderungsbedürfnisse im Bereich der Datenfernübertragung und beim Schutz von Datenbanken auf. Er machte in seinem schriftlichen Gutachten konkrete Vorschläge zur Plazierung einer neuen Strafnorm:
> "Es spricht deswegen viel für eine eigenständige Regelung - z.B. im Anschluß an die §§ 201f StGB und im Zusammenhang mit der oben geforderten Strafvorschrift des Abhörens von Datenübertragungsleitungen."[93]

Darüber hinaus schlug Sieber folgende Tatbestandsmerkmale vor:
> "Die neuen Strafbestimmungen dürfen sodann nicht dazu führen, daß die potentiellen Opfer die notwendigen Sicherungsmaßnahmen im Vertrauen auf den strafrechtlichen Schutz noch mehr als bisher vernachlässigen, sondern nach Möglichkeit zu einer Verbesserung der betrieblichen Datensicherheit führen."[94]

Im Mittelpunkt des Vortrages von Brentrup stand das mangelnde Problembewußtsein der Firmen. Nach seinen Ausführungen installierte nur ein kleiner Teil der Betroffenen wirksame Sicherheitsvorkehrungen. Kontrollen wurden so gut wie nie vorgenommen.[95]

Aus den Protokollen geht hervor, daß die Parlamentarier die Ausführungen zum Ausspähen von Daten kommentarlos zur Kenntnis nahmen und keine Fragen stellten.

Im Anschluß an die Anhörung erklärten die Mitglieder, daß sie Verständnisschwierigkeiten hatten. So sagte der Vorsitzende Dr. Stark:
> "Vielen Dank. Meine Herren, Sie haben uns - Sie werden das verstehen - als Laien viel zugemutet, und zwar schon was die Sprache anbetrifft und das Vorstellungsvermögen, das dahintersteht. Ich glaube, wir müssen uns auf Grund Ihrer Vorschläge zu unseren Gesetzentwürfen noch eingehend über diese Materie unterhalten."[96]

Vom Abgeordneten Götz kam das Eingeständnis:
> "Das, was Sie vorgetragen haben - ich muß das ganz offen sagen - ist für mich so verblüffend und neu, daß ich mir nicht vorstellen könnte, in der Strafverfolgung tätig zu sein, weil ich die ganzen Dinge nicht durchschaue."[97]

Am Ende der Diskussion bemerkte der Vorsitzende Dr. Stark:
> "Das war wohl der schwierigste Bereich.(Anm. des Verfassers: Die anderen Bereiche waren Arbeitnehmerüberlassung und Kapitalanlagebetrug) Es wird uns allen noch einiges (an) Gehirnschmalz kosten, um das zu verarbeiten, was Sie uns vorgeschlagen haben."[98]

---

93 Sieber, BT-Anhörung vom 6.6.1984, Anlagen S.269. Weitere Auszüge aus Siebers Gutachten und Vortrag sind in Kapitel 3.2.4. und 4.3.4.3. zu finden.
94 Sieber, BT-Anhörung vom 6.6.1984, Anlagen S.254 und so auch S.242; der Vorschlag beinhaltete auch die Bestrafung von Hackern. Sie sollten straflos bleiben, wenn sie sich selbst anzeigten oder sich freiwillig dem Opfer oder dem Datenschutzbeauftragten offenbarten.
95 BT-Anhörung vom 6.6.1984, Protokolle S.26/186ff. Auszüge aus Brentrups Vortrag sind in Kapitel 4.3.4.3. zu finden.
96 BT-Anhörung vom 6.6.1984, Protokolle S.26/189
97 BT-Anhörung vom 6.6.1984, Protokolle S.26/192
98 BT-Anhörung vom 6.6.1984, Protokolle S.26/195

Die Anhörung vom 6. Juni 1984 ist als Geburtsstunde des § 202a StGB zu bezeichnen. Bis dahin hatte der Gesetzgeber dieser Variante der Computerkriminalität keine Beachtung geschenkt.
Daraufhin erweiterte das Bundesministerium der Justiz den Gesetzentwurf im Bereich der Computerkriminalität entsprechend dem Vorschlag von Sieber um den Paragraphen 202a StGB.[99] Während der erste Vorschlag noch vorsah, den Versuch zu bestrafen, nahm der Gesetzgeber hiervon schon 1985 wieder Abstand.[100] Gleichzeitig wurde beschlossen, ebenfalls den § 17 UWG zu ändern. Die Anregungen dazu kamen von Mohr, Oertel und Sieber.
Größere Änderungsanträge wurden nicht mehr gestellt, vielmehr kam auch in den parlamentarischen Lesungen Anfang 1986 die gemeinsame Haltung aller Parlamentarier im Bereich der Computerkriminalität zum Ausdruck.[101]
Am 15. Mai 1986 wurde das 2. WiKG verkündet, und am 1. August 1986 - 10 Jahre nach dem 1. WiKG - trat das 2. WiKG in Kraft.

2.4. Gegenwart

Exakte Zahlen über den Bestand an Computern existieren nicht, doch läßt sich feststellen, daß sich durch die steigende Menge von Rechnern im unternehmerischen wie im privaten Bereich die Zahl der potentiellen Tatmittel und Tatziele vervielfacht.[102] Zugleich ist die Unterweisung an Datenverarbeitungsanlagen aus der modernen Ausbildung fast jedes Berufsbildes nicht mehr weg zu denken. Kurse, die Grundkenntnisse in der EDV vermitteln, erfreuen sich großer Popularität. Somit wächst neben der Zahl der Tatmittel und Tatziele auch die Zahl der potentiellen Täter.
War für die Hersteller von EDV-Anlagen zu Beginn der Computerisierung noch die Industrie der entscheidende Absatzmarkt, so werden heute Computer im gleichen Umfang an Private, Behörden und die Industrie veräußert. Der enorme Preisverfall im Bereich der Computer hat diese Absatzentwicklung noch beschleunigt.[103]
Zugleich eröffneten die sinkenden Preise gerade den privaten Nutzern die Möglichkeit, leistungsfähige Rechner zu erwerben. Früher wurden hauptsächlich Ho-

---

99 Zusätzlich wurden § 303a und § 303b StGB eingefügt.
100 Engelhard, DVR 1985, S.165, S.171
101 BT-Sitzungsprotokolle 1986 10/201, S.15435
102 Wachstumsraten von 50% und mehr wurden für die zweite Hälfte der achtziger Jahre angestrebt (Bschorr, S.17). Auch wenn die Verkaufszahlen zu Beginn der neunziger Jahre stagnieren, so werden doch allein im PC-Bereich Stückzahlen von 500.000 Rechnern pro Jahr umgesetzt.
103 Kostete ein PC noch Mitte der achtziger Jahre ca. 5.000,-- DM, so ist ein vergleichbares Gerät Ende 1991 für 600,-- DM bis 700,-- DM zu haben.

mecomputer, auf denen nur kleine Textverarbeitungen und primär Spielprogramme liefen, an Private veräußert. Heute sind Homecomputer fast vollständig von PC abgelöst worden. Dieser Rechnertyp ist ebenso leistungsfähig wie die in Firmen verwendeten Computer. Hierdurch ist es möglich geworden, daß Angestellte ihre Arbeit auch zu Hause ausführen oder fortsetzen können. Bei den zumeist einfachen Ausführungen der privat genutzten Rechner fehlt jede Sicherung.[104]
In der Wirtschaft kamen Sicherheitsvorkehrungen partiell zur Anwendung. Nur soweit es sich um wichtige Forschungsdaten handelte oder soweit das Bundesdatenschutzgesetz für personenbezogene Daten Schutzvorkehrungen vorschrieb, trafen die Verantwortlichen Maßnahmen gegen Computerkriminalität. Wie schon von den Sachverständigen während der Anhörung des Innen- und Rechtsausschusses am 6. Juni 1984 vorgetragen, waren zu Beginn der achtziger Jahre keine oder nur mangelhafte Schutzvorkehrungen anzutreffen.[105] Diese ständig in der Fachliteratur wiederholten Bedenken haben jedoch kaum gefruchtet.[106] Eine Analyse in amerikanischen Unternehmen im Jahr 1987 ergab "haarsträubende Risiken".[107]
Das Interesse der deutschen Industrie, sich gegen Computerkriminalität zu schützen, stieg Ende 1988 kurzfristig an. Damals wurde bekannt, daß eine Gruppe junger Leute für osteuropäische Geheimdienste über Datenleitungen in Datenbanken der Industrie eingedrungen waren und Forschungsdaten entwendet hatten. Dieses gesteigerte Interesse, welches noch auf der CEBIT im Frühjahr 1989 deutlich wurde, war auf der CEBIT 1991 nicht mehr spürbar.[108]
Ein weiteres Problem der Industrie ist der Wandel von Großrechenanlagen hin zur dezentralen Datenverarbeitung mit vernetzten Personalcomputern.[109] Sahen die Anwender in den siebziger Jahren noch die primäre Funktion von Computern im Aufbau von großen Rechenzentren, so führte die technische Entwicklung von kleinen und leistungsfähigen PC zur Umkehrung dieses Trends. Im Vordergrund steht in der Wirtschaft heute oft eine Verbindung von zentraler und dezentraler Datenverarbeitung. Es existiert weiterhin ein Rechenzentrum, das mit Hilfe eines eigenen Netzes oder der Postleitungen mit allen Personalcomputern verbunden

---

104 Das an vielen PC befindliche Tastaturschloß kann auch mit einer Büroklammer oder zum Teil sogar mit einem Zahnstocher betätigt werden.
105 Siehe Kapitel 2.3..
106 Becker (Landesdatenschutzbeauftragter), DuD 1986, S.223, S.223; Pohl (Mitarbeiter des BKA), DuD 1987, S.80, S.80; zuletzt Poerting (Mitarbeiter des BKA), BFuP 1990, S.177, S.185
107 O.V., DuD 1987, S.568, S.568
108 Auf der CEBIT 1989 äußerten sich gegenüber dem Verfasser Anbieter von Datensicherungsmaßnahmen sehr überrascht über das gestiegene Interesse an ihren Produkten. Zwei Jahre später teilten dieselben Anbieter mit, daß das Geschäft zwar weiterhin stiege, aber im Verhältnis zur Zahl der verkauften Rechner wieder rückläufig sei.
109 Pohl, DuD 1987, S.80, S.80

ist. Damit steht jedem Mitarbeiter die gesamte Kapazität an Rechnerleistung und Datenmaterial zu Verfügung. Diese Entwicklung führt deshalb durch den Aufbau einer Vielzahl von computerisierten Arbeitsplätzen außerhalb eines geschützten Rechenzentrums zu einer steigenden Zahl möglicher Tatorte. Die verbundenen Personalcomputer können über ein Gebäude oder sogar über ein größeres Gebiet verstreut sein.[110] Datenschutz und Datensicherung sind bei diesen Systemkonfigurationen primär Aufgabe der Person, die am einzelnen Rechner arbeitet.[111]
Nach einer 1990 in der Bundesrepublik durchgeführten Umfrage nahmen nur 23,5 % der Unternehmen mit sowohl zentraler als auch dezentraler Datenverarbeitung ihre einzeln stehenden PC in das Sicherheitskonzept auf. Eine systematische und damit effiziente Überwachung der Computer erfolgte nur in 7,5 % der Fälle.[112]
Noch deutlicher wird das mangelnde Problembewußtsein im Bereich der öffentlichen Hand. Die Datenschutzbeauftragten der Länder sahen sich bis heute in jedem ihrer Tätigkeitsberichte gezwungen, auf fehlende Sicherheitsvorkehrungen hinzuweisen.[113]
Am 28. August 1990 stellte der Bundesrechnungshof in einem förmlichen Beschluß des Großen Senates fest, daß bei 15 von 16 überprüften Rechenzentren der Bundesverwaltung die Sicherheit der Informationsverarbeitung mangelhaft war.[114] Selbst Ministerien mit hoch sensiblen Daten[115] und umfangreicher Finanzverwaltung[116], die mit dreistelligen Milliardenbeträgen arbeiten, wurden beanstandet. Dies war mit Abstand die deutlichste Rüge für die öffentliche Hand, die je vom Bundesrechnungshof auf dem Gebiet des Datenschutzes und der Datensicherung erteilt wurde.

Eine zusätzliche Gefahr entsteht durch die zunehmende Vernetzung von Computern. Das neu eingeführte ISDN und der Ausbau von BTX binden auch Privatleute in die Netze ein.[117] Mit der steigenden Zahl von Anschlüssen wächst die Gefahr. Jeder Benutzer dieser Postdienste ist ein potentielles Opfer oder ein möglicher Täter.

---

110 Zu denken ist nur an die Netze der Banken. Jede Filiale kann theoretisch alle Daten abrufen. Dies gilt sowohl für so unpersönliche Informationen wie die aktuellen Aktienkurse als auch für so sensible Daten wie die momentane Kreditbelastung eines Kunden.
111 10. Tätigkeitsbericht des Datenschutzbeauftragten des Saarlandes (1988), S. 21f
112 O.V., CuR 1990, S.751, S.751
113 Exemplarisch ist nur auf die Tätigkeitsberichte der Landesdatenschutzbeauftragten von Schleswig-Holstein (1990, S.5) und des Saarlandes (1988, S.1) hinzuweisen.
114 Bericht des Bundesrechnungshofes vom 28.8.1990: BT - Drucksache 11/7691, S.2
115 Für das Bundesministerium der Verteidigung: Bericht des Bundesrechnungshofes vom 28.8.1990, S.7
116 Für die Deutsche Bundespost: Bericht des Bundesrechnungshofes vom 28.8.1990, S.9
117 Frey, S.20; Sieber, Informationstechnologie, S.21

Im privaten Bereich fehlt es zumeist schon an den geeigneten Schutzvorrichtungen gegen Computerkriminalität. In der Wirtschaft und den Behörden sind diese Vorkehrungen oft vorhanden, sie werden allerdings unzureichend genutzt. Diesem mangelnden Problembewußtsein steht eine steigende Zahl von Tatobjekten, Tatorten und Tätern gegenüber.

2.5. Zusammenfassung

Bisher wurde jede technische Entwicklung gleichzeitig von Kriminellen genutzt. Es besteht kein Grund, warum dies nicht auch bei der Computerkriminalität so sein soll.[118]
Ausgehend von dieser These läßt sich erklären, daß dieses Rechtsgebiet an Bedeutung gewinnen wird. Hierzu paßt auch die Aussage, daß die Entwicklung der Computer zu Recht mit der ersten industriellen Revolution verglichen wird.[119]
Auf dem Gebiet der Verbreitung und der Akzeptanz ist ihre Dynamik kaum kalkulierbar. Mit Sicherheit läßt sich nur feststellen, daß die Entwicklung sehr schnell fortschreitet. Hieraus resultieren für die Gefahrenabwehr immer neue Herausforderungen.
Dieser zunehmenden Bedrohung soll das 2. WiKG entgegentreten. Dabei haben sich die Parlamentarier insbesondere bei der Computerkriminalität von den Sachverständigen leiten lassen. Während der Gesetzgebung haben die Experten oftmals die Funktion der Parlamentarier übernommen. Die Sachverständigen waren nicht nur beratend tätig, sondern haben Abschnitte der Gesetze mitformuliert.
Ohne die Verdienste der anderen Sachverständigen schmälern zu wollen, kann doch gesagt werden, daß die Parlamentarier sich nur aufgrund der mahnenden Ausführungen von Sieber entschlossen, eine Norm gegen das Ausspähen von Daten zu formulieren. Siebers Vorschläge wurden dann auch vom Gesetzgeber in § 202a StGB fast wörtlich übernommen.
Abschließend ist festzustellen, daß, ohne die jetzt schon bestehenden Probleme zu verharmlosen, die Computerkriminalität als ein Zukunftsproblem angesehen werden kann. Insbesondere die Bedeutung von § 202a StGB wird mit der wachsenden Vernetzung von Rechnern an Relevanz gewinnen.

---

118 Herrmann, Der Kriminalist 1986, S.462, S.463
119 Sieber, Informationstechnologie, S.12

3. Das Rechtsgut des § 202a StGB

Das Rechtsgut ist als notwendiger Teil des Strafrechts allgemein anerkannt.[1] Trotz dieser Bedeutung ist der Rechtsgutsbegriff einer der am wenigsten geklärten Begriffe der Strafrechtslehre.[2] Bevor auf die unterschiedlichen Ansätze zum Rechtsgut des § 202a Abs.1 StGB eingegangen werden kann, ist dieser Begriff und seine Funktion - soweit er als Grundlage der folgenden Ausführungen benötigt wird - zumindest einzugrenzen.

3.1. Begriff und Funktion des Rechtsgutes

Die einzelnen Strafgesetze umschreiben Verstöße gegen die positive Rechtsordnung. Die Person, die einen strafrechtlichen Tatbestand erfüllt, setzt sich in Widerspruch zur Rechtsordnung. Um aber eine Straftat zu bejahen, müssen die im Gesetz mehr oder weniger genau umschriebene Handlung und das vom Täter verwirklichte Unrecht übereinstimmen und gerade nicht in Widerspruch zueinander stehen. Ein Verstoß gegen die Rechtsordnung kann deshalb nicht als Verstoß gegen die Strafvorschrift definiert werden.[3] Vielmehr ist die negative Gesamtaussage einer einzelnen Strafvorschrift in ihr Gegenteil zu verkehren, denn das Verbrechen ist nicht durch seinen Widerspruch gegen die gesamte Rechtsordnung, sondern nur durch seinen Verstoß gegen einzelne Interessen gekennzeichnet. Die sich hieraus ableitende ungeschriebene Einzelaussage ist das Rechtsgut. Wie schon der Terminus selbst verdeutlicht, ist es Ausdruck eines positiv-rechtlichen Gutes.[4]

Die Rechtsgutslehre kann als positiver Teil der Rechtsordnung nicht allein einen Schutz von Zuständen oder Objekten[5] beinhalten, denn in dieser Umschreibung würde die Lehre nur eine bestehende Wertordnung festschreiben.[6]

Das Strafrecht ist in seinem neueren Verständnis[7] nicht nur Bestandsschutz. Es soll darüber hinaus auch jedes Individuum in der Entfaltung seiner Möglichkeiten

---

1 Jakobs, 2.Abschn. RdNr.24; Jescheck, § 1 III. 1.; Lackner, Vor § 13 Rdnr.4; Maurach/Zipf, StR AT-1, § 19 Rdnr.5; Roxin, § 2 RdNr.38; Schönke/Schröder/Lenckner, Vorbem §§ 13ff RdNr.11; ablehnend aus dem neueren Schrifttum nur noch: Amelung, S.393; Bockelmann/Volk, StR AT, S.11
2 Gössel, Oehler-Festschrift, S.97, S.98; Maurach/Zipf, StR AT-1, § 19 Rdnr.6; Roxin, § 2 RdNr.38; SK-Rudolphi, Vor § 1 RdNr.3; Suhr, JA 1990, S.303, S.305
3 Gössel, Oehler-Festschrift, S.97, S.98
4 SK-Rudolphi, Vor § 1 RdNr.4
5 Welzel, ZStW 58 (1939), S.491, S.509 und S.512
6 SK-Rudolphi, Vor § 1 RdNr.8
7 Einen vollständigen Überblick aller bis heute erörterten Ansätze zum Rechtsgut gibt Amelung (S.15ff).

und damit in seiner Persönlichkeit unterstützen.[8] Maßstab für den Schutz eines Wertes ist deshalb seine Bedeutung für die Befriedigung menschlicher Interessen. Seine Grenzen findet das Gut in den Rechtsvorschriften, die die freie Entfaltung der Persönlichkeit regeln. Insoweit findet eine Vergeistigung des Rechtsgutsbegriffes statt.[9] Trotz der Abwendung von der rein objektbezogenen Betrachtungsweise hin zu einem geistigen Ansatz bleibt das Rechtsgut konkret verletzbar. Denn die Verwirklichung eines Straftatbestandes beeinträchtigt das Objekt, wodurch der Rechtsgutsträger in seiner vom Gesetz garantierten freien Entfaltung gehindert wird.

Das Rechtsgut in der Verknüpfung von personalem Element und allgemein anerkanntem Wert bezeichnen Otto und Rudolphi als Funktionseinheit.[10] Mit Jakobs ist festzustellen, daß diese Formulierung am deutlichsten die Verbundenheit beider Elemente zum Ausdruck bringt und ihr deshalb der Vorzug vor vielen anderen Umschreibungen zu geben ist.[11]

Aus der Bindung von Mensch und Objekt heraus läßt sich auch leichter erklären, daß der Schutz einzelner Güter - und damit die Wertordnung selbst - einem ständigen gesellschaftlichen Wandel unterliegt.[12] Dieser Wandel kann sowohl auf einer inneren Neubewertung bestehender Interessen durch die Gesellschaft als auch auf äußeren Einflüssen beruhen, die wie z.B. der technische Fortschritt neue Möglichkeiten der freien Entfaltung erst schafft.

Nicht das einzelne Gut ist Anknüpfungspunkt des staatlichen Schutzes, sondern der Mensch.[13] Mit der Betonung des Menschen als Anknüpfungspunkt darf allerdings nicht auf die genaue Bestimmung des objektiven von der Rechtsordnung anerkannten Wertes verzichtet werden. Auch das neue Rechtsgutsdenken kommt nicht umhin, den anerkannten Wert genau zu definieren, denn ohne eine genaue Umschreibung der objektiven Komponente läßt sich auch die Funktionseinheit nicht konkretisieren.

Dem Rechtsgut werden neben anderen vorrangig zwei Aufgaben zugewiesen. Einmal dient das Rechtsgut der kritischen Analyse geplanter oder bestehender Normen. Danach hat der Gesetzgeber nur dort die Kompetenz, neue Strafgesetze zu verabschieden, wo es der Schutz der freien Entfaltung der Persönlichkeit ge-

---

8   Jakobs, 2.Abschn. RdNr.15; Maurach/Zipf, StR AT-1, RdNr.12; Otto, S.9; Roxin, § 2 RdNr.9; Stratenwerth, RdNr.210
9   Jescheck, § 26 I. 2.
10 Otto, S.9; SK-Rudolphi, Vor § 1 RdNr.8
11 Jakobs, 2.Abschn. RdNr.15. Einen Überblick über die verschiedenen Formulierungen gibt auch Roxin (§ 2 RdNr.38).
12 SK-Rudolphi, Vor § 1 RdNr.5
13 Jakobs, 2.Abschn. RdNr.15; Maurach/Zipf, StR AT-1, RdNr.12; Otto, S.8; Stratenwerth, RdNr.210

bietet.[14] Außerdem besteht die Verpflichtung, vorhandene Vorschriften immer wieder daraufhin zu prüfen, ob das von ihr geschützte Rechtsgut noch den Wertvorstellungen der Gesellschaft entspricht.[15]
Hieraus folgt die Notwendigkeit, daß das Gut schon vor seiner rechtlichen Konkretisierung existiert. Nicht die Norm bestimmt somit das Rechtsgut, sondern das Rechtsgut bestimmt die Norm.[16]
Die zweite Funktion des Rechtsgutes ist die Auslegung von Strafvorschriften. Im Vordergrund steht die Deutung der einzelnen Tatbestandsmerkmale. Dabei wird generell betont, daß keine bessere Auslegungshilfe existiere.[17] Der oft mehrdeutige Wortlaut ist auf die das Rechtsgut verletzenden Varianten zu beschränken. Fehlt es an einer Rechtsgutsverletzung, besteht für den Staat kein Bedürfnis zu strafen. Darüber hinaus erlaubt das Gut einen Rückschluß auf den Rechtsgutsträger.[18]
Im folgenden wird für die Auslegung des § 202a StGB das Rechtsgut in seiner zweiten Funktion verwendet.
Nachdem das Rechtsgut als unkörperliche Funktionseinheit von Mensch und anerkanntem Wert zu definieren ist, kann das im Tatbestand genannte Tatobjekt leicht abgegrenzt werden.[19] Das konkrete Objekt einer Straftat gemäß § 202a Abs.1 StGB ist das Datum. Es bleibt somit nur noch zu klären, welches Rechtsgut der Straftatbestand des Ausspähens von Daten schützt.

3.2. Die verschiedenen Thesen

In der Literatur wird als Rechtsgut des § 202 Abs.1 StGB neben einem formellen oder materiellen Geheimnisschutz auch ein hinter den Daten stehendes Vermögen diskutiert.

---

14 Jakobs, 2.Abschn. RdNr.13; Jescheck, § 26 I. 3.a); SK-Rudolphi, Vor § 1 RdNr.3
15 Suhr, JA 1990, S.303, S.303
16 Jakobs, 2.Abschn. RdNr.13
17 Baumann/Weber, StR AT, § 12 II 3.b); Blei, StR AT, S.91; Jakobs, 2.Abschn. RdNr.24; Jescheck, § 26 I. 2. und 3.a); Maurach/Zipf, StR AT-1, § 19 RdNr.17; SK-Rudolphi, Vor § 1 RdNr.3; Suhr, JA 1990, S.303, S.303
18 Suhr, JA 1990, S.303, S.303
19 Zur genauen terminologischen Abgrenzung der Begriffe Rechtsgut und Tatobjekt siehe Suhr, JA 1990, S.303, S.306.

3.2.1. Das Vermögen

Für Haft[20] ist das Rechtsgut das Vermögen. Es wird verkörpert im 'Recht an den Daten'. Sinn des § 202a StGB soll es sein, solche Daten zu schützen, die einen wirtschaftlichen Wert haben. Dabei sei das Merkmal des wirtschaftlichen Wertes weit zu fassen.[21] Das Rechtsgut in seiner Funktion als Element der Auslegung führt danach zu einer teleologischen Reduktion der Tatobjekte auf Daten, die ein Mindestmaß an wirtschaftlichem Wert verkörpern.
Haft sieht in der Vorschrift des § 202a Abs.1 StGB ein Analogon zum spezifischen Vermögenswert der in § 248c StGB geschützten elektrischen Energie.[22] Aus diesem Grund müsse die Vorschrift auch "Datendiebstahl" und nicht "Ausspähen von Daten" heißen. Systematisch gehört die Norm nach dieser Auffassung zum Diebstahl.[23]
Geschützt sind nach dieser These Forschungs- und Produktionsdaten. Private Datenbanken, wie Adreßdateien, unterliegen nicht dem Schutz des § 202a Abs.1 StGB.

3.2.2. Materielles Geheimnis

Aufgrund der systematischen Stellung des § 202a StGB im 15. Abschnitt des Strafgesetzbuches mit der Überschrift 'Verletzung des persönlichen Lebens- und Geheimbereichs' ließe sich ableiten, daß das Rechtsgut ein materielles Geheimnis sei.[24] Unter dem Begriff 'materielles Geheimnis' sind solche Informationen zu verstehen, die nur einem beschränkten Personenkreis bekannt sind, und an deren weiterer Geheimhaltung die Geheimnisträger ein Interesse haben. Aus welchem Grund die Träger die Daten nicht weitergeben wollen, ist ohne Bedeutung. Voraussetzung ist also, daß die in den Daten verkörperte Information nicht anderswo öffentlich zugänglich ist. Hierzu zählen zum Beispiel die Gehaltsdaten von Firmenangehörigen. Umgekehrt sind die Namen der Mitarbeiter solange kein Geheimnis, wie die Firmenzugehörigkeit allgemein bekannt ist.

---

20 Haft, DSWR 1986, S.255, S.257; ders., NStZ 1987, S.6, S.9. Sowohl Bühler (MDR 1987, S.448, S.452) als auch Kohlmann und Löffeler (BFuP 1990, S.188, S.196) wollen den Schutz "letztlich nur auf Geschäfts- und Betriebsgeheimnisse" beschränken. Weber (Arzt/Weber, LH 1, RdNr.495a) sieht auch eine Parallele zum Diebstahl, ohne auf das Vermögen einzugehen.
21 Haft, DSWR 1986, S.255, S.257. Bühler, (MDR 1987, S.448, S.452) spricht allen Daten einen wirtschaftlichen Wert zu.
22 Haft, NStZ 1987, S.6, S.9
23 Haft, DSWR 1986, S.255, S.257
24 In dieser Konsequenz vertritt keiner diese Auffassung. Bühler (MDR 1987, S.448, S.452) zieht diese These der herrschenden Meinung allerdings vor.

3.2.3. Formelles Geheimnis

Das Rechtsgut ist nach dieser Auffassung das formelle Verfügungsrecht.[25] Es wird vom 'Herr der Daten' oder im übertragenen Sinne vom 'Eigentümer der Daten' gesprochen. Hinter diesen Schlagworten verbirgt sich das Recht, andere von der Kenntnis der in den Daten verkörperten Information auszuschließen, aber auch das Recht, bestimmen zu können, wem die Daten zugänglich sein sollen.[26] Dieses Ausschließungsrecht ist unabhängig von der Eigentümerstellung am Datenträger.[27] So kann eine Datenverarbeitungszentrale für ihre Kunden auf eigenen Bändern Daten verwalten, das Verfügungsrecht über die Daten jedoch liegt weiterhin beim Kunden.

Aus dem Merkmal des formellen Verfügungsrechtes geht hervor, daß keine Geheimnisse vorliegen müssen. Aus diesem Grund besteht eine Parallele zum formellen Geheimnisschutz in § 202 StGB und nicht zum materiellen Geheimnisschutz in § 203 StGB.

Zwischen den Vertretern dieser Auffassung ist umstritten, welche Personen Träger des Rechtsgutes sind. Einige Autoren[28] beschränken das Rechtsgut auf den Verfügungsberechtigten. Andere wollen auch die Person, die vom Inhalt der Daten betroffen ist, in den Schutzbereich einschließen.[29]

Geschützte Daten sind nach dieser Auffassung zum Beispiel auch der Inhalt einer privaten Adreßdatei oder die Mitarbeiterdatei. Allein notwendig ist, daß der Verfügungsberechtigte sein Interesse an der Geheimhaltung der Daten bekundet.

3.2.4. Stellungnahme

Es stellt sich nun die Frage, nach welcher Methode das Rechtsgut zu ermitteln ist. Diese Analyse kann nur mit Hilfe der Norm selbst geschehen, so daß es zum bekannten und methodisch allumfassenden Auslegungsverfahren - wie es schon bei

---

25 Dreher/Tröndle, § 202a RdNr.2; Schönke/Schröder/Lenckner, § 202a RdNr.1; Leipziger-Kommentar Jähnke, § 202a RdNr.2; SK-Samson, § 202a RdNr.1; Schlüchter, 2. WiKG, S.48; dies., NStZ 1988, S.53, S.55; Winkelbauer/Lenckner, CuR 1986, S.483, S.485; Frey, S.343; Haß, S.299, S.311; Möhrenschlager, wistra 1986, S.128, S.140; Granderath, DB 1986 Beilage Nr.18, S.1; Leicht, IuR 1987, S.45, S.45; Frommel, JuS 1987, S.667, S.668; Wessels, StR BT-1, § 12 IV; Maurach/Schroeder/Maiwald, StR BT-1, § 29 RdNr.64f
26 Lenckner/Winkelbauer, CuR 1986, S.483, S.485
27 Granderath, DB 1986 Beilage Nr.18, S.1, S.1; Schönke/Schröder/Lenckner, § 202a RdNr.1; Dreher/Tröndle, § 202a RdNr.2
28 Lenckner/Winkelbauer, CuR 1986, S.483, S.485; Schönke/Schröder/Lenckner, § 202a RdNr.1; Leipziger-Kommentar Jähnke, § 202a RdNr.2; Maurach/Schroeder/Maiwald, StR BT-1, § 29 RdNr.72; offen gelassen von Möhrenschlager, wistra 1986, S.128, S.140
29 Lackner, § 202a RdNr.1; Schlüchter, 2. WiKG, S.61

der Bestimmung von Tatbestandsmerkmalen angewendet wird - keine Alternative gibt. Somit ist das Rechtsgut nicht nur Mittel der teleologischen Auslegung, sondern auch Auslegungsprodukt.[30] Die Auslegung erfolgt deshalb in vier Einzelschritten. Der erste Schritt ist die Analyse des Wortlautes; nachfolgend ist der Wille des Gesetzgebers zu ermitteln. Als dritter Schritt schließt sich die Auslegung des systematischen Gesetzesaufbaues an und als letztes stellt sich die Frage nach dem gegenwärtigen Sinn der Norm.[31] Diese Prüfungsreihenfolge erlaubt es auch bei der Ermittlung des Rechtsgutes, alle Argumente schrittweise zu erarbeiten.[32]

- Wortlaut
Der Wortlaut einer Norm umschreibt die Tathandlung und das Tatobjekt. Nicht nur die beiden Tatbestandsmerkmale, sondern auch deren Einschränkungen und Modalitäten erlauben einen Rückschluß auf das Rechtsgut.
§ 202a Abs.1 StGB spricht nur allgemein von Daten, die nicht für den Täter bestimmt sein dürfen. Im Wortlaut des Gesetzes ist ein materielles Geheimnis nicht als Tatbestandsmerkmal vorhanden. Vielmehr läßt sich § 202a Abs.1 StGB sogar von den Normen, die Geheimnisse schützen, verbal abgrenzen. So spricht § 43 BDSG 'von personenbezogenen Daten, die nicht offenkundig sind', und § 203 StGB fordert ein 'persönliches Geheimnis'.[33]
Gegen die These, die von einem materiellen Geheimnis ausgeht, spricht weiterhin, daß die Kenntnisnahme des Dateninhalts erforderlich ist, um ein wirkliches Geheimnis zu verletzen. Der Tatbestand des § 202a Abs.1 StGB erfaßt jedoch jedes Verschaffen.[34] Ein Täter könnte sich nach dieser Auffassung Daten verschaffen, indem er einen Datenträger nur kopiert, ohne das Rechtsgut zu beeinträchtigen. Die Konsequenz ist, daß es sich bei § 202a Abs.1 StGB um ein Gefährdungsdelikt handeln würde.
Gegen die These von Haft, die an das Vermögen anknüpft, spricht, daß der Wortlaut des § 202a Abs.1 StGB weder Zueignungsabsicht noch Bereicherungsabsicht voraussetzt, das Gesetz erwähnt nur ein Verschaffen. Bei dem Begriff Verschaffen handelt es sich nicht um eine klassische Bezeichnung für ein Vermögensdelikt. Zwar kommt das Wort in § 259 StGB - Hehlerei - vor, doch wird es ebenfalls in § 96 StGB - Landesverräterische Ausspähung; Auskundschaften von Staatsgeheimnissen - verwendet. Eine eindeutige Zuordnung der Tathandlung zu den Vermögensdelikten ist deshalb nicht möglich.

---

30 Nelles, S.289
31 Leipziger-Kommentar Tröndle, § 1 RdNr.41; BGHSt 29, S.204, S.206
32 Jescheck, § 17 IV. 1.b)
33 Haß, S.299, S.311; Bühler, MDR 1987, S.448, S.452; Lenckner/Winkelbauer, CuR 1986, S.483, S.485; Schlüchter, 2. WiKG, S.48
34 Bühler, MDR 1987, S.448, S.452; Haft, DSWR 1986, S.255, S.257

Für eine Einschränkung des Rechtsgutes auf wirkliche Geheimnisse oder das Vermögen ergeben sich aus dem Wortlaut der Norm keine Argumente. Für eine Reduktion des Rechtsgutes müssen eindeutige Anhaltspunkte in der historischen, systematischen oder teleologischen Betrachtungsweise gefunden werden.

- Geschichte

Aus den gesetzgeberischen Materialien läßt sich oftmals ermitteln, von welchem geschützten Interesse der Gesetzgeber ausging, als er die Vorschrift formulierte.
Das Ausspähen von Daten ist laut gesetzgeberischer Begründung in den 15. Abschnitt eingefügt worden, "obwohl die Straftat nicht eine Verletzung des persönlichen Lebens- oder Geheimnisbereichs voraussetzt".[35] Der Gesetzgeber hat sich somit in seiner Begründung zu § 202a Abs.1 StGB ausdrücklich gegen den Schutz eines materiellen Geheimnisses ausgesprochen.
Für eine Reduzierung des § 202a Abs.1 StGB auf Vermögensdelikte sprechen Ausführungen des Gesetzgebers über einen Schaden und einen Wert der Daten. So ist in der Begründung nachzulesen: "Der gestiegenen Bedeutung des Wertes von Information wird damit strafrechtlich Rechnung getragen." und "Das Strafrecht sollte erst dort eingreifen, wo ein Schaden oder wenigstens eine Rechtsgutsbeeinträchtigung, wie z.B. die Verletzung des Verfügungsrechts über Informationen bei einer Tat nach § 202a Abs.1 StGB, eingetreten ist."[36] Doch nimmt der Gesetzgeber keine Reduzierung des Rechtsgutes auf das Vermögen vor. Die Ausführungen sind lediglich dazu geeignet, die Abgrenzung zu einem Gefährdungsdelikt vorzunehmen.
Die gesetzgeberische Begründung zieht allein Parallelen zu § 202 StGB, der an das Verfügungsrecht anknüpft. Demgegenüber werden Eigentums- oder Vermögensdelikte wie die §§ 242ff StGB und §§ 263ff StGB nicht erwähnt. Zur Klarstellung des Wortes 'Verschaffen' verweist der Gesetzgeber ebenfalls auf § 96 StGB, nicht aber auf die Hehlerei.
Auch lassen sich in den gesamten Materialien keine Argumente für eine Reduzierung des Rechtsgutes auf das Vermögen finden.
Zwar spricht Oertel davon, daß die Strafdrohung für Computerspionage wegen der beträchtlichen Schäden hoch sein müßte, doch steht diese Aussage im Zusammenhang mit der Änderung des § 17 UWG.[37] Allein aus dieser Äußerung kann der Vermögensschaden als Merkmal der Vermögensdelikte nicht auf § 202a StGB übertragen werden.

---

35 BT - Drucksache 10/5058, S.28. Nochmals auf S.29: "..Daten brauchen deswegen allerdings keine Geheimnisse ... darzustellen."
36 BT - Drucksache 10/5058, S.28
37 Nixdorf, vertreten durch Oertel, BT-Anhörung vom 6.6.1984, Anlage S.36

Berücksichtigt man, welch starken Einfluß Sieber auf die Entstehungsgeschichte des § 202a StGB genommen hat, so zeigt sich, daß auch er eine Regelung im Anschluß an die §§ 201ff StGB erreichen wollte. Hierzu führte Sieber aus:
"Die Frage der Lozierung, die damit zusammenhängende Bestimmung des Rechtsgutes (das sowohl im Geheimnisbereich als auch im Bereich der Sicherheit der Datennetze liegen kann) und die Ausgestaltung des Tatbestandes als Erfolgs- oder Gefährdungsdelikt, wird für die Bestimmung der Tathandlung von Bedeutung sein."[38]

Gegen die von Haft gewünschte Einschränkung auf vermögenswerte Daten spricht weiter, daß das 2. WiKG auch den § 202 Abs.3 StGB inhaltlich eingeschränkt hat. Der Gesetzgeber betonte, daß § 202a Abs.1 StGB diese Funktion übernehmen sollte:
"Die bisher durch § 202 Abs.3 ...geschützten Daten fallen daher künftig unter den Schutzbereich des neuen § 202a StGB"[39] und weiter: "§ 202a bezieht die bisher geschützte Gedankenerklärung i.S.v. § 202 Abs.3 ... ein."[40]

Diese Funktion kann der neugeschaffene § 202a Abs.1 StGB nur übernehmen, wenn er nicht auf vermögenswerte Daten oder Geheimnisse beschränkt ist, denn § 202 StGB bezog sich ohne Einschränkungen auf alle Informationen.

Aus der historischen Entwicklung ergibt sich somit kein Anhaltspunkt für eine Reduzierung des Rechtsgutes. Der Gesetzgeber spricht vielmehr von der Verletzung des Verfügungsrechtes.

- Systematik

Für die Bestimmung des Rechtsgutes ist die Systematik von entscheidender Bedeutung, da der besondere Teil des Strafgesetzbuches nach Rechtsgütern gegliedert ist.[41]

Eine Betrachtung der Plazierung des § 202a StGB im Gesetz hilft nur eingeschränkt weiter. Zwar steht § 202a StGB im 15. Abschnitt, doch ist der Kapitelüberschrift dieses Abschnittes vorzuwerfen, sie sei ungenau und helfe bei der Bestimmung des exakten Rechtsgutes nicht.[42] Trotzdem gibt die Überschrift einen Rahmen vor. Ein Vermögensdelikt liegt außerhalb dieser Grenzen.

Deutlicher wird die systematische Einbindung des § 202a StGB, wenn man sich den inhaltlichen Zusammenhang vor Augen führt.

Gemäß § 205 StGB ist das Ausspähen von Daten ein reines Antragsdelikt. Der Gesetzgeber hat darüber hinaus ausdrücklich auf eine Bestrafung des Versuches verzichtet.[43] Diese beiden Einschränkungen sind aus der Sicht eines Vermögens-

---

38 Sieber, BT-Anhörung vom 6.6.1984, Anlage S.269
39 BT - Drucksache 10/5058, S.28
40 BT - Drucksache 10/5058, S.29
41 Jescheck, § 26 I 3.b). Ebenso führt Haft in seinem Lehrbuch (StR AT, S.65) aus, der besondere Teil sei nach Rechtsgütern gegliedert, diese Gliederung sei einzuhalten.
42 Schönke/Schröder/Lenckner, Vorbem. § 201 RdNr.2; Wessels, StR BT-1, § 12 I
43 BT - Drucksache 10/5058, S.28

deliktes kaum zu erklären, da im Bereich des Diebstahls und des Betruges der Versuch immer strafbar ist und ein absolutes Antragserfordernis nur bei Angehörigen zugelassen wird.
Außerdem schützt § 202a Abs.1 StGB ebenso wie § 202 StGB nur gesicherte Tatobjekte. Bei einem Diebstahl erfüllt die Wegnahme eines gesicherten Gegenstandes schon den besonders schweren Fall des Diebstahls. Wenn aber § 202a Abs.1 StGB einen Datendiebstahl darstellen soll, dann ist eine Begrenzung auf gesicherte Daten nicht nachzuvollziehen.
Für alle hier erörterten Thesen, stellt sich die Frage, warum das Gesetz nur 'nicht unmittelbare wahrnehmbare' Daten schützt. Diese Einschränkung findet weder eine Parallele in § 202 StGB noch besteht für ein Vermögensdelikt die Notwendigkeit, das Angriffsobjekt dermaßen einzugrenzen. Auch wahrnehmbare Daten haben einen Vermögenswert und sind gleichermaßen schützenswert.[44] Für das Interesse des Verfügungsberechtigten gilt dies gleichermaßen.
Eine Erklärung für eine solche Beschränkung kann nur darin gesehen werden, daß der Gesetzgeber erst in der computergestützten Datenerfassung eine Gefahr sah. Durch die technischen Möglichkeiten sind große Mengen von Daten ohne Aufwand zu bewegen.[45] So ist zum Beispiel der Informationsgehalt eines Aktenschrankes heute auf einem Datenträger unterzubringen, der nicht größer als eine CD ist. Aber auch in dieser Erklärung liegt kein Anhaltspunkt, nur vermögenswerte Daten zu schützen.
Haft selbst räumt ein, daß die Systematik eher gegen seine Auffassung spricht, allerdings hält er die Systematik in diesem Fall für nicht so bedeutend.[46] Doch ist diese Einschränkung der Bedeutung nur eine These, solange keine zwingenden Gründe für eine andere Einordnung des § 202a StGB vorliegen.

- Sinn und Zweck
Um bei der Ermittlung des Rechtsgutes einen Zirkelschluß von Auslegungsmittel und Auslegungsergebnis zu vermeiden, ist bei der Frage nach dem gegenwärtigen Sinn der Norm nicht auf die Tatbestandsmerkmale abzustellen, die selbst noch Ziel der teleologischen Deutung sein sollen. Das Rechtsgut würde sich sonst selbst erklären. Es dürfen demnach nur die Elemente zur Auslegung herangezogen werden, deren Bestimmung eindeutig ist.[47] Hierzu zählt sowohl der Vergleich der Strafrahmen[48] als auch eine Schlüssigkeitsprüfung der angebotenen Deutungsversuche.

---

44 Frey, S.346
45 BT - Drucksache 10/5058, S.29; Haft, NStZ 1987, S.6, S.9
46 Haft, NStZ 1987, S.6, S.9. Hierzu stehen aber seine Ausführungen in seinem Lehrbuch in Widerspruch. Siehe FN 41
47 Nelles, S.290
48 Jescheck, § 17 IV 3.

Bei einem Vergleich der Strafandrohung des § 202a Abs.1 StGB von maximal drei Jahren mit anderen Vorschriften zeigt sich eine Parallele zu § 201 StGB, nicht aber zu den fünf Jahren Höchststrafe der § 242 und § 263 StGB. Da es sich bei der von Haft vertretenen Auffassung sogar um einen Diebstahl eines gesicherten Tatobjektes handelt, wird die Diskrepanz im möglichen Strafmaß noch deutlicher. Es stehen sich dann die bis zu drei Jahre des § 202a Abs.1 StGB und die bis zu zehn Jahre des § 243 StGB gegenüber.
Wenn Haft das Rechtsgut als Vermögen definiert, kollidiert dies auch mit seinem Hinweis, es handele sich um einen Datendiebstahl. Denn der Eigentumsschutz bezieht sich auch auf nicht vermögenswerte Gegenstände.[49] Das Vermögen selbst wird in den §§ 263ff StGB geschützt. Eine Parallele zu § 242 StGB muß aber alle - nicht nur vermögenswerte - Daten beinhalten. Unbefriedigend ist die Aussage von Haft, daß das Merkmal des wirtschaftlichen Wertes weit zu fassen sei. Diese Erklärung schränkt das Problem zwar ein, löst diese Frage aber nicht. Zum Beispiel ist die private Adreßdatei ebenso schützenswert wie ein Adreßbuch, welches fraglos dem Schutz des § 242 StGB unterliegt. Das Rechtsgut 'Vermögen' als Funktionseinheit soll die wirtschaftliche Lebensgrundlage einer Person und ihren wirtschaftlichen Betätigungsbereich sichern.[50] Um diese Funktion erfüllen zu können, muß es sich um ein merkantiles Gut handeln. Wenn das Merkmal des wirtschaftlichen Wertes bei § 202a Abs.1 StGB allerdings weit zu fassen ist, verläßt Haft die gemeinsame Basis und definiert das Vermögen als Rechtsgut unter Abschwächung des existenzsichernden Elementes neu. Letztlich verwischt Haft mit seiner These ohne jeden Grund die Grenze zwischen Eigentums- und Vermögensdelikten.
Gegen den formellen Geheimnisschutz wendet Bühler ein, daß eine formelle Betrachtungsweise den Schutz nur auf eine Hülse reduziert.[51] Dabei verkennt Bühler, daß ein solcher 'Hülsenschutz' - gerade im 15. Abschnitt - in anderen Normen auch verwendet wird. Die Beschränkung auf ein formelles Geheimnis erlaubt dem Opfer, nach seinem Belieben die Hülse mit wirklichen Geheimnissen zu füllen. Es liegt demnach nicht zwingend nur ein 'Hülsenschutz' vor. Auch der Einwand, ein Abstellen auf die Verfügungsbefugnis sei in der Sicht zu stark auf die körperlichen Gegenstände gerichtet[52], geht fehl, da sich die Verfügungsbefugnis als Rechtsgut nicht zwingend auf körperliche Tatobjekte beziehen muß. Dies zeigt sich deutlich in § 202 StGB.
Aus teleologischer Sicht ist die Auffassung vorzuziehen, die allein auf die formelle Verfügungsbefugnis abstellt.

---

49 Haß, S.299, S.311
50 SK-Rudolphi, Vor § 1 RdNr.9 m.w.N.
51 Bühler, MDR 1987, S.448, S.452
52 Tiedemann, JZ 1986, S.865, S.870

Zu klären bleibt die Frage, welcher Person diese Befugnis zusteht, welche Person also Rechtsgutsträger ist. Eine Erweiterung der Rechtsgutsträger auf die vom Inhalt betroffenen Personen scheitert allerdings aus folgenden Gründen.
Dem Einwand, § 202a Abs.1 StGB schütze nicht notwendig Geheimnisse, und deshalb könne es auch keine Betroffenen geben[53], steht entgegen, daß dieser Schutz der Betroffenen eben nur im Falle wirklicher Geheimnisse eingreift. Dies aber führt den Geheimnisbegriff wieder ein.[54]
Im Vergleich zu § 202 StGB zeigt sich, daß auch dort nur der Adressat und der Empfänger geschützt werden, nicht aber die Person, über die das Schreiben etwas aussagt.[55]
Zu Problemen führt diese These, sobald der Verfügungsberechtigte Daten weitergeben will. Ohne die Zustimmung des Betroffenen dürfte keine Bestimmung erfolgen. Eine solch konsequente Einschränkung wird von den Vertretern dieser Auffassung auch nicht vertreten.[56] Ihnen liegt anscheinend nur an der Erweiterung des Kreises der Antragsbefugten auf die Betroffenen. Dieser Wunsch allein begründet aber noch keine Erweiterung der Rechtsgutsträger.

3.2.5. Ergebnis

Sowohl der Wortlaut als auch die gesetzgeberische Begründung zeigen deutlich, daß eine Reduzierung des Rechtsgutes auf materielle Geheimnisse abzulehnen ist. Aufgrund der sehr großen Bedeutung der Systematik und der im Strafrahmen zum Ausdruck kommenden Einordnung müssen sehr gewichtige Gründe für eine Einschränkung des Rechtsgutes auf das Vermögen vorliegen. Doch sind weder im Wortlaut noch in der Entstehungsgeschichte überhaupt entsprechende Ansatzpunkte zu finden. Auch eine Betrachtung des Zweckes der Norm rechtfertigt nicht die von Haft angestrebte Reduzierung.
Folglich bleibt die in der Systematik und im Strafrahmen liegende Einordnung des Rechtsgutes als formelles Geheimnis maßgebend.
Haft gegenüber ist zumindest einzuräumen, daß - auch wenn der Schaden keine Voraussetzung des § 202a Abs.1 StGB ist - wegen des absoluten Antragserfordernisses meist nur Fälle strafrechtlich verfolgt werden, bei denen es einen finanziell Geschädigten gibt.[57] Dennoch machen diese praktischen Erwägungen den § 202a Abs.1 StGB nicht zu einem Vermögensdelikt.

---

53 Maurach/Schroeder/Maiwald, StR BT-1, § 29 RdNr.72
54 Maurach/Schroeder/Maiwald, StR BT-1, § 29 RdNr.72
55 Lenckner/Winkelbauer, CuR 1986, S.483, S.485
56 Lackner, § 202a RdNr. 1
57 Zielinski, S.120f

3.3. Zusammenfassung

Das Rechtsgut als Ansatz für die teleologische Auslegung der einzelnen Tatbestandsmerkmale ist folglich das formelle Geheimhaltungsinteresse. Träger des Rechtsgutes ist wegen der Probleme bei der Weitergabe von Daten allein der Verfügungsberechtigte.
Der Verfügungsberechtigte bekundet sein Geheimhaltungsinteresse an den Daten dadurch, daß er sie gegenüber anderen besonders sichert.

4. Der Tatbestand

Der Tatbestand des § 202a Abs.1 StGB beschreibt folgende Handlung:
"Wer unbefugt Daten, die nicht für ihn bestimmt sind und die gegen unberechtigten Zugang besonders gesichert sind, sich oder einem anderen verschafft, wird ... bestraft."
Der Gesetzgeber hat bei der Formulierung Begriffe verwendet, die schon an anderer Stelle im Gesetz vorkommen. Abgesehen vom Merkmal der Bestimmung, wird der Begriff der Daten bereits in § 268 Abs.2 StGB verwendet. Die Tätigkeit des Verschaffens kommt ebenfalls in den §§ 259 und 96 StGB vor. Die besondere Sicherung wiederum ist ein Ausdruck, der in § 243 Abs.1 S.2 Nr.2 und in § 202 Abs.2 StGB zu finden ist.
Neu in der gesetzgeberischen Terminologie ist das Merkmal des unberechtigten Zugangs.
Zum Verständnis der Tatbestandsmerkmale 'gegen unberechtigten Zugang besonders gesichert' sind alle Begriffe des Tatbestandes kurz darzustellen, denn nur wenn alle Merkmale berücksichtigt werden, ist eine vollständige Analyse der besonderen Sicherung und Zugangsberechtigung möglich. So kann die Sicherung nicht ohne eine präzise Definition der Daten als dem Tatobjekt vorgenommen werden. Die mangelnde Berechtigung ist nur im Zusammenhang mit den anderen Negationen 'nicht bestimmt' und 'unbefugt' zu sehen.
Soweit der Gesetzgeber bekannte Formulierungen verwendete, ist zu prüfen, ob die schon bestehenden Auslegungen herangezogen werden können oder ob die EDV-spezifischen Voraussetzungen eine neue Begriffsbestimmung erfordern.

4.1. Daten

Tatobjekt des § 202a Abs.1 StGB sind Daten. Auf das Angriffsobjekt bezieht sich auch die Sicherung. Dabei verlangt das Gesetz, daß die Daten gegen unberechtigten Zugang besonders gesichert werden.
Eine Definition könnte in Absatz 2 zu finden sein:
"Daten im Sinne des Absatzes 1 sind nur solche, die elektronisch, magnetisch oder sonst nicht unmittelbar wahrnehmbar gespeichert sind oder übermittelt werden."
Absatz 2 des § 202a StGB enthält auf den ersten Blick eine Legaldefinition. Dieser Eindruck verstärkt sich noch, wenn berücksichtigt wird, daß auch die §§ 274 Abs.1 Nr.2, 303a und 303b Abs.1 Nr.1 StGB auf § 202a Abs.2 StGB verweisen. Der Wortlaut des § 202a Abs.2 StGB kann jedoch, ohne den Sinn zu verändern, ergänzt werden:
"Daten im Sinne des Absatzes 1 sind nur solche <u>Daten</u>, die elektronisch, magnetisch oder sonst nicht unmittelbar wahrnehmbar gespeichert sind oder übermittelt werden."
Durch diese Ergänzung wird deutlich, daß § 202a Abs.2 StGB den Datenbegriff voraussetzt, und nur eine Reihe vom Gesetzgeber für notwendig erachteter Ein-

schränkungen enthält.[1] Daraus folgt, daß § 202a Abs.2 StGB keine Legaldefinition des Datenbegriffes ist.
Es handelt sich dabei nicht um einen Formulierungsfehler, wie die Gesetzesmaterialien beweisen:[2]

"Eine Notwendigkeit, den Datenbegriff näher zu bestimmen, hat der Ausschuß ebensowenig wie seinerzeit bei Einführung des § 268 (Absatz 2) StGB (vgl. den Ausschußbericht, Drucksache IV/4094, S.37 und die Auslegung in der Literatur) und des § 2 Abs. 1 BDSG gesehen. Hervorzuheben ist, daß selbstverständlich auch gespeicherte Programme erfaßt werden."

Der Gesetzgeber wollte vielmehr keine Definition von Daten geben. Mit dieser Zurückhaltung entsprachen die Parlamentarier dem Vorschlag des Sachverständigen Haft, der sich gegen eine Definition des Datenbegriffes im StGB aussprach[3], da das Wort ein computertechnologischer Begriff sei.
Die Literatur weist zum Teil einfach auf den allgemeinen Sprachgebrauch hin.[4] Andere Autoren[5] bezeichnen den Datenbegriff als farblos oder sprechen von einem schillernden und unbewältigten Begriff.
Diese eher philosophischen Betrachtungen ändern jedoch nichts an dem Umstand, daß das Tatobjekt genau zu umreißen ist.
Aus diesen Gründen ist zuerst ein Datenbegriff herauszuarbeiten. Erst im Anschluß daran kann die Funktion des § 202a Abs.2 StGB geklärt werden. Abschließend werden die verschiedenen Speicher- und Übertragungsmedien anhand der gewonnen Definition dargestellt.

4.1.1. Datenbegriff

Bevor eine Definition des Datenbegriffes erfolgen kann, ist klarzustellen, daß dies - auch wenn das Gesetz immer von Daten spricht - keine Beschränkung auf die Mehrzahl ist. Geschützt wird auch das einzelne Datum.[6] Es bleibt allerdings festzuhalten, und so ist die gesetzgeberische Äußerung zu verstehen, daß ein einzelnes Datum wohl kaum Ziel einer Straftat sein wird. Dennoch ist ein Datum allein auch ein Tatobjekt des § 202a Abs.1 StGB, da es ebenso schutzwürdig ist

---

1 Leipziger-Kommentar Jähnke, § 202a RdNr.3; Schönke/Schröder/Lenckner, § 202a RdNr.2; Lackner, § 263a RdNr. 3; Maurach/Schroeder/Maiwald, StR BT-1, S.280; Lenckner/Winkelbauer, CuR 1986, S.483, S.484; Welp, IuR 1988, S.443, S.444
2 BT - Drucksache 10/5058, S.29
3 Haft, BT-Anhörung vom 6.6.1984, Anlagen S.208
4 Schönke/Schröder/Cramer, 22. Auflage, § 268 RdNr.11; Lenckner/Winkelbauer, CuR 1986, S.483, S.484
5 Haft, BT-Anhörung vom 6.6.1984, Anlagen S.208; ders, NStZ 1987, S.6, S.10
6 Haß, S.299, S.301; Schlüchter, 2. WiKG, S.60; Welp, IuR 1988, S.443, S.444

wie eine Datenmenge.[7] Würde dies verneint, so entständen zwei Probleme. Zum einen wäre das Erlangen von Daten dann straflos, wenn der Täter sich die Daten einzeln verschafft. Zum anderen wäre das Datum von den Daten abzugrenzen.[8] Wie schon aus der gesetzgeberischen Begründung des § 202a StGB hervorgeht, führte das 2. WiKG den Datenbegriff nicht erst in das Strafrecht ein. Vielmehr findet sich dieser Ausdruck schon in anderen Gesetzen. Neben dem Bundesdatenschutzgesetz spricht sogar das Strafrecht schon in § 268 Abs.2 StGB von Daten.

Im Zusammenhang mit § 268 Abs.2 StGB wird auf die Datendefinition in der DIN 44 300 Nr.19 hingewiesen.[9] Sie lautet:

"Daten sind Zeichen oder kontinuierliche Funktionen aufgrund bekannter oder unterstellter Abmachungen zum Zwecke der Verarbeitung dargestellte Informationen, die einer weiteren Verarbeitung in einer Datenverarbeitungsanlage unterliegen."

Diese Definition hilft nicht bei der Auslegung des § 202a StGB, da sie sich auf noch zu verarbeitende Daten beschränkt. Danach erfüllen solche Informationen den Datenbegriff nicht, die nach Bearbeitung gespeichert werden, um später zum Beispiel ausgedruckt zu werden. Eine solche Beschränkung findet aber weder einen Anhaltspunkt im Gesetz, noch gibt es einen qualitativen Unterschied zu nicht verarbeiteten Daten.[10] Gerade Ergebnisse einer Datenverarbeitung sind für Straftäter von besonderem Interesse, da sie neue Erkenntnisse enthalten.

Aus diesen Gründen favorisiert Möhrenschlager[11] eine neue DIN-Norm. Sie lautet:

"Gebilde aus Zeichen oder kontinuierlichen Funktionen, die aufgrund von bekannten oder unterstellten Abmachungen und vorrangig zum Zweck der Verarbeitung Informationen darstellen"

Nach dieser Norm fallen jetzt zwar verarbeitete Daten unter die Definition. Doch stellt sich auch bei dieser Definition das Problem, daß § 202a Abs.1 StGB entgegen dem gesetzgeberischen Willen Programme nicht schützen würde.[12] Die Begriffsbestimmung setzt zumindest die Möglichkeit einer Verarbeitung voraus, dies

---

7   Welp, IuR 1988, S.443, S.445
8   Wie unten noch zu zeigen sein wird, ein sehr schwieriges Unterfangen.
9   Leipziger-Kommentar Tröndle, 9. Auflage, § 268 RdNr.13; Schönke/Schröder/Cramer, 22. Auflage, § 268 RdNr.11
10 Möhrenschlager, wistra 1986, S.128, S.132; Lenckner/Winkelbauer, CuR 1986, S.483, S.484
11 Möhrenschlager, wistra 1986, S.128, S.132: DIN-Norm 44 300, Teil 2-3.1.13. Ebenso: Kilian/Heussen/ Gravenreuth, Abschn. 106 RdNr.11; Gravenreuth, NStZ 1989, S.201, S.206
12 A.A.: nur Kilian/Heussen/Gravenreuth, Abschn. 106 RdNr.9 ff; Gravenreuth, NStZ 1989, S.201, S.205

erfolgt bei Programmen gerade nicht, sie bleiben unverändert[13] und werden nur ausgeführt.
Somit sind diese Definitionen für das Strafrecht ungeeignet. Für die Technik und den Datenschutz können sie dagegen sehr wohl von Interesse sein.
Unabhängig davon, daß die beiden DIN-Normen nicht zu verwenden sind, enthalten sie doch ein interessantes Merkmal: die Information.
Sowohl der Gesetzgeber als auch ein großer Teil der Literatur verwenden dieses Wort. Einige gebrauchen es nur als Synonym[14], andere Autoren begrenzen es auf den Zusammenhang mit dem Betrieb einer Datenverarbeitungsanlage.[15]
Aber erst Welp[16] hat 1988 mit letzter Konsequenz die Begriffsbestimmung auf die Information reduziert. Seine Definition lautet einfach: Das Datum ist die in ihm verkörperte Information.
Zur genaueren Bestimmung der 'Information' zerlegt Welp diesen Begriff in die Komponenten Semantik und Syntax.[17]

- Semantik
Auf der inhaltlichen Ebene stellt sich die Frage, ob Informationen, die nicht in den Definitionsbereich fallen, vorstellbar sind. Welp verneint diese Frage mit dem Hinweis darauf, daß das Wort Information keine allgemeinsprachliche Einschränkung enthält. Der Informationsbegriff ist grenzenlos.[18]
Somit sind nicht nur vom Menschen erzeugte Daten Informationen. Vielmehr haben auch von Computern erstellte Ergebnisse oder von technischen Geräten ermittelte Meß- oder Analysewerte einen Informationsgehalt.[19]
Diese weite Auslegung ist auch notwendig, um alle Formen der Computerkriminalität zu erfassen.

---

13 Dies gilt die klassischen Programmtypen. Moderne Programme sind zum Teil in der Lage, durch die Datenverarbeitung sich ständig zu verändern.
14 Maurach/Schroeder/Maiwald, StR BT-1, S.466; Lackner, § 263a RdNr.3
15 Leipziger-Kommentar Jähnke, § 202a RdNr.3; Haft, NStZ 1987, S.6, S.8
16 Welp, IuR 1988, S.443, S.445. Ohne Begründung in Ansätzen schon: Samson im SK, § 202a RdNr.3; Wessels, StR BT-1, § 12 IV; Granderath, DB 1986 Beilage Nr.18, S.1, S.1 und Haß, S.299, S.301. Tröndle (Dreher/Tröndle, § 268 RdNr.4) übernimmt ebenfalls diese Definition. Sieber (NJW 1989, S.2569, S.2572) setzt sich umfangreich mit dem Informationsbegriff im deutschen Recht auseinander, und er kommt zum gleichen Ergebnis.
17 Welp, IuR 1988, S.443, S.445. Schlüchter (2. WiKG, S.61) führt aus, daß die Wahrnehmung und das Verstehen nicht getrennt werden dürfen. Dann ist aber ihre Einordnung der Lochkarte (dazu siehe Kapitel 4.1.3.) nicht zu verstehen. Ihre Ausführungen sind nur dann verständlich, wenn gerade diese Trennung erfolgt.
18 Welp, IuR 1988, S.443, S.445
19 SK-Samson, § 202a RdNr.4

Es bleibt die Frage, inwieweit der Informationsgehalt in seine kleinstmögliche Form zu zerlegen ist. Als Grundgedanke dient dabei die Aussage, daß jede Information sich in ein binäres Datum zerlegen läßt.[20] Der geschriebene Buchstabe "a" wird mit der binären Information "01100001" gleichgesetzt, wobei jeder einzelne Bit "1" und "0" eine Information beinhaltet.
Dieser Auffassung ist grundsätzlich zuzubilligen, daß binär vorliegende Daten Bit für Bit Informationen sind. Auch zeigt diese Zerlegung in das Zweiersystem einen deutlichen Zusammenhang zur Computertechnologie auf.
Das Dualsystem ist jedoch auch nur eine willkürlich festgelegte Sprache, die nicht zwingend das Informationssystem von Computern ist. Heute arbeiten zwar fast alle Rechner nach dem Zweiersystem, technisch ist statt dessen auch ein im Dreiersystem arbeitender Computer oder gar ein Dezimalrechner vorstellbar.[21]
Für die Bestimmung des Informationsgehaltes bedeutet dies, daß er nicht zu atomisieren ist. Der geschriebene Buchstabe "a" ist ein Datum. Erst durch seine Umsetzung in binäre Informationen zerfällt seine Aussage in einzelne Bits. Für das Wort "Hallo" hat dies zur Folge, daß es einen eigenen Informationswert hat. Unabhängig davon läßt sich das Wort in 5 einzelne Informationen (Buchstaben) zerlegen, die sich wiederum im 8-stelligen Dualcode darstellen lassen.
Folglich kommt es für den Informationsgehalt nicht darauf an, daß er in die logisch kleinste Informationseinheit zerlegt wird.
Für die Datendefinition ist festzuhalten, daß der Informationsgehalt als Auslegungsmerkmal zu keiner Einschränkung führt.

- Syntax
Die zweite Ebene des Datenbegriffes ist die Darstellung der Information. Welp führt dazu aus, daß Zeichen für den Dateninhalt stehen.[22]
Im Zusammenhang mit der Darstellung der Information stellt sich die Frage, ob nur computerspezifische Darstellungen dem Datenbegriff des § 202a Abs.2 StGB entsprechen sollen.
Hierfür spricht, daß es bei § 202a StGB um die Erfassung von Computerkriminalität geht. Doch hat der Gesetzgeber das Tatobjekt nur mit 'Daten' und nicht mit 'Computerdaten' umschrieben.[23]
Weiterhin ist es gleichgültig, in welcher Form Informationen vorliegen. Jede Information, die ein Mensch wahrnehmen kann, läßt sich auch auf einem Computer darstellen und umgekehrt. Eine Erklärung für diese Kompatibilität ist der Um-

---

20 Diese Anregung verdanke ich Tony Möller während eines Seminars über Computerkriminalität an der Christian-Albrechts-Universität in Kiel im WS 1988/89.
21 Danach wäre nicht nur in "Strom fließt - Strom fließt nicht" zu unterteilen, sondern in Strom fließt mit 1/10 V, 2/10 V usw.
22 Welp, IuR 1988, S.443, S.445
23 Granderath, DB 1986 Beilage Nr.18, S.1, S.1

stand, daß Menschen die von Computern genutzte Darstellung entwickelt haben. Mag auch nicht jeder Mensch in der Lage sein, den Dualcode zu lesen und zu verstehen, so handelt es sich dabei doch nur um ein Problem, daß mit der Vielzahl von Sprachen vergleichbar ist.
Auch die Darstellung einer Information ist aus diesen Gründen kein computerspezifisches Merkmal.

Zusammenfassend läßt sich sagen, daß ein Datum die in ihm verkörperte Information ist. Der Datenbegriff selbst wird weder inhaltlich noch durch die Form beschränkt.
Auch diese Definition erscheint unzureichend, da sie den Begriff des Datums gegen den der Information austauscht und zu keiner Einschränkung des Tatbestandsmerkmales führt. Doch ist diese Auslegung nur die logische Konsequenz, die andere Autoren[24] mit den Worten eines "weiten Datenbegriffes" umschreiben. Einschränkungen, insbesondere die Begrenzung auf die Computerkriminalität, können nur auf einer weiteren Stufe erfolgen, nämlich durch die in § 202a Abs.2 StGB genannten Voraussetzungen.

4.1.2. § 202a Abs.2 StGB

Die Voraussetzungen in § 202a Abs.2 StGB schränken den oben entwickelten Datenbegriff ein. Geschützte Angriffsobjekte sind nur solche Daten, die elektronisch, magnetisch oder sonst nicht unmittelbar wahrnehmbar gespeichert sind oder übertragen werden.
Bei den Worten elektronisch und magnetisch handelt es sich nur um Beispiele für das Merkmal der fehlenden unmittelbaren Speicherung oder Übertragung.[25] Der Gesetzgeber wollte den Absatz 2 offen für neue Technologien gestalten.[26]

- Nicht unmittelbar wahrnehmbar
Der Gesetzgeber führt zu diesem Tatbestandsmerkmal aus:[27]
> "Unmittelbar wahrnehmbare Daten sind u.a. durch die §§ 201, 202 StGB ausreichend geschützt."

Aus der Begründung läßt sich damit folgende Aussage herleiten: Der Schutzbereich des § 202a Abs.1 StGB und der der §§ 201, 202 StGB sollen sich nicht überschneiden. Abgrenzungskriterium ist die unmittelbare Wahrnehmung.

---

24 Schönke/Schröder/Lenckner, § 202a RdNr.3; Dreher/Tröndle, § 202a RdNr.3; Granderath, DB 1986 Beilage Nr.18, S.1, S.1
25 Lackner, § 202a RdNr.2; Möhrenschlager, wistra 1986, S.128, S.140; Welp, IuR 1988, S.443, S.445
26 BT - Drucksache 10/5058, S.29
27 BT - Drucksache 10/5058, S.29

Ausgehend von dem eben erarbeiteten Datenbegriff ist zu fragen, worauf sich die fehlende unmittelbare Wahrnehmung beziehen soll.
Man könnte auf den Informationsinhalt oder auf die Darstellung der Information abstellen. Schon der Umstand, daß der Gesetzgeber nicht von der Kenntnisnahme sondern von der Wahrnehmung gesprochen hat, läßt vermuten, daß nicht der Informationsinhalt gemeint ist.
Ausschlaggebend ist jedoch, daß sonst alle verschlüsselten Daten in jeder manuellen Datei, die für den Benutzer eben nicht erkennbar sind, ein mögliches Tatobjekt im Sinne des § 202a Abs.2 StGB sind.[28]
Genau diese 'klassischen' Schriftstücke sind aber Tatobjekte des § 202 StGB. Somit scheidet ein Abstellen auf die Semantik aus.
Anknüpfungspunkt für die Wahrnehmung ist demzufolge die Darstellung.[29]
In der Literatur hat sich die Definition durchgesetzt, daß eine Darstellung dann nicht unmittelbar wahrnehmbar ist, wenn sie eine Umsetzung der Darstellung voraussetzt.[30] Vor der Umformung darf die Syntax für die menschlichen Sinnesorgane nicht unmittelbar zu erkennen sein.
Die Abgrenzung bereitet trotzdem Schwierigkeiten, da das Wahrnehmungsvermögen des Menschen quantifizierbar ist.[31] Zum Beispiel haben nicht alle Menschen das gleiche Sehvermögen.
Eine Umformung hat die natürlichen Schranken der Wahrnehmung zu berücksichtigen. Sichtbar sind all die Daten, die die menschlichen Sinnesorgane aufgrund von Größe oder Zeit bei bester Leistungsfähigkeit noch verifizieren können.[32]
Dabei sind solche Hilfsmittel erlaubt, die die Leistungsfähigkeit nicht vergrößern, sondern nur persönliche Schwächen der Sinnesorgane ausgleichen. Hierunter fal-

---

28 Welp, IuR 1988, S.443, S.446; Lenckner/Winkelbauer, CuR 1986, S.483, S.484. Noch deutlicher wird es an folgendem Beispiel: Für einen Analphabeten wäre jedes Buch eine Sammlung von Daten i.S.d. § 202a Abs.2 StGB, da ihm der in den Buchstaben verkörperte Sinn verschlossen bliebe.
29 Welp, IuR 1988, S.443, S.446. So sind wohl auch Lenckner und Winkelbauer (CuR 1986, S.483, S.484), Schlüchter (2. WiKG, S.61), Lenckner (Schönke/Schröder, § 202a RdNr.4) und Samson (SK, § 202a RdNr.7) zu verstehen, wenn sie die Lochkarten als Speichermedium ablehnen.
30 Lackner, § 202a RdNr.2; Schönke/Schröder/Lenckner, § 202a RdNr.4; SK-Samson, § 202a RdNr.6; Welp, IuR 1988, S.443, S.445
31 Welp, IuR 1988, S.443, S.446
32 So ist auch Welp (IuR 1988, S.443, S.446) zu verstehen, wenn er zwischen künstlichen und natürlichen Hilfsmitteln unterscheidet. Diese Differenzierung hat jetzt auch Tröndle (Dreher/Tröndle, § 202a RdNr.3) übernommen.

len Brillen und Hörgeräte.[33] Eine Lupe oder gar ein Mikroskop erweitern die Fähigkeiten des Auges und sind deshalb nicht anzuerkennen.[34]
Samson wendet ein, daß ein Mikroskop keine Daten umsetzt.[35] Richtig ist an dieser Aussage, daß beispielsweise optisch gespeicherte Informationen nicht in eine andere Darstellungsart umgesetzt werden müssen. Doch bedeutet die Umformung nicht zwingend, daß eine Information von einer Darstellungsmöglichkeit in eine weitere transferiert wird. Umsetzung beinhaltet nicht mehr als den zwingenden Einsatz von Technik. Der Strafrechtsschutz wird nicht dadurch ausgeschlossen, daß die Möglichkeit zur Sichtbarmachung besteht.[36]
Bei einem Mikroskop müssen die gebündelten Lichtstrahlen aufgefächert werden. Hierzu ist das Auge nicht fähig. Dieses Auffächern ist eine Umsetzung, auch wenn sie innerhalb einer Darstellungsart erfolgt.
Ein weiteres Argument gegen die These Samsons ist, daß der Gesetzgeber nicht nur von 'nicht wahrnehmbaren', sondern von 'nicht unmittelbar wahrnehmbaren' Daten sprach.[37] Dem Tatbestandsmerkmal 'unmittelbar' kommt dabei eine ergänzende Rolle zu. Es verschiebt die Grenze zwischen den wahrnehmbaren und den nicht wahrnehmbaren Daten zugunsten der unsichtbaren Information.[38]
Weitere Konsequenz der einschränkenden Auslegung wäre, daß alle optischen Speicher- und Übertragungsmedien nicht in den Schutzbereich des § 202a Abs.1 StGB fielen.[39]

Aufgrund des technischen Fortschritts wird das Merkmal der Unmittelbarkeit immer mehr an Bedeutung verlieren. Schon heute sind die Speichermedien in der Lage, mehrere hundert Schreibmaschinenseiten auf einem Quadratmillimeter zu speichern. Aufzeichnungstechniken, die im Rahmen der menschlichen Fähigkeiten liegen, sind veraltet.
Zusammenfassend läßt sich über das Merkmal der fehlenden unmittelbaren Wahrnehmung sagen, daß die Informationsdarstellung erst umgeformt werden muß, bevor sie für den Menschen sichtbar wird. Die Umsetzung kann auch innerhalb der gleichen Darstellungsweise geschehen, nur muß sie zwingend durch die Technik erfolgen.

---

33 Welp, IuR 1988, S.443, S.446
34 A.A.: Leipziger-Kommentar Jähnke, § 202a RdNr.4; SK-Samson, § 202a RdNr.7
35 SK-Samson, § 202a RdNr.7; Leipziger-Kommentar Jähnke, § 202a RdNr.4
36 Gössel, StR BT-1, § 37 RdNr. 90
37 Falsch ist deshalb die Deutung von Jähnke (Leipziger-Kommentar, § 202a RdNr.4), daß überhaupt nichts von der Darstellung wahrnehmbar sein darf.
38 Gössel, StR BT-1, § 37 RdNr.90
39 Welp, IuR 1988, S.443, S.446

Somit stellt das Merkmal der Wahrnehmung den Bezugspunkt zur Computerkriminalität dar. Denn § 202a Abs.2 StGB schützt gerade die außerhalb der menschlichen Wahrnehmung liegenden Daten.

- Speichern und Übertragen
Wird in der Wahrnehmbarkeit das Abgrenzungskriterium zwischen der computerspezifischen und der restlichen Informationsdarstellung gesehen, so sind die Merkmale der Speicherung und der Übertragung nur als technische Vorgänge zu umschreiben.
Bei der Bestimmung der Begriffe verweisen einige Autoren[40] auf die Legaldefinitionen im alten Bundesdatenschutzgesetz von 1977. § 2 Abs.2 Nr.1 und Nr.2 a.F. lauteten:

"Speichern (ist) das Erfassen, Aufnehmen oder Aufbewahren von Daten auf einem Datenträger zum Zwecke ihrer weiteren Verwendung"
und
"Übermitteln (ist) das Bekanntgeben gespeicherter oder durch Datenverarbeitung unmittelbar gewonnener Daten an Dritte in der Weise, daß die Daten durch die speichernde Stelle weitergegeben oder zur Einsichtnahme, namentlich zum Abruf bereitgehalten werden".

Diese Definitionen sind für den Datenschutz ausgelegt und nur für die Datenerfassung von gewisser Dauer bestimmt.[41] Aus diesem Grund kann bei einer solchen Begriffsbestimmung des Wortes 'Speichern' auf das Ablegen von Informationen im Arbeitsspeicher verzichtet werden. Für die strafrechtliche Bewertung besteht kein Unterschied zwischen der kurzzeitigen 'Ablage' der Daten im Arbeitsspeicher oder in einem externen Speichermedium. Gerade Daten im Arbeitsspeicher sind besonders leicht zugänglich, da ein Ladevorgang nicht mehr notwendig ist. Gleichzeitig ist das Integritätsinteresse des Verfügungsberechtigten in beiden Fällen gleichermaßen verletzt.[42]
Ähnliche Schwierigkeiten treten bei der Bestimmung der Übertragung auf. Das gerade beschriebene Speichern von Daten im Arbeitsspeicher gehört gemäß § 2 Abs.2 Nr.2 BDSG a.F. zum Übertragungsvorgang, wenn die Daten zur Übertragung bereitgehalten werden. Dieser Vorgang ist aber nur eine Vorarbeit zur Übermittlung. Diese Einordnung mag für das Datenschutzrecht ausreichend sein, es verstößt aber gegen das Analogieverbot, da ein ruhendes Bereithalten von Daten kein Übertragen darstellt.[43] Außerdem ist technisch gesehen das Laden von Daten in einen Arbeitsspeicher ein Speichervorgang. Diese Speicherung kann nicht gleichzeitig auch ein Übertragen sein.

---

40 Schönke/Schröder/Lenckner, § 202a RdNr.4; Lackner, § 202a RdNr.2; Haß, S.299, S.312; nur hinsichtlich der Definition des Speicherns: Dreher/Tröndle, § 202a RdNr.4
41 Ordemann/Schomerus, § 2 BDSG a.F. Anm. 2.1
42 Welp, IuR 1988, S.443, S.445
43 Welp, IuR 1988, S.443, S.445

Das zum 1. Juni 1991 in Kraft getretene neue Bundesdatenschutzgesetz übernahm in dem neuen § 3 Abs.5 Nr.1 und 3 die alten Legaldefinitionen fast unverändert.[44] Somit bedarf es auch für diese Merkmale einer eigenständigen strafrechtlichen Definition.

Hilfreich ist dabei, daß ein Computer eine Information nur dann ablegen und wiederfinden kann, wenn das Datum an einer genau beschriebenen Stelle gespeichert wird. Diese Beschreibung heißt Adresse. Ohne die Adressierung ist ein Rechner nicht in der Lage, eine Information wiederzufinden. Deshalb ist er zur "absoluten Ordnung verurteilt".
Von einer Speicherung spricht man, wenn die Information einer Adresse zugewiesen ist.
Fehlt es an der Adressierung, so liegt keine ordnungsgemäße Speicherung vor, oder die Daten werden gerade übertragen.
Eine Übertragung liegt somit vor, wenn eine Information nicht adressierbar ist und von einem Speichermedium zu einem zweiten übermittelt wird.
So ist zum Beispiel jede Information in einem Arbeitsspeicher einer Adresse zugeordnet. Ebenso läßt sich jedes Datum auf einer Festplatte genau beschreiben. Nicht adressierbar ist hingegen die Information, die von einem externen Speichermedium in den Arbeitsspeicher geladen wird oder von dort an einen anderen Computer weitergegeben wird. Wird dagegen ein Datenträger von einem Rechner zu einem zweiten Computer transportiert, so werden Daten zwar übermittelt, sie sind aber auf dem Datenträger adressierbar. Bei einem körperlichen Datenträgeraustausch handelt es sich folglich nicht um einen Übertragungsvorgang.[45]
Werden Daten ohne Adresse abgespeichert, so handelt es sich weiterhin um eine Information, nur ist diese Information kein Datum im Sinne von § 202a Abs.2 StGB mehr.
Bei dieser Auslegung stellt sich die Frage, ob solche nichtadressierten gespeicherten Informationen unberücksichtigt bleiben dürfen.
Die Antwort zu dieser Frage liegt im Merkmal der Wahrnehmbarkeit.
Mit der Begrenzung auf solche Daten, die nicht unmittelbar wahrzunehmen sind, entfallen menschliche Hilfestellungen bei der Suche nach Daten. Erst eine Umsetzung der Informationsdarstellung eröffnet dem Menschen den Informationsgehalt. Ohne diese Umformung ist der Mensch vollkommen auf die Technik angewiesen. Die Technik wiederum kann ohne eine Adresse eine einmal gespeicherte Information nicht mehr wiederfinden. Deshalb sind gespeicherte Daten ohne Adresse

---

44 Trotz des komplexen Übermittlungsbegriffes des Datenschutzrechts knüpft Lenckner (Schönke/Schröder, § 202a RdNr.4) an die neue Definition an.
45 Dreher/Tröndle, § 202a RdNr.5. Dieser Vorgang ist demgegenüber im Sinne des BDSG ein Übertragen.

für den Anwender verloren. Ob die Daten wiedergefunden werden, hat nur noch etwas mit Zufall zu tun.
Aus diesem Grund ist es möglich, Speichermedien, die keine Adressierung vornehmen, unberücksichtigt zu lassen.
Beispiel: Eine Diskette wird, bevor sie verwendet werden kann, formatiert. Bei diesem Vorgang wird der Datenträger mit einem Raster überzogen und ein Inhaltsverzeichnis angelegt. Bei jedem Schreib- und Lesevorgang wird zuerst das Inhaltsverzeichnis gelesen, um die gesuchte Information zu finden oder freie Sektoren zu suchen. Bei jedem Schreibvorgang wird gleichzeitig das Inhaltsverzeichnis aktualisiert. Die Informationen sind folglich mit einer Adresse verbunden. Grundsätzlich ist es möglich, eine Diskette zu verwenden, die noch nicht formatiert ist, und beim Schreiben von Daten auf die Überprüfung der Formatierung zu verzichten. Stellen wir uns also vor, es sei möglich, Informationen ohne Adresse abzuspeichern. Die Daten können zwar auf den Träger geschrieben werden, doch besteht schon beim Schreiben das Risiko, daß der Rechner seine gerade geschriebenen Informationen überschreibt, da er keine Kontrolle über den Schreibvorgang hat. Spätestens aber wenn die Information gesucht wird, zeigt sich, daß ein Speichermedium ohne Adressierbarkeit nicht funktioniert. Ohne Inhaltsverzeichnis und Adresse erkennt ein Computer nicht, ob die gerade gefundenen Daten die gewünschten Informationen enthalten. Um die so abgelegten Informationen wiederzufinden, bleibt nur noch ein vollständiger Abgleich mit den Originaldaten.

Dieses Beispiel macht deutlich, daß eine Speicherung ohne Adresse zwar technisch durchführbar ist, aber keinen Sinn ergibt.[46]
Aus diesen Gründen kann die oben entwickelte These über die Adressierung von Daten zur Bestimmung der Merkmale 'Speichern und Übertragen' als Definition aufgenommen werden.

4.1.3. Speicher- und Übertragungsmedien

In diesem Abschnitt werden die verschiedenen heute verwendeten Speicher- und Übertragungsmethoden dargestellt und auf ihre Tatbestandsmäßigkeit gemäß § 202a Abs.2 StGB überprüft.

- Speichermedien
Bei Speichern gibt es eine Vielzahl von Techniken.

---

[46] Lenckner und Winkelbauer (CuR 1986, S.483, S.484) schreiben zwar, daß jede Speicherung ausreicht, doch erkennen sie das Problem der Adressierung nicht.

- Die magnetischen Speicher in Form von Disketten, Magnetbändern und Festplatten sind die gebräuchlichsten Speichertypen. Der Gesetzgeber hat diese Technik in § 202a Abs.2 StGB beispielhaft genannt. Alle diese Speicher erfüllen unproblematisch die Voraussetzungen.
- Die zweite vom Gesetzgeber genannte Kategorie von Speichern sind die elektronischen Speicherbausteine.[47] Sie werden als Chips bezeichnet. Dabei sind zwei Arten von Bausteinen zu unterscheiden. Die einen speichern die Informationen dauerhaft (ROM), die anderen nur solange, wie sie mit Strom versorgt werden (RAM). Arbeitsspeicher von Computern bestehen zum Großteil aus der zweiten Art von Chips.
Beide Typen von Bausteinen erfüllen ebenfalls die Voraussetzungen des § 202a Abs.2 StGB, da jeder Speicher mit einer Adresse versehen ist und elektrische Zustände nicht sichtbar sind. Für die Definition ist unwesentlich, wie lange der Speicherzustand anhält.
Somit sind sowohl ROM- als auch RAM-Chips taugliche Speicher.
- Früher wurden außerdem noch mechanische Speicher verwendet. Gebräuchlich waren die Lochkarten und -streifen.
Bei dieser Form der Speicherung sind die einzelnen Lochungen sichtbar. Die Lochungen stellen die Information dar, so daß die Syntax offen zugänglich ist. Zwar bleibt der Dateninhalt verborgen, doch ist dies nicht notwendig, denn die fehlende Wahrnehmbarkeit bezieht sich - wie oben ausgeführt - allein auf die Syntax.[48]
Somit scheiden Lochkarten und -streifen als Speichermedium aus. Aufgrund der heute nur noch nachrangigen Bedeutung von Lochkarten besteht auch keine Notwendigkeit, diese in § 202a Abs.2 StGB aufzunehmen.
- Von einigen Autoren[49] wird die Schallplatte als Datenträger genannt. Auch bei ihr ist die Darstellung der Information nicht sichtbar, da die Vertiefungen nicht mehr wahrgenommen werden können. Voraussetzung ist aber weiterhin, daß die Information mit einer Adresse versehen ist. Bei der herkömmlichen Schallplatte fehlt es hieran. Vorstellbar ist jedoch, daß eine Schallplatte, die, wenn sie ein Inhaltsverzeichnis mit entsprechenden Adressen aufweist, auch unter den Schutzbereich des § 202a Abs.2 StGB fällt.

---

47 Grundsätzlich zählen auch die von Lenckner (Schönke/Schröder, § 202a RdNr.4) genannten Röhren- und Relaissysteme zu den elektrischen Speichermethoden. Diese werden heute aber so gut wie nicht mehr verwendet.
48 Schönke/Schröder/Lenckner, § 202a RdNr.4; Leipziger-Kommentar Jähnke, § 202a RdNr.4; Lenckner/ Winkelbauer, CuR 1986, S.483, S.484; Welp, IuR 1988, S.443, S.446. Nicht nachzuvollziehen ist, weshalb Schlüchter (2. WiKG, S.61) zum gleichen Ergebnis kommt, wenn sie die Trennung von Wahrnehmung und Verständnis ablehnt.
49 Möhrenschlager, wistra 1986, S.128, S.140; SK-Samson, § 202a RdNr.6; Lackner, § 202a RdNr.2; Haß, S.299, S.312

- Bei den optischen Speichern sind zwei Systeme in der Anwendung.
Bei den CIM[50]- und COM[51]-Systemen werden Daten in sehr kleiner Darstellung auf Mikrofilm festgehalten. Um die Informationen wahrnehmen zu können, bedarf es eines Mikroskopes oder eines Lesegerätes.
Der Streit, ob die Umsetzung der Informationen in eine andere Darstellungsform erfolgen muß, wirkt sich bei diesen Speichermedien aus.[52] Wie oben gezeigt werden konnte, ist diese Einschränkung nicht zu begründen. Vielmehr ist das Mikroskop eine technische Vorrichtung, die die Informationsdarstellung erst für das menschliche Auge sichtbar macht.[53]
Somit sind auch auf CIM- und COM-Systemen gespeicherte Daten taugliche Tatobjekte des § 202a Abs.2 StGB.[54]
In jüngster Zeit ist ein weiteres optisches Speichermedium entwickelt worden. Die CD-ROM basiert auf dem Prinzip des CD-Players. Dabei werden mit Hilfe eines Lasers Informationen gelesen.[55] Auch dieses System kann auf die Technik nicht verzichten.
Somit sind die zur Zeit angebotenen optischen Speichermethoden auch in den Schutzbereich des § 202a Abs.2 StGB inbegriffen.
- Biologische und chemische Speicher sind angeblich in der Entwicklung. Auch hier müßte die Technik eine Umformung vornehmen, da der Mensch beispielsweise keine chemischen Strukturen erkennen kann. Da ohne eine Adressierung kein Speichermedium für die Computertechnologie verwendet werden kann, werden diese Entwicklungen erst nach Lösung dieses Problems auf den Markt kommen, dann allerdings erfüllen sie auch die Voraussetzungen des Absatz 2.
Mit Ausnahme einiger mechanischer Speicher erfüllen damit alle gängigen Speichermethoden die Voraussetzungen des § 202a Abs.2 StGB.

- Übertragungsmedien
Bei den Übertragungsmethoden sind zwei Vorgehensweisen zu unterscheiden. Die Übertragung kann per Kabel oder drahtlos erfolgen. Dabei ist zu berücksichtigen, daß ein tatbestandlicher Übermittlungsvorgang zwischen zwei Speichermedien zu erfolgen hat.

---

50 Computer Input from Microfilm
51 Computer Output on Microfilm
52 Jähnke (Leipziger-Kommentar, § 202a RdNr.4) und Samson (SK, § 202a RdNr.7) lehnen diese Systeme als Speicherung ab.
53 Schönke/Schröder/Lenckner, § 202a RdNr.4; Dreher/Tröndle, § 202a RdNr.4; Lackner, § 202a RdNr.2; Haß, S.299, S.312
54 Gleiches gilt für die Hologrammspeicher. Bühler, MDR 1987, S.448, S.453
55 Die Entwicklung geht dahin, daß der Anwender auch die Möglichkeit hat, Informationen auf die CD zu schreiben.

- Die drahtlose Versendung von Daten erfüllt die Voraussetzungen, da Funkwellen erst umgesetzt werden müssen und während der Übertragung nicht adressierbar sind.[56]
- Ebenso unproblematisch ist die Behandlung der elektronischen Datenleitungen.
- Die optische Übertragung erfolgt in Glasfaserkabeln. Ihre Einordnung ist schwieriger, da optische Signale grundsätzlich sichtbar sind. Aus diesem Grund ist auf die Technik der optischen Datenübertragung einzugehen. Informationen werden in Lichtimpulse umgewandelt. Dabei wechseln die Impulse in einer herkömmlichen, für Telefone verwendeten Glasfaserleitung mit einer Frequenz von maximal 960 Impulsen pro Sekunde. Für das Auge sind zwar die unterschiedlichen Zustände (hell-dunkel) zu erkennen, doch ist das Auge nicht in der Lage, das häufige Wechseln zu differenzieren. Es bedarf somit einer Umsetzung in der Weise, daß die Impulsdarstellung verzögert wird. Diese Umformung kann der Mensch nicht vollziehen, so daß der Faktor Zeit bei diesen Übertragungsvorgängen die Wahrnehmung verhindert.

Zu einem anderen Ergebnis müssen die Autoren kommen, die auch die CIM- und COM-Systeme als Speicher ablehnen, da nach ihrer Auffassung keine Umsetzung erfolgt, wenn die Impulse nur verzögert aber unverändert dargestellt werden.[57]

Folglich sind alle zur Zeit gängigen Übertragungsmethoden vom Schutzbereich des § 202a Abs.2 StGB erfaßt.

4.1.4. Zusammenfassung

Zwischen dem gesetzgeberischen Willen und dessen Realisierung besteht eine Diskrepanz.

Der Gesetzgeber hätte auf die umständliche Beschreibung des Datenbegriffs in § 202a Abs.2 StGB verzichten und entsprechend seinem Willen einfach den Tatbestand in Abgrenzung zu den §§ 201 und 202 StGB formulieren sollen. Durch den Hinweis sowohl auf § 202 StGB als auch auf § 201 StGB würde deutlich gemacht, daß sowohl gespeicherte als auch übertragene Daten erfaßt werden sollen. Eine solche Formulierung würde Auslegungsprobleme vermeiden.

---

56 Leicht, IuR 1987, S.45, S.51
57 Diese Konsequenz ihrer Auffassung haben Jähnke und Samson wohl nicht bedacht. Besonders fatal ist hierbei, daß gerade Glasfaserleitungen besonders gern zur Übertragung wichtiger und geheimer Informationen verwendet werden, da sie im Gegensatz zu elektrischen Leitungen erheblich schwerer abzuhören sind. Grund dafür ist, daß Glasfaserkabel keine magnetischen Induktionsfelder erzeugen. Zu den technischen Fragen vergleiche Leicht (IuR 1987, S.45, S.51).

Abzulehnen ist ein Vorschlag, der nur eine Aufzählung von Speicher- und Übertragungsmedien nennt[58], da das Strafrecht dann in einen Wettlauf mit der Technik geraten würde, den das Gesetz nicht gewinnen kann.[59]
Die Aussage des § 202a Abs.2 StGB ist somit wie folgt zusammenzufassen: Hinter dem Datenbegriff verbirgt sich die Information, die selbst nicht einschränkbar ist. Der Einsatz von Technik ist das Abgrenzungskriterium für die unmittelbare Wahrnehmung. All jene Informationsdarstellungen, die über die Leistungsfähigkeit der menschlichen Sinnesorgane hinausgehen, fallen somit unter § 202a Abs.2 StGB. Eine Speicherung läßt sich an der Adressierung der Information festmachen. Die Übertragung ist davon ausgehend ein Zustand, bei dem keine Adressierung möglich ist, während sich die Information zwischen zwei Speichern befindet.

4.2. Bestimmung

An das Merkmal der Daten knüpfen weitere Tatbestandsmerkmale an. Eines ist die Bestimmung; für den Täter dürfen die Daten nicht bestimmt sein.
Die Aufnahme des Merkmales der Bestimmung in den Tatbestand verdeutlicht nochmals, daß es sich um Tatobjekte handelt, die gerade durch die Weitergabe an Dritte geprägt sind. Nicht das Festhalten an einem Gegenstand - wie es sich bei körperlichen Tatobjekten darstellt -, sondern die gezielte Verbreitung ist Kennzeichen des § 202a Abs.1 StGB.

Zur Auslegung dieses Tatbestandsmerkmals verwies der Gesetzgeber auf § 202 StGB.[60] Dieser Verweis ist von der Literatur aufgegriffen worden, so daß auch sie den Begriff 'Bestimmung' in Anlehnung an § 202 StGB definieren. So sind die Daten nicht für den Täter bestimmt, wenn nach dem Willen des Berechtigten die Daten nicht in den Herrschaftsbereich des Täters gelangen sollen.[61]

---

58 Welp, IuR 1988, S.443, S.446
59 Haft, NStZ 1987, S.6, S.6
60 BT - Drucksache 10/5058, S.29
61 Leipziger-Kommentar Jähnke, § 202a RdNr.9; Lackner, § 202a RdNr.3; Möhrenschlager, wistra 1986, S.128, S.140; Schönke/Schröder/Lenckner, § 202a RdNr.6; Gössel, StR BT-1, § 37 RdNr.92. Zu einem anderen Ergebnis kommt Samson (SK, § 202a RdNr.9), der diese Aussage schon in dem Merkmal des 'Sich-verschaffens' sieht. Er verkennt dabei aber, daß ein Sich-verschaffen nur die Erlangung der tatsächlichen Herrschaftsgewalt über die Daten beinhaltet (siehe 4.5.). Ein Täter kann, obwohl die Daten für ihn bestimmt sind, die Herrschaftsgewalt auch erst später erlangen. Außerdem lautet der Tatbestand, daß die Daten für den Täter nicht bestimmt sind. Nach Samsons Auffassung muß es heißen: die für ihn nicht bestimmt sein werden.

Die Natur der Bestimmung liegt darin, daß der Verfügungsberechtigte sein Einverständnis in die Handlungen des Täters erklärt, so daß schon tatbestandlich keine Straftat vorliegt. Somit handelt es sich bei der Bestimmung um ein Einverständnis, dessen Regeln zu beachten sind.[62]
Der Wille des Berechtigten kann deshalb sowohl generell gelten, so daß jeder sich die Informationen straflos verschaffen könnte, als auch auf Einzelpersonen beschränkt werden. Ebenso läßt sich ein Einverständnis auf bestimmte oder unbestimmte Zeit befristen. Eine solche Befristung liegt zum Beispiel in einem Arbeitsvertrag. Mit Ablauf oder Kündigung des Vertrags entfällt auch die Bestimmung. Ab diesem Zeitpunkt kann sich der ehemalige Angestellte grundsätzlich strafbar nach § 202a Abs.1 StGB machen.
Folgerichtig muß die Bestimmung zum Zeitpunkt der Tat vorliegen.[63] Es ist weder ausreichend, daß die Daten für den Täter früher einmal bestimmt waren, noch daß der Berechtigte, nachdem der Täter die Daten erlangt hat, dessen Handlung nachträglich billigt.[64] Da, wie oben gezeigt, die Bestimmung den Regeln des Einverständnisses folgt, bleiben nachträgliche Anfechtungen aufgrund ihrer fiktiven Rückwirkung für die strafrechtliche Würdigung unbeachtlich.

Element des Willens des Berechtigten ist die Finalität.[65] Der Berechtigte muß die Absicht haben, anderen die Kenntnisnahme zu erlauben. Die Vorstellung, daß sich ein Täter die Daten verschaffen könnte, reicht nicht aus. Andererseits ist es nicht notwendig, daß sich der Berechtigte eine konkrete Person vorstellt.

Berechtigter im Sinne der Definition ist die Person, die die Verfügungsbefugnis über die Daten hat. Dies ist immer der Rechtsgutsträger. Er ist der "Herr der Daten", ihm steht das Verfügungsrecht zu. Keine Berechtigung beinhaltet die Eigentümerstellung am Datenträger.[66] Ebensowenig geht die Befugnis automatisch beim Erwerb eines Datenträgers über. Die Frage, ob auch der Erwerber berechtigt sein soll, sich die mitgelieferten Daten zu verschaffen, ist immer getrennt von der Eigentumsfrage zu prüfen.[67]

---

62 Bühler, MDR 1987, S.448, S.453; Haß, S.299, S.313; Leipziger-Kommentar Jähnke, § 202a RdNr.13; Lackner, § 202a RdNr.3; Möhrenschlager, wistra 1986, S.128, S.140
63 Lackner, § 202a RdNr.3
64 A.A.: Samson (SK, § 202a RdNr.9), der gerade die Funktion des Merkmales darin sieht, den Täter, der sich vorzeitig die Informationen verschafft, straflos zu stellen. Samsons Einschränkung kann durch das absolute Antragserfordernis ausreichend Geltung verschafft werden. In solchen Fällen wird meist das Interesse an einer Strafverfolgung fehlen und aus diesem Grund kein Strafantrag gestellt werden.
65 Schlüchter, 2. WiKG, S.64
66 Leipziger-Kommentar Jähnke, § 202a RdNr.12
67 Zur Problematik der kopiergeschützten Disketten siehe Kapitel 8.4..

Fraglich bleibt, ob auch der vom Dateninhalt Betroffene ein Verfügungsrecht hat.[68]
Grundsätzlich ist zuzugeben, daß es für den Betroffenen von Bedeutung sein kann, wer Informationen über ihn erhält.[69] Doch ist weder in der gesetzgeberischen Begründung ein Hinweis auf den Betroffenen zu finden, noch ergibt sich eine solche Folgerung aus der Stellung im Gesetz.[70] Vielmehr ist aus Sicht des Rechtsgutes, das auf die formelle Verfügungsbefugnis abstellt, kein Grund ersichtlich, weshalb der Kreis der Berechtigten zu erweitern ist. Inhalt des Rechtsgutes ist, nur die Person zu schützen, die über die Daten ein formelles Verfügungsrecht hat und die zur Sicherung der Informationen Vorkehrungen ergreift. Diese Rechtsposition fehlt dem Betroffenen.[71]
Folglich ist er nicht automatisch Berechtigter im Sinne der Begriffsbestimmung.
Neben dem Rechtsgutsträger können auch weitere Personen als Vertreter das Recht erhalten, Bestimmungen vorzunehmen. Da die formelle Verfügungsbefugnis kein höchst persönliches Recht verkörpert, ist eine Stellvertretung möglich.[72] Die betreffende Person erhält somit ein abgeleitetes Verfügungsrecht. Doch ist nicht in jeder Bestimmung ein solches Recht zu sehen.[73] Sind die Daten für eine Person bestimmt, und soll sie auch die Verfügungsberechtigung erhalten, so hat sie erst mit Erlangung der Daten das Recht, einem Dritten die Kenntnisnahme zu gestatten.[74] Werden Informationen für den Berechtigten zum Beispiel in einer Mailbox abgelegt, so hat der Empfänger nicht das Recht, einen Dritten mit dem Lesen der Daten zu beauftragen.[75] Erst nachdem er die Verfügungsgewalt erlangt hat, besteht dieses Recht.
Dabei können mehrere Personen nebeneinander - entweder alleine oder nur gemeinschaftlich - das Verfügungsrecht erhalten. Diese Form der Bestimmung wird

---

68 Bejahend: Gössel (StR BT-1, § 37 RdNr.92), zumindest für den Fall, daß der Betroffene auf sein Recht nicht verzichtet oder es kraft Gesetzes nicht verloren hat. A.A.: Schlüchter, 2. WiKG, S.61; Lenckner/Winkelbauer, CuR 1986, S.483, S.486; Granderath, DB 1986 Beilage Nr.18, S.1, S.2; Leipziger-Kommentar Jähnke, § 202a RdNr.12; Schönke/Schröder/Lenckner, § 202a RdNr.6; Maurach/Schroeder/Maiwald, StR BT-1, § 29 RdNr.74
69 Gössel, StR BT-1, § 37 RdNr.92
70 Siehe beim Rechtsgut: Kapitel 3.2.4..
71 Leipziger-Kommentar Jähnke, § 202a RdNr.12
72 Leipziger-Kommentar Jähnke, § 202a RdNr.13
73 Zur entsprechenden Problematik bei § 202 StGB (ein Brief an "persönlich" oder "nur zur persönlichen Kenntnisnahme") siehe Schönke/Schröder/Lenckner, § 202 RdNr.8; Leipziger-Kommentar Träger, § 202 RdNr.25ff.
74 Schönke/Schröder/Lenckner, § 202a RdNr.6
75 Die herrschende Meinung kommt fälschlicherweise zu einer Straflosigkeit nach den Grundsätzen der mutmaßlichen Einwilligung. Siehe hierzu unter Kapitel 4.7..

als horizontale Befugnis bezeichnet.[76] Bei einer vertikalen Bestimmung leiten alle nachrangig Berechtigten ihr Recht vom Vorgänger ab. Entzieht man ihm das Recht zur Kenntnisnahme, so verlieren alle logisch nachrangigen Beteiligten ebenfalls ihre Berechtigung.[77]

An das Merkmal der Bestimmung können grundsätzlich Einschränkungen und Bedingungen geknüpft werden. Dies verdeutlicht ein Fall, den der Gesetzgeber zur Erläuterung aufgriff:[78]

Informationen, die in Datenbanken enthalten sind, stehen grundsätzlich anderen Personen zur Verfügung. Doch bleibt der Abruf mit Hilfe der Datenfernübertragung strafbar, bis dem zukünftigen Benutzer ein Anschluß zugewiesen wird. Denn die Bestimmung knüpft an die Voraussetzung an, daß der Nutzer einen ordnungsgemäßen Anschluß besitzt.[79]

Aus dem Vorhergehenden ergibt sich, daß zum Beispiel ein Angestellter, dem Daten zur Kenntnisnahme überlassen werden, nicht tatbestandlich handelt, wenn er sich die Daten zu eigenen Zwecken verschafft. Diese Informationen sind für ihn bestimmt.[80] Sein Verhalten stellt sich nur als Verletzung eines eventuell bestehenden zivilrechtlichen Verhältnisses dar.[81]

Um dieses Ergebnis zu vermeiden, wäre vorstellbar, die Bestimmung auf eine zweckgerichtete Verwendung zu begrenzen. Doch hilft diese Einschränkung in der Praxis kaum weiter. Zum einen muß der Verfügungsberechtigte eine solche Begrenzung ausdrücklich erklären, da der Täter andernfalls in einem tatbestandsausschließenden Irrtum gemäß § 16 StGB handelt. Diese ausdrücklichen Einschränkungen sind in der Praxis bis heute aber kaum zu finden. Zum anderen bleibt es trotz einer fehlenden Bestimmung fast immer bei einer tatbestandslosen Handlung, da dem Mitarbeiter in solchen Fällen meist keine Sicherungen mehr entgegenstehen.[82]

Zusammenfassend ist festzuhalten, daß eine Bestimmung vorliegt, wenn es dem Willen des Verfügungsberechtigten entspricht, daß ein Dritter Kenntnis von den Daten nehmen darf.

---

76 Schlüchter, 2. WiKG, S.62
77 Schlüchter, 2. WiKG, S.63
78 BT - Drucksache 10/5058, S.29
79 Zum praktischen Fall der Datenbank 'juris' siehe Kapitel 8.2..
80 Dreher/Tröndle, § 202a RdNr.7; Leipziger-Kommentar Jähnke, § 202a RdNr.10; Schönke/Schröder/Lenckner, § 202a RdNr.6
81 Unter Umständen kann auch eine Untreue gemäß § 266 StGB vorliegen.
82 Lenckner/Winkelbauer, CuR 1986, S.483, S.486

4.3. Besondere Sicherung

Ein Schwerpunkt dieser Arbeit ist die Auslegung des Tatbestandsmerkmals 'besonders gesichert'.
Diese Formulierung verwendete der Gesetzgeber schon in § 243 Abs.1 Satz 2 Nummer 2 StGB und § 202 Abs.2 StGB. Nach der Grundregel - die Haft als "Baukastenprinzip"[83] bezeichnet - sind identische Tatbestandsmerkmale in gleicher Weise zu definieren. Aus diesem Grund werden die zu diesen Normen entwickelten Auslegungen in der Literatur zuerst dargestellt. Im Anschluß daran soll versucht werden, aus der umfangreichen Kasuistik der Rechtsprechung eine allgemeingültige These herauszuarbeiten. Sinn dieses Unterabschnittes ist es nur, eine Bestandsaufnahme der bis heute entwickelten Auffassungen in Literatur und Rechtsprechung durchzuführen.[84]
In einem zweiten Unterabschnitt dieses Kapitels wird die besondere Sicherung mit dem Tatobjekt des § 202a StGB verbunden. Der hierbei entstehende Begriff der Datensicherung ist kein spezifisch juristischer Ausdruck. Dieser von vielen Fachrichtungen erörterte Terminus ist in diesem Zusammenhang auf seine strafrechtliche Bedeutung zu reduzieren. Diese Erörterungen dienen als Ausgangspunkt für die Darstellung der verschiedenen zu § 202a StGB vertretenen Theorien zum Merkmal der besonderen Sicherung. Im Anschluß hieran ist unter Heranziehung der Auslegungskriterien eine sinnvolle Auslegung zu ermitteln. Von großer Bedeutung ist dabei die Frage, welchen Rang man der gesetzgeberischen Entscheidung beimißt.

4.3.1. Verwendung in § 243 Absatz 1 Satz 2 Nummer 2 und § 202 Absatz 2 StGB

Der Terminus 'besonders gesichert' ist in dem Regelbeispiel des § 243 Abs.1 S.2 Nr.2 StGB und im Tatbestand des § 202 Abs.2 StGB enthalten. Beide Normen sind erst durch die Strafrechtsreform der siebziger Jahre in das Strafgesetzbuch eingeführt worden.
§ 243 StGB war in seiner alten Form ein selbständiger Verbrechenstatbestand. In den Nummern 2 und 3 wurde das Eindringen in umschlossene Räume und das Erbrechen von Behältnissen unter Strafe gestellt. Die alte Fassung des § 202

---

83 Haft, StR BT, S.309
84 Die Frage, welcher Auslegung der Vorzug zu geben ist, wird erst in Kapitel 6 beantwortet. In dem 6. Abschnitt erfolgt die Untersuchung, ob die zu § 202a Abs.1 StGB entwickelte These auch auf § 243 Abs.1 S.2 Nr.2 StGB und § 202 Abs.2 StGB übertragen werden kann, so daß das Haft'sche Baukastenprinzip erhalten bleibt.

StGB war in § 299 StGB zu finden. Sie war auf verschlossene Briefe und Urkunden beschränkt.
Somit ist der Ausdruck 'besonders gesichert' kein klassischer juristischer Begriff.

4.3.1.1. § 243 Absatz 1 Satz 2 Nummer 2 StGB

Seit Inkrafttreten des 1. Strafrechtsreformgesetzes lautet § 243 Absatz 1 Satz 2 Nummer 2 StGB wie folgt:
(I) ... Ein besonders schwerer Fall liegt in der Regel vor, wenn der Täter
2. eine Sache stiehlt, die durch ein verschlossenes Behältnis oder eine andere Schutzvorrichtung gegen Wegnahme besonders gesichert ist, ...

Aufgrund des Umfanges werden im folgenden die Auslegungsversuche der Literatur und die von der Rechtsprechung entwickelte Kasuistik getrennt betrachtet.

4.3.1.1.1. Die Literatur

- Allgemeines

Ausgehend vom Tatbestand des Diebstahls in § 242 StGB stellen die in § 243 Abs.1 StGB genannten Fälle keine eigenständige Qualifizierung dar, es handelt sich vielmehr um Regelbeispiele. § 243 StGB zählt folglich zu den Strafzumessungsregeln.[85]
Die Technik der Regelbeispiele erlaubt es, eine Veränderung des Strafrahmens auch bei Vorlage eines Regelfalles zu verneinen oder einen besonders schweren Fall auch dann anzunehmen, wenn der Täter keine der in § 243 Abs.1 StGB genannten Vorgehensweisen erfüllt.[86] Die Funktion solcher Regelbeispiele liegt also in der Indizwirkung, wobei aber unter Heranziehung aller Umstände eben diese Wirkung entkräftet werden kann.[87]
Der Gesetzgeber wollte sich durch diese Konstruktion vom starren Prinzip der Tatbestandsmerkmale lösen. Dem Richter sollte mehr Freiheit bei der Würdigung des Einzelfalles zukommen, um so die Einzelfallgerechtigkeit zu fördern.[88]
Aus diesen Gründen sind die in § 243 Abs.1 StGB genannten Merkmale auch keine Tatbestandsmerkmale.[89] Es handelt sich statt dessen um Erschwerungs-

---

85 Maurach/Zipf, StR AT-1, § 20 RdNr.51; Schönke/Schröder/Eser, § 243 RdNr.1
86 Schönke/Schröder/Stree, Vor. § 38 RdNr.44b
87 Dreher/Tröndle, § 46 RdNr.43b; Schönke/Schröder/Stree, Vor. § 38 RdNr.44a
88 Maiwald, Festschrift für Gallas, S.137, S.140; Wessels, StR BT-2, § 3 I 1
89 BGHSt 23, S.254, S.256f; 26, S.104, S.105; Dreher/Tröndle, § 243 RdNr.5; Jescheck, § 26 V; Maurach/Zipf, StR AT-1, § 20 RdNr.51; Schönke/Schröder/Eser, § 243 RdNr.1;

merkmale einer Strafzumessungsprüfung. Aufgrund ihrer Indizwirkung sind sie aber den Tatbestandsmerkmalen ähnlich.[90] So unterliegen sie dem Analogieverbot[91] des § 1 StGB und Art. 103 Abs.2 GG und den Auslegungsregeln[92] in gleicher Weise wie die Merkmale eines Tatbestandes. Auch muß sich der Vorsatz des Täters auf die Voraussetzungen des Regelbeispiels beziehen.[93] Hieraus folgt, daß der Terminus 'besonders gesichert' nach denselben Regeln wie das Tatbestandsmerkmal bei §§ 202 Abs.2 und 202a Abs.1 StGB zu bestimmen ist. Allein die Tatsache, daß es sich bei § 243 Abs.1 StGB um ein Regelbeispiel handelt, rechtfertigt keine differenzierte Betrachtung.

Bei der Auslegung des Merkmals einer Strafzumessungsnorm ist außer dem Rechtsgut der Ausgangsnorm auch der hiervon losgelöste Grund für eine Straferhöhung zu berücksichtigen.[94] Nur wenn dieser vorliegt, kann ein deutlicher Unterschied in der Gesamtbewertung zwischen dem Normalfall und dem besonders schweren Fall des Diebstahls bejaht werden.[95]
§ 243 Abs.1 StGB enthält keine einheitliche Begründung für die erhöhte Strafzumessung. Wer allein auf die allgemeine Steigerung von Unrecht oder Schuld abstellt, verkennt den exemplarischen Charakter der Regelbeispiele.[96] Hierzu sind die in Nummer 1 bis 6 aufgezählten Beispiele auf zu unterschiedliche Ziele ausgerichtet.
Entscheidend ist für die Nummern 1 und 2, daß der Täter gegenüber dem normalen Diebstahl ein erhöhtes Maß an krimineller Energie verwirklicht.[97]

SK-Samson, § 243 RdNr.2; Wessels, Festschrift für Maurach, S.295, S.299; a.A.: Calliess, JZ 1975, S.112, S.112f und Jakobs, 6.Abschnitt RdNr.99
90 Jescheck, § 26 I 2.; Schönke/Schröder/Stree, Vor. § 38 RdNr.44; Schönke/Schröder/Eser, § 243 RdNr.2
91 Auch für die Regelbeispiele gilt das Analogieverbot in vollem Umfang. Hiervon zu trennen ist die Frage, ob die Nähe einer Tat zu einem Regelbeispiel ebenfalls einen besonders schweren Fall indiziert oder gerade nicht. Zu dem Streit über eine Analogiewirkung, siehe Jescheck, § 26 V 2. und Maurach/Schroeder/Maiwald, StR BT-1, § 33 III RdNr.67 m.w.N..
92 Wessels, Festschrift für Maurach, S.295, S.299
93 Jescheck, § 29 II 3.b); Maurach/Schroeder/Maiwald, StR BT-1, § 33 III 4.a); Schönke/Schröder/Eser, § 243 RdNr.43
94 Maiwald, Festschrift für Gallas, S.137, S.152; Schönke/Schröder/Stree, Vor. § 38 RdNr.44a
95 Schönke/Schröder/Eser, § 243 RdNr.1
96 Wollte man eine so allgemeine Begründung ausreichen lassen, so wäre dies gleichzusetzen mit einer generellen Definition aller Rechtsgüter als Verletzung des Rechtsgefühls aller Bürger. Diese Parallele zeigt, daß der Grund für eine erhöhte Strafzumessung exakt zu bestimmen ist, wenn er zur Bestimmung der einzelnen Merkmale dienen soll.
97 Arzt/Weber, LH 3, RdNr.189; Otto, JZ 1985, S.21, S.24; Wessels, StR BT-2, § 3 II 2.

Neben dem Eigentum als Rechtsgut des § 242 StGB tritt als Straferhöhungsgrund hinzu, daß der Täter die besondere Zuordnung von Tatobjekt und Rechtsgutsträger durchbricht.[98]

- Die einzelnen Merkmale
Das Tatobjekt ist eine Sache. Die Literatur verweist zur Definition generell auf § 90 BGB, wonach nur körperliche Gegenstände als Angriffsziele in Betracht kommen. Eine Ausweitung auf unkörperliche Objekte[99] ist abzulehnen. Der Gesetzgeber gab durch die Schaffung von § 248c StGB zu erkennen, daß nicht-körperliche Tatobjekte von anderen Normen geschützt werden sollen.[100] Diese Gesetzesänderung war erforderlich, da das Reichsgericht die elektrische Energie nicht als Sache ansah. Entscheidend für das Gericht war, daß der Wortlaut eine so weitgehende Auslegung nicht mehr erfaßte.[101] Eine Erweiterung des Merkmals auf Forderungen oder gar Informationen stellt demzufolge eine verbotene Analogie dar.[102]
Somit ergibt sich für den Sicherungsbegriff des § 243 Abs.1 S.2 Nr.2 StGB, daß er sich nur auf materialisierte Tatobjekte bezieht.
Gemäß dem Wortlaut des § 243 Abs.1 S.2 Nr.2 StGB muß die Sache durch ein verschlossenes Behältnis oder eine andere Schutzvorrichtung gegen Wegnahme gesichert sein. Die Sicherung knüpft somit an zwei unterschiedliche Elemente an. Zum einen werden die Sicherungsmethoden mit den Worten 'verschlossenes Behältnis oder eine andere Schutzvorrichtungen' beschrieben. Zum anderen bezeichnet das Gesetz die Angriffsrichtung, gegen die sich der Schutz richtet, als 'Wegnahme'.
Die Schutzvorrichtung ist der Oberbegriff, so daß das verschlossene Behältnis nur als Beispiel zu verstehen ist und keine eigenständige Funktion hat.[103] Das Behältnis wurde in § 243 Abs.1 S.2 Nr.2 StGB aufgenommen, da diese Schutzvorrichtung schon immer am häufigsten angewendet wurde.[104]
Um das Behältnis vom Raum im Sinne von § 243 Abs.1 S.2 Nr.1 StGB abzugrenzen, wird es als ein umschließendes Raumgebilde definiert, das zur Aufnahme von Sachen dient und nicht dazu bestimmt ist, von Menschen betreten zu

---

98 Arzt/Weber, LH 3, RdNr.191; Leipziger-Kommentar Ruß, § 243 RdNr.18; Wessels, StR BT-2, § 3 II 2.
99 So aber Haft, DSWR 1988, S.235, S.238
100 Lackner, § 242 RdNr.2; Leipziger-Kommentar Ruß, § 242 RdNr.1; Wessels, StR BT-2, § 2 II 1.
101 RGSt 32, S.165, S.165
102 Dreher/Tröndle, § 242 RdNr.1; Schönke/Schröder/Eser, § 242 RdNr.9
103 Dreher/Tröndle, § 243 RdNr.23; Leipziger-Kommentar Ruß, § 243 RdNr.19; Maurach/Schroeder/Maiwald, StR BT-1, § 33 RdNr.88
104 Maurach/Schroeder/Maiwald, StR BT-1, § 33 RdNr.88

werden.¹⁰⁵ Hierzu zählen Geldkassetten, Kisten, kleine Tresore und auch verschließbare Säcke.
Das Behältnis ist verschlossen, wenn es durch eine Schließvorrichtung oder eine andere Maßnahme gegen einen ordnungswidrigen Zugriff von außen gesichert ist.¹⁰⁶ Der in der Praxis häufigste Fall ist das Schloß.
Unter den Oberbegriff der 'anderen Schutzvorrichtung' fallen alle sonstigen Vorkehrungen und alle technischen Mittel, die dem Täter die Wegnahme erschweren.¹⁰⁷

Eine weitere Voraussetzung des Regelbeispiels ist, daß die Sache gegen Wegnahme besonders gesichert ist.
Als Sicherungen kommen nur solche Vorkehrungen in Betracht, die geeignet sind, eine Wegnahme zu verhindern.¹⁰⁸ Ungeeignet sind all die Maßnahmen, die für den Täter kein Hindernis darstellen.
Allein die Eignung einer Sicherung ist nicht ausschlaggebend. Zu beachten bleibt bei der Begriffsbestimmung der Strafgrund für die erhöhte Strafzumessung in § 243 Abs.1 S.2 Nr.2 StGB. Ein Abstellen auf die kriminelle Energie darf aber nicht so verstanden werden, daß ein besonders hoher Einsatz an physischer Energie notwendig ist.¹⁰⁹ Vielmehr ergibt sich unter Berücksichtigung des Strafgrundes, daß sich der Täter über das gesteigerte Erhaltungsinteresse hinwegsetzen muß. Über die in § 242 StGB geschützte allgemeine Zuordnung hinaus bringt die Sicherung eine besondere Zuordnung zum Ausdruck.¹¹⁰ Das Opfer will nicht nur, daß man ihm die Sache grundsätzlich nicht stiehlt, sondern er will sich gerade den Gewahrsam dieser Sache erhalten. Diese Aufgabe erfüllt eine Sicherung nur dann, wenn sie mit dem Willen geschaffen wurde, ein Hindernis gegen die Wegnahme darzustellen. Es muß folglich eine Zweckbestimmung als Sicherungsmaßnahme vorliegen.¹¹¹
Andererseits muß die Schutzvorrichtung nicht ausschließlich dem Sicherungszweck dienen, um die besondere Zuordnung erkennen zu lassen. So kann die Sicherung auch weitere Zwecke erfüllen. Die Schutzvorkehrung muß somit nicht die primäre Funktion darstellen; umgekehrt ist es nicht ausreichend, wenn die

---

105 Diese Definition des gr. Senates in BGHSt 1, S.158, S.163 wurde von der Literatur übernommen. Siehe Maurach/Schroeder/Maiwald, StR BT-1, § 33 RdNr.89
106 Schönke/Schröder/Eser, § 243 RdNr.22; Wessels, StR BT-2, § 3 II 2.
107 Lackner, § 243 RdNr.15; Wessels, StR BT-2, § 3 II 2.
108 Dreher/Tröndle, § 243 RdNr.23; Lackner, § 243 RdNr.15; Otto, Die einzelnen Delikte, § 41 I. 2. b) aa)
109 Arzt/Weber, LH 3, RdNr.191
110 Arzt/Weber, LH 3, RdNr.191
111 Dreher/Tröndle, § 243 RdNr.23; Leipziger-Kommentar Ruß, § 243 RdNr.19; Maurach/Schroeder/Maiwald, StR BT-1, § 33 RdNr.91; Otto, Die einzelnen Delikte, § 41 I. 2. b) aa)

Vorrichtung ausschließlich anderen Zwecken dient.[112] Zum Beispiel dient ein verschlossener Briefumschlag nur dazu, andere von einer Kenntnisnahme auszuschließen.[113] Doch kann der Absender durch ein Versiegeln des Briefes eine zusätzliche Schutzvorrichtung schaffen, die dann die Annahme des § 243 Abs.1 S.2 Nr.2 StGB rechtfertigt.[114] Entscheidend ist, daß neben anderen Funktionen der Sicherungszweck als Bestimmung hinzutritt.
Welche selbständige Bedeutung das Wort 'besonders' zukommt, wird nicht einheitlich beurteilt. Ein Teil der Literatur beläßt es bei den obengenannten Voraussetzungen, ohne weiter auf den Begriff einzugehen.[115] Andere Autoren versuchen mit dem Merkmal des Regelbeispiels eine Eingrenzung des Sicherungskriteriums.[116]
Die Deutungen weichen weit von einander ab.
Zum Teil wird ausgeführt, die Einschränkung solle nur verhindern, daß "papierne", rein symbolische Sicherungen darunter subsumiert werden.[117] Einschränkender ist die Auslegung, die eine nicht unerhebliche Sicherung verlangt.[118] Ansatzpunkt für diese Thesen ist die Geeignetheit der Sicherung.
Einen anderen Ansatzpunkt wählt eine dritte Auslegung.[119] Sie akzeptiert nur einen spezifischen Schutzzweck der Vorrichtung. Hiernach ist nicht die Wirksamkeit der Sicherung entscheidend, sondern das Maß der Zweckbestimmung. Sie kann nur dann vorliegen, wenn die Sicherungsfunktion mindestens gleichrangig neben weiteren Funktionen besteht.[120]
Die in der Literatur gegebenen Beispiele orientieren sich größtenteils an den Entscheidungen der Rechtsprechung. Für die konkrete Lösung weisen sie dann meist darauf hin, daß die Grenze zwischen einer Sicherung und einer Vorkehrung, die nur anderen Zwecken dient, fließend[121] und im Einzelfall zu treffen ist.[122] Wessels warnt gar vor Verallgemeinerungen.[123]

---

112 Leipziger-Kommentar Ruß, § 243 RdNr.19; Wessels, StR BT-2, § 3 II 2.
113 Leipziger-Kommentar Ruß, § 243 RdNr.19; Schönke/Schröder/Eser, § 243 RdNr.24
114 Wessels, StR BT-2, § 3 II 2.
115 Dreher/Tröndle, § 243 RdNr.24
116 Otto, Die einzelnen Delikte, § 41 I. 2. b) dd)
117 Arzt/Weber, LH 3, Fußnote bei RdNr.191
118 Schönke/Schröder/Eser, § 243 RdNr.24
119 Lackner, § 243 RdNr.16; Maurach/Schroeder/Maiwald, StR BT-1, § 33 RdNr.91; Otto, Die einzelnen Delikte, § 41 I. 2. b) dd)
120 Das von Otto angeführte Beispiel läßt jedoch zweifeln, ob er seine These in dieser Form verstanden haben will. Nach seinem Beispiel soll ein mit einem Klebestreifen verschlossener Karton, der sich in einem mit einer Schnur verschlossenen Postsack befindet, ausreichen. Gerade in diesem Beispiel dienen aber die Verschlüsse primär nur dem Zusammenhalten des Inhalts und dem Schutz der Sachen vor Verunreinigungen oder Beschädigungen.
121 Leipziger-Kommentar Ruß, § 243 RdNr.19

4.3.1.1.2. Die Rechtsprechung

Die Zusammenstellung berücksichtigt nur Entscheidungen zum Regelbeispiel des § 243 Abs.1 S.2 Nr.2 StGB. Die vor 1970 ergangene Rechtsprechung ist für die Begriffsdefinition des zu erörternden Merkmals ohne Bedeutung, da dieser Begriff in der alten tatbestandlichen Fassung des § 243 StGB nicht enthalten war. Die Entscheidungen werden, soweit sie nicht thematisch zusammengehören, in chronologischer Reihenfolge dargestellt.

Unabhängig von den folgenden Beispielen der Oberlandesgerichte und des Bundesgerichtshofes werden von erstinstanzlichen Gerichten immer Tür- und Lenkradschlösser von Kraftfahrzeugen sowie Vorhängeschlösser und Kettenschlösser als Verschlüsse und Schutzvorrichtungen im Sinne des § 243 Abs.1 S.2 Nr.2 StGB angesehen.

- Nußglocken-Fall (BGHSt 24, S.248)
Die erste höchstrichterliche Entscheidung aus dem Jahr 1971 sah ohne weitere Begründung in einer Nußglocke eine ausreichende Sicherung. Bei dieser Nußglocke erhält der Gast eines Lokals gegen Einwurf von Münzen eine Portion Nüsse. Das Geld fällt in einen verschlossenen Hohlraum im unteren Bereich des Behältnisses. Die Nußglocke selber war so klein, daß der Täter sie einstecken konnte.[124]
- Zaun-Fall (BayObLG NJW 1973, S.1205)
Das BayObLG sah eine Umzäunung nicht als eine Schutzvorrichtung an. Ein Täter, der durch den Zaun hindurchangelte, um eine Sache zu erlangen, beging nur einen einfachen Diebstahl gemäß § 242 StGB.[125]
- 1. Registrierkassen-Fall (BGH NJW 1974, S.567)
Der BGH entschied 1973, daß keine Sicherung vorliegt, wenn die Kasse beim Öffnen durch das Drehen an der Kurbel nur "etwas eigentümliche Geräusche" von sich gibt. Die Geräuschquelle liegt in der Natur der Sache und nicht in einer Sicherungskonstruktion.[126]
- 2. Registrierkassen-Fall (OLG Frankfurt NJW 1988, S.3028)
Fünfzehn Jahre später befaßte sich das OLG Frankfurt ebenfalls mit einem Diebstahl aus einer geschlossenen, aber nicht verschlossenen Registrierkasse. Der Täter öffnete die Kasse mit Hilfe eines Nothebels, der nicht einmal

---

122 Wessels, StR BT-2, § 3 II 2.
123 Wessels, StR BT-2, § 3 II 2.
124 BGHSt 24, S.248, S.248 = NJW 1972, S.167, S.167
125 BayObLG, NJW 1973, S.1205, S.1205. Das Gericht argumentierte mit dem Umkehrschluß aus § 243 Abs.1 Nummer 1 StGB, wo gerade das Herausangeln ohne den Raum zu betreten nicht genannt ist. Würde ein Zaun als Schutzvorrichtung angesehen, so würde diese gesetzgeberische Wertung unterlaufen.
126 BGH, NJW 1974, S.567, S.567

dem Eigentümer bekannt war und der ein Öffnen der Kasse erlaubte, ohne daß ein Klingelzeichen erfolgte und ohne daß der Vorgang auf der Bonrolle ausgedruckt wurde. Sowohl das akustische Signal als auch der Ausdruck sind nach Auffassung des OLG andere Schutzvorrichtungen im Sinne von § 243 Abs.1 S.2 Nr.2 StGB. Im Gegensatz zur oben zitierten BGH-Entscheidung hatte das Geräusch eben keinen natürlichen Grund, sondern diente gerade dazu, jedes Öffnen anzuzeigen.[127]
- Postsack-Fall (OLG Hamm NJW 1978, S.769)
Im Jahr 1977 entschied das OLG Hamm, daß es für ein verschlossenes Behältnis als Sicherung ausreicht, wenn sich ein mit einem Klebeband verschlossener Karton in einem mit einer Schnur verschlossenen Postsack befindet. Jeder der beiden Verschlüsse ist eine Sicherung.[128]
- Schlüssel-Fall (OLG Hamm NJW 1982, S.777)
1981 sah das gleiche Gericht es nicht als ausreichend an, wenn der Täter mit einem ihm vorübergehend ausgehändigten Schlüssel den Tresor unbefugtermaßen öffnete. Das am Tresor befindliche Schloß war für den Täter keine Sicherung mehr.[129]
- 1. Spielautomaten-Fall (OLG Stuttgart NJW 1982, S.1659)
Das OLG Stuttgart stellte fest, daß das Gehäuse eines Spielautomaten ein Behältnis ist, durch das das eingeworfene Geld besonders gesichert ist. Der Täter, der mit einem Draht durch ein vorhandenes Loch den Spielablauf manipulierte, machte sich somit eines besonders schweren Diebstahls schuldig.[130]
- 2. Spielautomaten-Fall (BayObLG NJW 1981, S.2826)
Ein Jahr zuvor hatte das BayObLG bei faktisch gleichem Sachverhalt entschieden, daß die Walzen des Spielwerkes die Sicherung für das Geld seien. Auf das Gehäuse ging das Gericht nicht weiter ein.[131]
- Autoradio-Fall (OLG Schleswig NJW 1984, S.67)
Das OLG Schleswig stellte 1983 fest, daß ein Täter, der aus einem unverschlossenen Kraftfahrzeug ein Autoradio ausbaute, keine Sicherung überwandt, als er die Befestigungen des Radios löste.[132]
- Tankuhr-Fall (OLG Zweibrücken NStZ 1986, S.411)
Nicht als Sicherung akzeptierte das OLG Zweibrücken die Tankuhr eines Tanklastzuges. Der Täter hatte die Verbindung zwischen Tank und Tankuhr

---

127 OLG Frankfurt, NJW 1988, S.3028, S.3029
128 OLG Hamm, NJW 1978, S.769, S.769
129 OLG Hamm, NJW 1982, S.777, S.777
130 OLG Stuttgart, NJW 1982, S.1659, S.1659
131 BayObLG, NJW 1981, S.2826, S.2826
132 OLG Schleswig, NJW 1984, S.67, S.67

unterbrochen und so Treibstoff abgezapft, ohne daß diese Menge registiert wurde.[133]
- Geldautomaten-Fälle (BayObLG NJW 1987, S.663 u.a.)
1986 entschieden mehrere Gerichte[134] über die Problematik des Mißbrauches von Codekarten. Der anfänglich für notwendig erachtete Rückgriff auf die Diebstahlsvorschriften führte zwangsläufig zur Frage, ob auch ein besonders schwerer Fall eines Diebstahls vorliegt. Die Geldautomaten selbst wurden grundsätzlich als ausreichende Sicherungsmethoden angesehen.[135]

Diese Sammlung zeigt, daß sich eine einheitliche Linie in der Rechtsprechung allein aus den entschiedenen Fällen heraus nicht aufzeigen läßt. Deshalb werden die die Entscheidungen tragenden Gründe ebenfalls dargestellt:
Primär die älteren Entscheidungen[136] beginnen mit der Erwähnung des Strafschärfungsgrundes, den die Gerichte ebenso wie die Literatur als erhöhtes Maß an Rücksichtslosigkeit gegenüber fremden Eigentum definieren. Im Anschluß daran wird festgestellt, daß die besondere Sicherung dem Täter zu erkennen gibt, daß der Berechtigte auf die Erhaltung gerade dieser Sache Wert legt.[137] In den neueren Urteilen dient dagegen die erhöhte kriminelle Energie als Anknüpfungspunkt.[138]
Zu einer konkreten Definition des Merkmals 'besonders gesichert' kommt es nur in wenigen Entscheidungen. Grundlage ist die in der Literatur entwickelte Trennung zwischen Eignung und Zweckbestimmung.[139]
Besonders auffällig ist die unterschiedlich akzentuierte Verwendung des Wortes 'besonders'. Will ein Gericht eine Sicherung ablehnen, so hebt es die Vorausset-

---

133 OLG Zweibrücken, NStZ 1986, S.411, S.411
134 BayObLG, NJW 1987, S.663, S.663; BayObLG, NJW 1987, S.665, S.665; LG Köln, NJW 1987, S.667, S.667
135 Das BayObLG (NJW 1987, S.663, S.664) lehnte jedoch eine Sicherungsfunktion auch gegenüber dem illegalen Karteninhaber ab. Das LG Köln (NJW 1987, S.667, S.668) wiederum bejahte die konkrete Schutzfunktion, sah sich aber außerstande, dem Täter den notwendigen Vorsatz bezüglich der Sicherung nachzuweisen, da der Täter durch ordnungsgemäße Bedienung an das Geld kam. Ein anderer Senat des BayObLG (NJW 1987, S.665, S.666) sah das Regelbeispiel in allen Punkten als erfüllt an.
136 BayObLG, NJW 1973, S.1205, S.1205; BGH, NJW 1974, S.567, S.567; OLG Hamm, NJW 1978, S.769, S.769 und OLG Frankfurt, NJW 1988, S.3028, S.3028
137 BayObLG, NJW 1973, S.1205, S.1205; BGH, NJW 1974, S.567, S.567; OLG Hamm, NJW 1978, S.769, S.769
138 OLG Hamm, NJW 1982, S.777, S.777; BayObLG, NJW 1981, S.2826, S.2826; NJW 1987, S.663, S.664 und OLG Frankfurt, NJW 1988, S.3028, S.3028
139 OLG Hamm, NJW 1978, S.769, S.769; BayObLG, NJW 1981, S.2826, S.2826; OLG Schleswig, NJW 1984, S.67, S.68 und OLG Zweibrücken, NStZ 1986, S.411, S.411

zung der 'besonderen Sicherung' hervor, wohingegen die Urteile, die ein Regelbeispiel bejahen, das Merkmal nur als Sicherung bezeichnen.[140]
Die wohl engste Auslegung vertritt das OLG Schleswig, indem es zum Diebstahl eines eingebauten Autoradios ausführt, daß die Sicherung "gerade und besonders" auch den Schutz gegen Wegnahme bezwecken muß. Außerdem müssen besondere Vorkehrungen getroffen werden. Dies bedeutet, daß das Gericht sowohl an die Bestimmung als auch an die Eignung erhöhte Anforderungen stellt.
Dieser sehr restriktiven Entscheidung des OLG Schleswig folgte bis jetzt kein anderes Gericht.

Abschließend ist festzustellen, daß die Rechtsprechung bei der Feststellung der 'Tatbestandsmäßigkeit' einer Sicherung sich offensichtlich mehr vom Einzelfall leiten läßt als von einer Begriffsbestimmung. Dies wird auch darin deutlich, daß die Gerichte meist nach der Erörterung des Strafschärfungsgrundes gleich zur Beantwortung der Frage übergehen, ob eine ausreichende Sicherung vorliegt oder nicht, ohne eine eigenständige Definition überhaupt zu erwähnen.
Will man eine Tendenz feststellen, so kann allenfalls gesagt werden, daß die Gerichte bei der Bejahung einer Sicherung in den letzten Jahren zurückhaltender geworden sind.

4.3.1.1.3. Weitere Probleme bei der Auslegung

Ausgehend von der Definition der Literatur stellen sich zwei weitere Fragen.

Zum einen ist zu fragen, ob die Sicherung überwunden werden muß, oder ob es ausreicht, wenn die Sicherung umgangen wird.
Vor der Umformulierung des § 243 StGB in eine Norm aus Regelbeispielen wurde über diese Frage heftig gestritten.[141] Ansatzpunkt dieses Streites war der Wortlaut des § 243 Abs.1 Nr.2 StGB a.F., in dem es hieß, daß der Täter 'aus

---

140 So heißt es z.B. beim OLG Hamm (NJW 1978, S.769, S.769): "Zu der ... einschränkenden Auslegung zwingt der Wortlaut nicht. Dort ist nur von der Sicherung gegen Wegnahme die Rede."
Auf der anderen Seite formuliert der BGH (NJW 1974, S.567, S.567): "Das erhöhte Maß von Rücksichtslosigkeit gegenüber fremdem Eigentum, das der Täter an den Tag legt, indem er sich über eine *besondere* (Anm. des Verfassers: Das Wort ist auch im Original hervorgehoben) Sicherung hinwegsetzt, mit der der Eigentümer zu erkennen gibt, daß er auf die Erhaltung gerade dieser Sache Wert lege, erschien dem Gesetzgeber besonders strafwürdig. Eine solche besondere Sicherung war hier entgegen der Meinung der Revision nicht vorhanden." und weiter: "... ist nicht etwa die (gewollte) Folge einer besonderen Sicherungskonstruktion, ..."
141 Blei, JA 1971, S.239, S.239 und Schröder, NJW 1972, S.778, S.779 m.w.N.

einem Gebäude oder einem umschlossenen Raum mittels ... Erbrechens von Behältnissen' die Sache erlangen mußte.
Durch die Reform des § 243 StGB wollte der Gesetzgeber auch dieses Problem lösen, indem er das Wort 'Erbrechen' strich und sich ausdrücklich dafür aussprach, daß es keine Voraussetzung mehr sei, die Sicherung überwunden werde.[142] Nach der Novellierung des besonders schweren Falles des Diebstahls wurde denn auch von mehreren Autoren diese Aussage aufgegriffen und der alte Streit für erledigt erklärt.[143] Sie argumentierten mit dem neuen Wortlaut und dem gesetzgeberischen Willen.
Doch blieben die Autoren, die schon bei der alten Fassung des § 243 StGB vertreten hatten, daß die Sicherung überwunden werden mußte, größtenteils bei ihrer Auffassung.[144] Sie führten jetzt nicht mehr den Wortlaut an, sondern beriefen sich darauf, daß nur der Täter ein erhöhtes Maß an krimineller Energie verwirkliche, der sich über die Sicherung hinwegsetzt. An diesem Streit in der Literatur hat sich bis heute nichts geändert.
Die Rechtsprechung zu dieser Frage ist ebenfalls nicht einheitlich. Der BGH hatte in seiner Nußglocken-Entscheidung mit dem Hinweis auf den veränderten Wortlaut eine Auslegung verworfen, die an der alten einschränkenden Interpretation des § 243 StGB festhielt.[145] Demnach sei das Erbrechen der Sicherung am Tatort nicht mehr notwendig. Diese kurz nach der Neuregelung des § 243 StGB ergangene Entscheidung war lange Zeit die bindende Stellungnahme zu dieser Frage. In neuerer Zeit haben verschiedene Oberlandesgerichte[146] dieser Auffassung ihre Gefolgschaft aufgekündigt. Die Gerichte haben zwar bis heute nicht konkret zu dieser Frage Stellung nehmen müssen, doch ist in den Urteilsbegründungen immer wieder nachzulesen, daß ein erhöhtes Maß an krimineller Energie nur vorliegen kann, wenn der Täter die Sicherung überwindet.[147]

Das zweite Problem, das sich im Zusammenhang mit dem Sicherungsbegriff in § 243 Abs.1 S.2 Nr.2 StGB stellt, ist die Frage, in welchem Zeitpunkt der Tat die Sicherung vorliegen muß, um das Regelbeispiel zu erfüllen.

---

142 In BGBl. I 1969, S.645 wird Bezug genommen auf den Entwurf eines Strafgesetzbuches aus dem Jahr 1962 (Bundesratsvorlage), S.403.
143 Bittner, MDR 1971, S.104, S.104 m.w.N. in Fußnote 2
144 Blei, JA 1971, S.239, S.239 und Schröder, NJW 1972, S.778, S.779
145 BGHSt 24, S.248, S.248; Anmerkungen von Blei (JA 1972, StR S.49) und Schröder (NJW 1972, S.778).
146 BayObLG, NJW 1981, S.2826, S.2826; OLG Hamm, NJW 1982, S.777, S.777; OLG Stuttgart, NJW 1982, S.1659, S.1659; NStZ 1985, S.76, S.76; BayObLG, NJW 1987, S.663, S.664
147 Stuttgart, NStZ 1985, S.76, S.76; BayObLG, NJW 1981, S.2826, S.2826; NJW 1987, S.663, S.664

Dieses Problem stellt sich unabhängig von der Entscheidung in der oben dargestellten Frage. Die zwei Fragen schließen sich zwar aneinander an, dürfen aber nicht miteinander vermengt werden.[148] Der Gesetzgeber gibt hierzu selbst die Antwort, indem er § 243 Abs.1 S.2 Nr.2 StGB wie folgt formuliert: 'gegen Wegnahme besonders gesichert'. Da das Gesetz auf die Wegnahme abstellt, verdeutlicht es, daß sich die Sicherungsmaßnahmen gegen die Tathandlung zu richten haben. Handlung des § 242 StGB ist das Ansichnehmen. Somit ergibt sich, daß der entscheidende Zeitpunkt für die Prüfung im Moment des Erlangens liegt.[149] Eine entgegenstehende Deutung, nach der auch noch bis zur Beendigung eine sichernde Maßnahme ausreicht, ist abzulehnen. Allein der Wortlaut des Regelbeispiels ist allerdings nicht eindeutig und deshalb zwingend.[150] Maßgebend ist der Strafgrund des Regelbeispiels. Nur der Täter, der sich vor dem Gewahrsamsbruch über die Schutzvorrichtung hinwegsetzt, zeigt eine erhöhte kriminelle Energie. Setzt die Vorkehrung erst nach Erlangung der Sache durch den Täter ein, so kann sie nur noch der Wiedererlangung durch den Berechtigten dienen.[151] Sie erhöht für den Täter nur die Gefahr, den Gegenstand alsbald wieder abgeben zu müssen.[152] Für die Gewahrsamserlangung selbst ist keine erhöhte kriminelle Energie notwendig. Doch gerade der Gewahrsamsbruch ist der entscheidende Vorwurf, den man dem Täter macht, und nicht etwa der Umstand, daß der Täter mit der Sache erfolgreich verschwindet. Somit erfüllen nur die Sicherungsmaßnahmen das Tatbestandsmerkmal, die im Zeitpunkt des Gewahrsamsbruches ein Hindernis für den Täter darstellen. Der Sicherungsbegriff ist folglich auf präventive Maßnahmen beschränkt. Zum Beispiel sind die in Kaufhäusern verwendeten Sicherungsetiketten keine Hindernisse bei der Erlangung der Ware. Sie stellen folglich auch keine Schutzvorrichtungen gegen Wegnahme dar.[153]

---

148 Diese Fragen sind in der Literatur und der Rechtsprechung zumeist zusammen dargestellt worden, sind aber voneinander zu trennen.
149 Dölling, JuS 1986, S.688, S.692; Leipziger-Kommentar, § 243 Rdnr.19; Schönke/ Schröder/Eser, § 243 RdNr.24; Wessels, StR BT-2, § 3 II 2. und OLG Stuttgart, NStZ 1985, S.76, S.76
150 Dölling, JuS 1986, S.688, S.691
151 Leipziger-Kommentar Ruß, § 243 RdNr.19; Wessels, StR BT-2, § 3 II 2.
152 Dölling, JuS 1986, S.688, S.692
153 OLG Stuttgart, NStZ 1985, S.76, S.76. In dieselbe Kategorie gehört der Fall des OLG Zweibrücken (s.o.). Die umgangene Tankuhr ermöglicht nur die nachträgliche Feststellung eines Diebstahls, erschwert diesen aber nicht.

4.3.1.2. § 202 Absatz 2 StGB

Im Gegensatz zu § 243 StGB handelt es sich bei § 202 StGB um eine tatbestandliche Formulierung. Seit seiner letzten Änderung Anfang der siebziger Jahre lautet der zweite Absatz des § 202 StGB:

(2) Ebenso wird bestraft, wer sich unbefugt vom Inhalt eines Schriftstücks, das nicht zu seiner Kenntnis bestimmt und durch ein verschlossenes Behältnis gegen Kenntnisnahme besonders gesichert ist, Kenntnis verschafft, nachdem er dazu das Behältnis geöffnet hat.

Eine getrennte Darstellung der in der Literatur vertretenen Auffassungen und der Rechtsprechung erübrigt sich, da zum Begriff der besonderen Sicherung in § 202 Abs.2 StGB keine veröffentlichten Urteile des BGH oder der verschiedenen Oberlandesgerichte vorliegen.

Dieser Umstand verdeutlicht schon, welch geringe Bedeutung dieser Norm in der gerichtlichen Tätigkeit zukommt. Es verbleibt deshalb nur die Darstellung der Literatur.

- Allgemeines

Das dem § 202 StGB zugrunde liegende Rechtsgut ist, wie schon im dritten Kapitel dargestellt, die formelle Verfügungsbefugnis, die dadurch zum Ausdruck kommt, daß der Betroffene seine Briefe, seine anderen Schriftstücke oder seine Abbildungen sichert.[154]

Die Gesetzgebung in den 70er Jahren formulierte § 202 Abs.2 StGB in Anlehnung an § 243 Abs.1 S.2 Nr.2 StGB und verwandte deshalb dieselben Begriffe.[155]

Im Gegensatz zum besonders schweren Fall des Diebstahls ist § 202 Abs.2 StGB allerdings ein zweiaktiges Delikt.[156] Der Wortlaut setzt voraus, daß das Behältnis zuerst geöffnet wird und der Täter sich dann erst die Kenntnis vom Tatobjekt verschafft. Somit tritt vor die Kenntnisnahme als zweite Handlung das Öffnen als erste Tätigkeit.

- Die einzelnen Merkmale

Auch die Sicherung bei § 202 Abs.2 StGB ist mit den zwei Tatbestandsmerkmalen Sicherungsmethode und Tathandlung verknüpft. Im Unterschied zu § 243 Abs.1 S.2 Nr.2 StGB sind die Sicherungsmethoden aber allein auf verschlossene Behältnisse beschränkt, und die Angriffsrichtung knüpft an die Kenntnisnahme an.

---

[154] Leipziger-Kommentar Träger, § 202 RdNr.2
[155] Nachzulesen bei Blei (StR BT, § 32 II).
[156] Wessels, StR BT-1, § 12 III 2.

Bei der Definition des Behältnisses wird auf § 243 Abs.1 S.2 Nr.2 StGB verwiesen.[157]
Die Literatur spricht das Merkmal der besonderen Sicherung nicht direkt an. Auslegungshinweise zum Tatbestandsmerkmal sind nicht zu finden. Indirekt können allerdings Rückschlüsse gezogen werden. So wird zum Behältnis und zum Verschluß ausgeführt, daß sie zum Zweck haben müssen, andere von der Kenntnisnahme auszuschließen.[158] Der Hinweis auf den Zweck stellt klar, daß das Behältnis dazu bestimmt sein muß, als Sicherung zu dienen. Nur zwei Autoren deuten den Grad der subjektiven Zweckbestimmung an. Träger[159] schreibt, es reiche aus, wenn jedenfalls auch die Kenntnisnahme vereitelt werden soll. Dies liegt auf einer Linie mit dem zum besonders schweren Fall des Diebstahls Gesagten. Demgegenüber fordert Lackner[160] einen speziell gegen die Kenntnisnahme gerichteten Verschluß.
Zu dem objektiven Merkmal der Geeignetheit der Sicherung sind in der Literatur ebenfalls keine Ausführungen zu finden. Nur aus der Norm des § 202 StGB können Rückschlüsse gezogen werden. Nach Absatz 1 Nummer 1 ist ein Briefumschlag ausreichend. Somit verletzt ein Täter das für § 202 StGB einheitliche Rechtsgut schon dann, wenn er einen Briefumschlag öffnet. Der Gesetzgeber hat folglich die Anforderungen an die Wirksamkeit der Sicherung nicht sehr hoch ansiedeln wollen.
Ein entscheidender Unterschied zwischen § 202 Abs.2 StGB und § 243 Abs.1 S.2 Nr.2 StGB ist, daß die Sicherung bei § 202 Abs.2 StGB gegen Kenntnisnahme schützen soll, wohingegen § 243 Abs.1 S.2 Nr.2 StGB sich gegen eine Wegnahme richtet. Für die Kenntnisnahme ist notwendig, daß der Täter den Inhalt des Schreibens auch versteht.
Oftmals werden die Sicherungen beide Normen erfüllen. Diese Einheitlichkeit ist jedoch nicht zwingend.[161] So kann zum Beispiel eine verschlossene Glasvitrine eine Sicherung im Sinne von § 243 StGB darstellen. Für ein darin liegendes Schriftstück ist ein solches Behältnis als Sicherung völlig ungeeignet. Mag der Dieb auch nicht ohne weiteres an das Papier herankommen, so stellt sich dem Leser kein Hindernis in den Weg.

---

157 Leipziger-Kommentar Träger, § 202 RdNr.16; Schönke/Schröder/Lenckner, § 202 RdNr.18. Dies hat zur Folge, daß Akten in einem Tresor geschützt werden, nicht jedoch in einem genauso gesicherten Archivraum, da dieser zum Betreten von Menschen bestimmt ist (Blei, StR BT, § 32 II). Doch gerade dieser Umstand dient als Abgrenzungskriterium bei § 243 Abs.1 S.2 Nr.2 StGB zum Einbruchsdiebstahl. Hierdurch entstehen Lücken, die systematisch nicht zu erklären sind.
158 Leipziger-Kommentar Träger, § 202 RdNr.16; Otto, Die einzelnen Delikte, § 34 II. 2. c); SK-Samson, § 202 RdNr.9; Schönke/Schröder/Lenckner, § 202a RdNr.18
159 Leipziger-Kommentar Träger, § 202 RdNr. 16
160 Lackner, § 202 RdNr.2.
161 Blei, StR BT, § 33 III. 3.; SK-Samson, § 202 RdNr.9

Aus diesen Überlegungen ergibt sich, daß die zu § 243 Abs.1 S.2 Nr.2 StGB entwickelte Kasuistik nicht ohne weiteres übertragbar ist.

4.3.1.3. Zusammenfassung

Die Auslegung ist ein Gleichgewicht zwischen der Abstraktion und der konkreten Sachverhaltsanwendung.[162] Dabei soll die Auslegung auf der einen Seite den auf einen Einzelfall zugeschnittenen Bedeutungsgehalt ermitteln und auf der anderen Seite durch Verallgemeinerungen die Prinzipien herausarbeiten.[163] Diese beiden Seiten stellen das Gesetz und den Sachverhalt dar.
Ausgehend von dieser Dialektik ist zu dem vorhergehenden - nur als Bestandsaufnahme zu verstehenden - Abschnitt festzustellen:

Sowohl die Gerichte als auch die Literatur legen ihr Schwergewicht einseitig auf die konkrete Sachverhaltsanwendung.
Die Entscheidungsfindung der Gerichte läßt vermuten, daß sie zuerst versuchen, eine Übereinstimmung mit der bestehenden Kasuistik zu finden. Erst im Anschluß daran, wenn keine Beispielsfälle die gerichtliche Entscheidung stützen können, greifen sie auf den Strafgrund der Norm zurück. Erst als letzte Kriterien für die Auslegung des Merkmals werden die Elemente der Zweckrichtung und Geeignetheit angeführt. Dies hat zur Folge, daß diese beiden Merkmale nicht genauer konkretisiert wurden.
Die Kasuistik verführt außerdem dazu, unterschiedliche Fälle gleich zu behandeln und auf eine Subsumtion zu verzichten. So finden sich beispielsweise bei dem zweiten Urteil über Registrierkassen längere Ausführungen, weshalb dieser Fall anders zu beurteilen ist als der zuvor entschiedene. Erst im Anschluß daran folgt die Subsumtion. Eine an Fällen ausgerichtete Rechtsprechung führt folglich zu einer falsch verstandenen Verallgemeinerung.[164]

Ebenfalls ist die Begriffsbestimmung des Merkmals der besonderen Sicherung in § 202 Abs.2 StGB als wenig hilfreich bei der konkreten Fallbearbeitung zu bezeichnen. Aus den vielfachen Verweisen auf § 243 Abs.1 S.2 Nr.2 StGB ist zu

---

162 Engisch, S.26ff und S.37; Otto, Allgemeine Strafrechtslehre, S.30; Jescheck, § 17 II. 2.
163 Jescheck, § 17 II. 2.
164 Auch die in der Literatur angeführte Warnung vor einer Verallgemeinerung rechtfertigt nicht die Tatsache, daß die Literatur nur mangelhafte Auslegungskriterien bestimmt hat. Die von der Technik der Regelbeispiele angestrebte Einzelfallgerechtigkeit wird nicht dadurch erreicht, daß die Merkmale des § 243 StGB ungenau und mangelhaft definiert werden. Vielmehr erlauben gerade die Regelbeispiele, sich vom Wortlaut zu trennen und so zu einer gerechten Würdigung aller Fälle zu kommen. Dies setzt aber eine exakt abgegrenzte Begriffsbestimmung der Regelbeispiele voraus.

schließen, daß die Literatur diesen Ausdruck entsprechend definieren will. Allein die Ausführungen zu § 202 Abs.2 StGB bleiben konturenlos. Der einmalige Verweis auf den besonders schweren Fall eines Diebstahls geht allerdings nicht hinreichend auf die Eigenheiten ein, insbesondere ist die zu § 243 StGB zitierte Kasuistik gerade nicht anwendbar.

Festzuhalten bleibt, daß das Merkmal 'besonders gesichert' in § 202 Abs.2 StGB und in § 243 Abs.1 S.2 Nr.2 StGB im Verhältnis zu anderen Tatbestandsmerkmalen zu ungenau und nur fallbezogen dargestellt wird.

Die für eine Auslegung verwendbaren abstrakten Kriterien beschränken sich auf zwei Elemente: die Bestimmung und die Eignung der Sicherung. Es bleibt allerdings die Frage, wie bestimmt und wie geeignet eine Schutzvorkehrung sein soll. Welchen Grad diese Voraussetzungen aufweisen müssen, kann deshalb im Sinne eines subsumtionsfähigen Obersatzes nicht ermittelt werden.

Aus den meisten Veröffentlichungen läßt sich allerdings ableiten, daß die Auslegung zu den §§ 202 Abs.2 und 243 Abs.1 S.2 Nr.2 StGB keine hohen Anforderungen an diese Elemente stellt.

Zusammenfassend ist festzustellen, daß die für eine Auslegung notwendige ausgewogene Dialektik zwischen der abstrakten Gesetzesdeutung und dem konkreten Sachverhalt nicht vorliegt. Von einem tauglichen Obersatz als Basis für eine Subsumtion sind die dargestellten Ausführungen deshalb weit entfernt.

4.3.2. Datensicherung

Die vom Gesetzgeber geforderte Sicherung bezieht sich auf das Tatobjekt. In § 202a StGB ist das Datum Tatobjekt. Hinter den Daten steht die Information. Aus dieser Verbindung von Tatobjekt und Sicherung läßt sich der Begriff der Informationssicherung ableiten.[165]

Dieser Ausdruck hat sich jedoch nicht durchgesetzt. Verwendet wird vielmehr die Bezeichnung 'Datensicherung'. Der Begriff der Datensicherung ist nicht erst mit der Entstehung des 2. WiKG entwickelt worden. Schon bevor dieses Wortes in das Strafrecht eingebunden wurde, verwendeten verschiedene Fachrichtungen diesen Begriff.

Anfänglich definierten nur die Informatiker die Datensicherung. Mit der steigenden Bedeutung der EDV in den Betrieben suchten die Wirtschaftswissenschaftler, eine für sie brauchbare Definition herzuleiten. Schließlich wurde die Datensicherung mit den Mitte der siebziger Jahre entwickelten Datenschutzrechten in Verbindung gebracht.

---

[165] Einige Autoren verwenden nur diesen Terminus, so z.B.: Hellfors/Seiz, S.4; Wolfram, S.16

4.3.2.1. Informatik

Bei der Definition aus dem Fachbereich der Informatik geht es bei der Datensicherung nicht in erster Linie um die Daten. Ihr Schutz ist kein Selbstzweck, vielmehr dient die Datensicherung der Datenverarbeitung.[166] Die Sicherung ist das Mittel, mit dem der Zweck - nämlich die fehlerfreie Verarbeitung von Daten - erreicht werden kann. Dabei ist als Ansatzpunkt jede Information, mag sie auch noch so klein sein, zu berücksichtigen, da sie eine potentielle Fehlerquelle ist, die sich bei der weiteren Verarbeitung potenzieren kann.

Neben dem Begriff der Datensicherung wird in der Informatik auch häufig der Ausdruck Datensicherheit verwendet.[167] Ziel der Datensicherung ist es, eine größtmögliche Sicherheit herzustellen. Die Datensicherheit kann im Idealfall 100 % betragen, doch wird dieser Zustand nie erreicht.[168] Die Differenz zwischen dem tatsächlichen Zustand und der Ideallage beschreibt das Risiko der Datenverarbeitung. Ziel der eingesetzten Sicherungsmaßnahmen ist es, dieses Risiko zu minimieren.[169]

Um diesen Auftrag erfüllen zu können, sind die Sicherungsmaßnahmen nicht nur auf Daten beschränkt.[170] Zusätzlich zu den Daten als potentielle Fehlerquellen müssen auch fehlerhafte Programme und defekte Hardware ausgeschlossen werden.[171] Diese Fehlerquellen können sich durch einen Verlust, eine Verfälschung oder durch eine Ergänzung auswirken.[172] Einige Informatiker zählen die Preisgabe der Informationen auch als nachrangige Auswirkung auf.[173] Dies ist jedoch abzulehnen, da die Datensicherung im obengenannten Sinne auf die Datenerhaltung abzielt. Bei einem Bekanntwerden der Daten stehen die Informationen dem Berechtigten auch weiterhin zur Verfügung, so daß die angestrebte Geheimhaltung der Daten aus Sicht der Informatiker nicht zu berücksichtigen ist.

---

166 Rihaczek, S.15, S.15
167 Rihaczek, S.15, S.16; Kassel/Strnad unter dem Begriff: Datensicherheit
168 Eine 100 %ige Sicherheit ist auch nicht erwünscht, da dann alle Risikofaktoren ausgeschlossen werden müßten. Da aber umgekehrt jede Maßnahme ein - wenn auch noch so kleines - Risiko beinhaltet, ist eine 100 %ige Sicherheit gleichbedeutend mit einem Stillstand in der Datenverarbeitung.
169 Pawlikowsky, DuD 1985, S.105, S.105; Rihaczek, S.15, S.16
170 Der Datenbegriff wird in diesem Abschnitt enger als der erarbeitete strafrechtliche Begriff verstanden. Zur besseren Vergleichbarkeit soll diese von den Informatikern vorgenommene Trennung zwischen Informationen und Programmen beibehalten werden, auch wenn sie aus strafrechtlicher Sicht ohne Bedeutung ist.
171 Weck, S.15
172 Weck, S.31
173 Weck, S.31

Zu solchen Auswirkungen kann es sowohl durch zufällige Ereignisse als auch durch menschliches Verhalten kommen. Letzteres wiederum läßt sich in fahrlässige und vorsätzliche Handlungen unterteilen.[174]
All diese möglichen Angriffsobjekte, Gefahren und Auswirkungen sind bei der Bestimmung der einsetzbaren Sicherungsmethoden zu berücksichtigen. Dementsprechend sind die Sicherungsmaßnahmen in drei logisch getrennte Schichten gegliedert.
Die erste Schicht bilden die verhindernden Maßnahmen. Hieran schließt sich die Fehler erkennende Schicht an. Die dritte Ebene bilden die wiederherstellenden Maßnahmen.[175] Sicherungsmaßnahmen können auf allen Ebenen durch technische Vorkehrungen installiert werden.[176]
Anhand der Datenfernübertragung läßt sich diese Dreiteilung plastisch erklären:
Um möglichst wenig Übertragungsfehler zu haben, wird eine langsame Übertragungsgeschwindigkeit gewählt, denn je höher die Geschwindigkeit ist, desto höher ist die Fehlerquote der übermittelten Informationen. Schon diese Auswahl stellt eine verhindernde Maßnahme dar, da so die Wahrscheinlichkeit eines Fehlers reduziert wird. Zusätzlich tauschen die Computer Kontrollinformationen aus, mit deren Hilfe der Empfänger die Identität von ausgesandter und empfangener Information ermittelt.[177] Diese Kontrollen sollen Fehler feststellen und sind deshalb erkennende Maßnahmen. Erkennt das Empfängergerät einen Fehler, so überträgt der sendende Rechner die Daten erneut, bis der Empfänger die Identität positiv feststellt. Bei dieser Wiederholung handelt es sich um eine wiederherstellende Maßnahme.[178]
In der Informatik bedeutet Datensicherung folglich nur zu einem Teil, präventiv tätig zu werden.
Grafisch[179] läßt sich die Datensicherung im Sinne der Informatik wie folgt darstellen:

---

[174] Differenzierung in Anlehnung an die Überlegungen des Wirtschaftswissenschaftlers Wolfram (S.183). Für die Informatiker hat diese Unterteilung nur in soweit Bedeutung, als durch sie die Auswahl der Schutzvorkehrungen beeinflußt wird, denn gegen vorsätzliche Angriffe sind zum Teil andere Maßnahmen zu treffen als gegen fahrlässiges Falschverhalten. Die Sicherungen sind nur teilweise in der Lage, beide Risikofaktoren abzudecken.
[175] Rihaczek, S.15, S.17
[176] Weck, S.31
[177] Bei einer parallelen Übertragung von 8 Bits stellen die ersten sieben Bits die zu übermittelnde Information dar. Der achte Bit ist die Summe aus den sieben zuvor Übertragenen. Somit kann der Empfänger durch eigene Addition der sieben ihm schon zur Verfügung gestellten Bits und dem Abgleich mit dem achten Bit die Identität zwischen versendeter und empfangener Information selbst feststellen.
[178] Rihaczek, S.15, S.18
[179] Quelle in Anlehnung an Wolfram, S.183

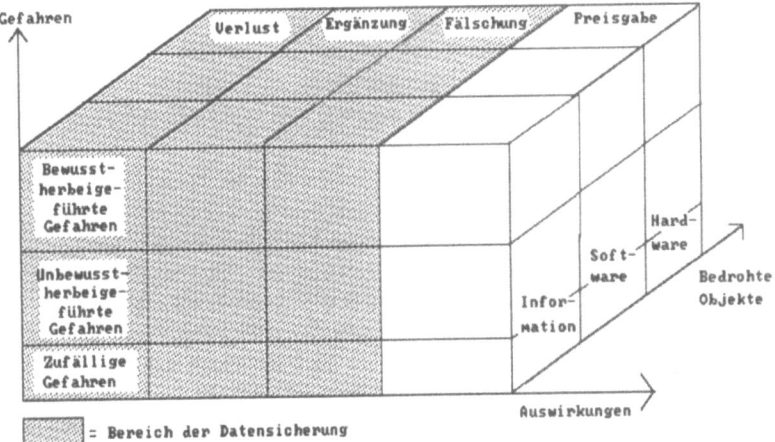

= Bereich der Datensicherung

Zu berücksichtigen sind verhindernde, erkennende und wiederherstellende Sicherungsmaßnahmen.
Abschließend ist festzustellen, daß die Datensicherung im Sinne der Informatik alle technischen Aspekte einer ordnungsgemäßen Datenverarbeitung umfaßt.

4.3.2.2. Wirtschaftswissenschaften

Gerade die Wirtschaftswissenschaften sehen im forcierten Einsatz der EDV große Rationalisierungsmöglichkeiten. Voraussetzung ist aber, daß die Datenverarbeitungsanlage fehlerfrei arbeitet. Deshalb ist die Datensicherheit eine wesentliche Voraussetzung für die Einführung von Computersystemen in der Wirtschaft, so daß sich die betriebswirtschaftliche Literatur ausführlich mit dem Thema der Datensicherung auseinandersetzen mußte.[180]
Vom Ansatz her verstehen die Wirtschaftswissenschaftler den Begriff der Datensicherung in gleicher Weise. Hinzu kommen aber fachspezifische Gefahren und Abwehrmethoden.
So dient auch bei dieser Begriffsbestimmung die Datensicherung primär der fehlerfreien Datenverarbeitung. Doch sind die Daten nicht nur Träger betrieblichen Know-Hows - das es zu erhalten gilt -, sondern sie können auch Geschäftsgeheimnisse verkörpern, die vor der nichtautorisierten Weitergabe an Dritte gesichert werden müssen.[181] Zu den Gefahren des Verlustes, der Ergänzung und der Verfälschung ist deshalb auch die Preisgabe zu zählen. Die Preisgabe von Informationen kann die gleichen Folgen haben wie der Verlust. Ein möglicherweise bestehender Informationsvorsprung ist für den Betrieb verloren.

---

180 Siehe die Arbeiten von Hellfors/Seiz, Weyer/Pütter und Wolfram
181 Wolfram, S.56

Um die Datenverarbeitung funktionsfähig zu halten, sind mit derselben Begründung wie bei den Informatikern sowohl Daten und Software als auch Geräte vor bewußten, unbewußten und zufälligen schädigenden Einflüssen zu schützen. Dabei finden auch hier verhindernde, erkennende und wiederherstellende Maßnahmen Anwendung.[182]
Die Gewichtung ist jedoch unterschiedlich. Im Falle der Preisgabe von Geheimnissen haben nur verhindernde Vorkehrungen eine entscheidende Bedeutung. Nach dem Bekanntwerden der Informationen kann eine erkennende Maßnahme allenfalls dazu dienen, eine weitere Preisgabe anderer Geheimnisse zu verhindern. Wiederherstellen läßt sich der geheime Zustand sowieso nicht mehr.[183]
Im Gegensatz zur Informatik sind für die betriebswirtschaftliche Betrachtung neben den technischen Sicherungsmaßnahmen auch die organisatorischen Aspekte relevant.[184] Die organisatorischen Maßnahmen sollen festlegen, welche Personen an der Datenverarbeitung beteiligt werden sollen und wie dies zu geschehen hat. Eine der bekanntesten Methoden ist das Vier-Augen-Prinzip. Demnach dürfen immer nur zwei Personen eine Datenabfrage gemeinsam vornehmen. Außerdem sind zu den organisatorischen Vorkehrungen alle Fragen der Personalverwaltung im Bereich der EDV zu zählen.[185]
Grafisch läßt sich die Datensicherung dann wie folgt darstellen:

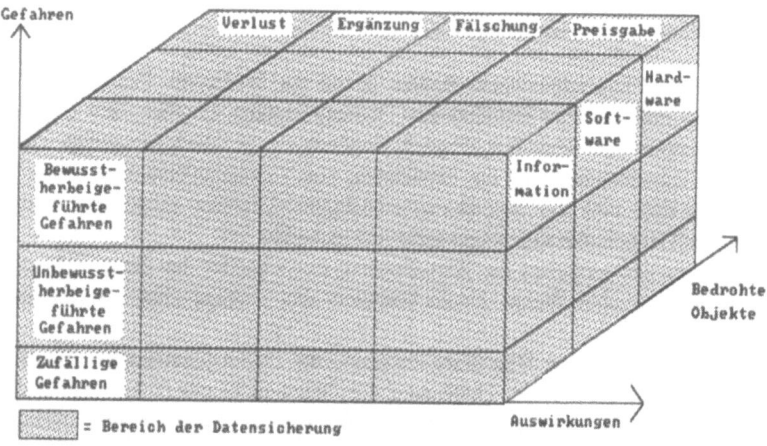

---

182 Rihaczek, S.15, S.17; Kassel/Strnad unter dem Begriff: Datensicherung
183 Zu denken ist höchstens an eine zivilprozessuale Unterlassungsklage auf Nichtverwendung der illegal erlangten Informationen. Hierfür ist es aber notwendig, daß alle Empfänger der Daten ermittelt werden können. Die Wirksamkeit solcher Maßnahmen sind deshalb nur beschränkt.
184 Kassel/Strnad unter dem Begriff: Datensicherung
185 Hellfors/Seiz, S.13f; Weyer/Pütter, S.13f

Alle Sicherungsmaßnahmen können auf der verhindernden, erkennenden und wiederherstellenden Ebene angesiedelt sein. Die Vorkehrungen umfassen sowohl technische als auch organisatorische Aspekte der Datensicherung.

4.3.2.3. Datenschutzrecht

Das Bundesdatenschutzgesetz verwendet den Ausdruck der Datensicherung nicht.
Doch schreiben § 9 BDSG und eine Anlage zu § 9 BDSG[186] vor, daß bei automatischer Datenverarbeitung Maßnahmen zum Schutz der Daten zu ergreifen sind. Dieser in der Anlage zu § 9 BDSG enthaltene Katalog von Vorkehrungen bezieht sich auf den Datenschutz. Die Literatur bezeichnet die Anlage auch als die "zehn Gebote" des Datenschutzes.[187]
Zu klären ist nun, ob die beiden Begriffe gleichbedeutend sind, so daß Datensicherung als Synonym für Datenschutz verwendet werden kann.
Zwischen Datenschutz und Datensicherung ist aber aus mehreren Gründen zu differenzieren.
Auf der Funktionsebene hat die Datensicherung die Aufgabe, Daten, Programme und Hardware gegen alle Einwirkungen abzuschirmen, die den ordnungsgemäßen Geschäfts- und Betriebsablauf gefährden können. Hierzu zählen vorsätzliche menschliche Eingriffe, aber auch Stromausfälle und Erdbeben.[188] Der Datenschutz dagegen ist beschränkt auf die Zielsetzungen des Bundesdatenschutzgesetzes. So sollen insbesondere vorsätzliche und widerrechtliche Erhebung, Verarbeitung oder Nutzung von Daten verhindert werden.[189] Andere Ereignisse, wie der Verlust von Daten, sind für die Ziele des Bundesdatenschutzgesetzes nicht relevant.[190]
Bei der Frage der Anwendungsbereiche beschränkt sich die Datensicherung auf die automatische Datenverarbeitung. Darin sind aber alle Informationen eingeschlossen. Demgegenüber ist der Datenschutz auf personenbezogene Daten beschränkt. Diese sind jedoch auch bei manueller Verarbeitung geschützt.[191]
Auf der Ebene des Vollzuges ergeben sich dagegen vielfältige Überschneidungen. Viele Sicherungsmaßnahmen schützen die gesamte EDV-Anlage und haben dabei

---

186 Der Gesetzestext ist unter 4.3.3.2. zu finden.
187 Hahnke/Kassel, S.28
188 Siehe die Kommentierung zur ursprünglichen und gleichlautenden Fassung des § 6 BDSG a.F.: Simitis/Dammann/Dammann, RdNr.5
189 Siehe die Kommentierung zur ursprünglichen und gleichlautenden Fassung des § 6 BDSG a.F.: Simitis/Dammann/Dammann, RdNr.5
190 Wolfram, S.169
191 Wolfram, S.169. Siehe die Kommentierung zur ursprünglichen und gleichlautenden Fassung des § 6 BDSG a.F.: Simitis/Dammann/Dammann, RdNr.6

zur Folge, daß auch die gespeicherten personenbezogenen Daten vor illegaler Verwendung geschützt werden.[192]
Demgegenüber werden besonders beim Schutzzweck die unterschiedlichen Intentionen deutlich. Die Datensicherung dient allein den Interessen der datenverarbeitenden Person.[193] Entscheidend ist ihr Interesse an der Funktionsfähigkeit der Datenverarbeitung. Auf der anderen Seite sollen Maßnahmen zum Datenschutz unmittelbar oder mittelbar die Interessen dessen schützen, über den die Informationen etwas aussagen.[194] Gefahrenquelle ist beim Datenschutz demnach die datenverarbeitende Person.[195] In der englischen Sprache kommt dieser Unterschied deutlicher zum Ausdruck, da zwischen "privacy" und "security" differenziert wird.[196]
Diese verschiedenen Schutzzwecke können zusammenfallen, und zwar dann, wenn der Betroffene seine eigenen Daten verarbeitet. Dies stellt aber einen seltenen Sonderfall dar.
Soweit die datenschutzrechtliche Literatur den Begriff Datensicherung verwendet, versteht sie ihn zumeist im Sinne der betrieblich-organisatorischen Definition.[197]
Somit handelt es sich bei der Datensicherung und dem Datenschutz um zwei selbständige Begriffe, die zwar Gemeinsamkeiten aufweisen, aber verschiedene Regelungsbereiche betreffen.[198]
Abschließend läßt sich feststellen, daß die Datensicherung der Datenverarbeitung dient, wohingegen der Datenschutz Grenzen für die Datenverarbeitung markiert. Doch begründet der Datenschutz aus dieser Funktion heraus eine Datensicherung, indem er durch seine Existenz den Verwender zur Einhaltung bestimmter Ge- und Verbote mahnt. Es handelt sich dabei aber nur um eine mittelbare Wirkung.

---

192 Siehe die Kommentierung zur ursprünglichen und gleichlautenden Fassung des § 6 BDSG a.F.: Simitis/Dammann/Dammann, RdNr.7; Schaffland, Anhang 2 Anm.1.1.. Eine Gegenüberstellung findet sich bei Pawlikowsky (DuD 1985, S.105, S.109).
193 Wolfram, S.16 und S.169. Siehe die Kommentierung zur ursprünglichen und gleichlautenden Fassung des § 6 BDSG a.F.: Gallas/Geiger/Gallas, RdNr.20; Simitis/Dammann/ Dammann, RdNr.4; Auernhammer, Einführung zum BDSG RdNr.4.
194 Hellfors/Seiz, S.4; Wolfram, S.16 und S.169
195 Siehe die Kommentierung zur ursprünglichen und gleichlautenden Fassung des § 6 BDSG a.F.: Gallas/Geiger/Gallas, RdNr.20
196 Georg Wiesel, data report 1973, Heft 3, S.24, S.24
197 Wolfram, S.16. Siehe die Kommentierung zur ursprünglichen und gleichlautenden Fassung des § 6 BDSG a.F.: Simitis/Dammann/Dammann, RdNr.2; Gallas/Geiger/Gallas, Einführung BDSG RdNr.18f
198 Dementsprechend ist es auch falsch, wenn der Datenschutz als Teilgebiet der Datensicherung bezeichnet wird (so aber Hellfors/Seiz, S.4). Der Datenschutz ist zwar auf vorsätzliche und widerrechtliche Nutzung personenbezogener Daten beschränkt, werden aber im Gegensatz zu Datensicherung auf alle Formen der Datenerfassung angewendet und stellt nicht nur auf die automatische Datenverarbeitung ab.

4.3.2.4. Strafrecht

Durch das 2. WiKG sind bestimmte Handlungen, die sich auf die Datenverarbeitung auswirken können, pönalisiert worden.
Dem Prinzip folgend, daß nur vorsätzliche Handlungen unter Strafe gestellt und fahrlässige Begehungsweisen nur bei sehr bedeutenden Rechtsgütern als Straftat geahndet werden sollen, sind alle neugeschaffenen Gesetze gegen die Computerkriminalität nur Vorsatztaten.
In § 303a StGB sind Handlungen umschrieben, die zu einem Verlust, zu einer Verfälschung und zu einer Ergänzung[199] von Daten führen. § 202a StGB richtet sich gegen die Preisgabe von Informationen, und § 303b Abs.1 Nr.2 StGB ergänzt diesen Schutz der Daten, indem er die Datenverarbeitungsanlage und die Datenträger in seinen Schutzbereich aufnimmt. Somit erfaßt das 2. WiKG die ganze schon erwähnte Bandbreite von Tatobjekten und Tatmodalitäten.
Voraussetzung für den Strafrechtsschutz ist jedoch nur beim Ausspähen von Daten (§ 202a StGB), daß die Tatobjekte gesichert sind, nicht aber bei einer Datenveränderung oder einer Computersabotage. Diese können auch an vollständig ungesicherten Daten und Computern begangen werden.
Eine solche Unterscheidung läßt sich aus Sicht einer systematischen Bekämpfung der Computerkriminalität nicht erklären. Zwar hatte Sieber seinen Vorschlag darauf beschränkt, daß Daten nur dann gegen Ausspähung geschützt werden, wenn der Betroffene ebenfalls etwas zum Schutze unternehme[200], doch läßt sich diese Argumentation auch auf die §§ 303a und 303b StGB übertragen.
Somit umfaßt der strafrechtliche Datensicherungsbegriff nicht die Bereiche der Datenveränderung und des Datenverlustes. Ebenso ist die Datensicherung im Bereich der Hardware kein strafrechtliches Element. Sie ist allein auf die vorsätzliche Preisgabe von Daten beschränkt.

Auch bei der Zielsetzung ergeben sich Unterschiede. So wollen die Definitionen der Informatiker und Wirtschaftswissenschaftler primär eine reibungslose Datenverarbeitung gewährleisten.
Bei der Zielbestimmung des Datensicherungsbegriffes im Strafrecht ist das Rechtsgut des § 202a StGB zu berücksichtigen. Geschützt wird die formelle Verfügungsbefugnis des Berechtigten. Der Verfügungsberechtigte hat das Recht zu entscheiden, ob und wann eine Person die Informationen erhalten darf. § 202a StGB schützt folglich die Daten, nicht aber die Datenverarbeitung.[201]

---

199 Unter Verändern im Sinne von § 303a StGB ist sowohl die Datenverfälschung als auch die Ergänzung von Datensätzen zu subsumieren. Welp, IuR 1988, Sonderheft, S.434, S.435
200 Sieber, BT-Anhörung vom 6.6.1984, Anlagen S.254 und S.242, Zitat siehe 2.3.
201 Der strafrechtliche Schutz der Datenverarbeitung findet sich in den §§ 303a und 303b StGB.

Ausgehend von dieser Feststellung können weder erkennende noch wiederherstellende Maßnahmen die Verletzung der Verfügungsbefugnis verhindern. Diese Maßnahmen greifen erst nach der Rechtsgutsverletzung ein und sind deshalb für die strafrechtliche Bewertung der Sicherungsmaßnahmen ohne Bedeutung. Dies ergibt sich schon aus dem Wortlaut des § 202a Abs.1 StGB, in dem eine besondere Sicherung gegen unberechtigten Zugang vorausgesetzt wird.
Nur verhindernde Vorkehrungen haben das Ziel, eine Rechtsgutsbeeinträchtigung abzuwehren. Allein sie sind bei der Definition des strafrechtlichen Datensicherungsbegriffes heranzuziehen.
Im Verhältnis der verschiedenen Sicherungsaspekte ist festzustellen, daß rechtliche Bewertungskriterien ebenfalls keine Sicherungen darstellen können. Andernfalls wäre allein schon die Existenz von § 202a Abs.1 StGB für sich genommen eine Sicherung. Dies aber würde bedeuten, daß der Verfügungsberechtigte keine weiteren Sicherungen benötigt. Ein Ergebnis, welches den Sinn und Zweck des Tatbestandsmerkmals 'besonders gesichert' ins Gegenteil verkehrt.
Grafisch läßt sich somit der reduzierte strafrechtliche Datensicherungsbegriff wie folgt darstellen:

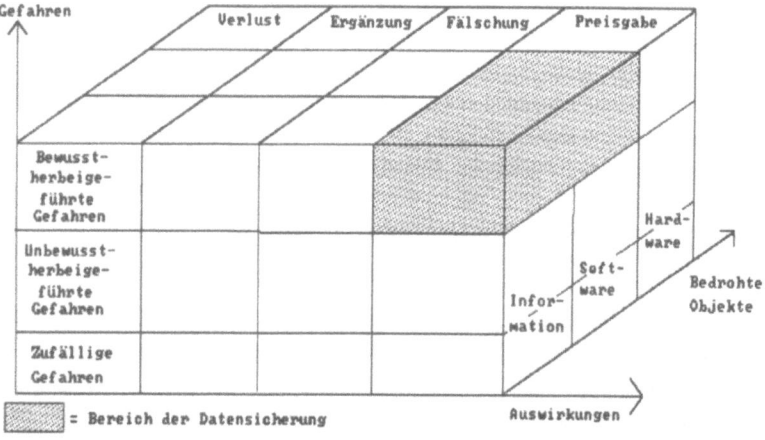

Die Datensicherungsmaßnahmen beschränken sich auf technische und organisatorische Aspekte in der Ebene der verhindernden Maßnahmen.

4.3.3. Verschiedene Theorien zur Auslegung

In diesem Abschnitt werden vier mögliche Interpretationen des Tatbestandsmerkmales 'besonders gesichert' vorgestellt, die in der Literatur diskutiert werden.

Die von den verschiedenen Vertretern verwendete Terminologie wird weitgehend übernommen. Deshalb ist vorab festzuhalten, daß die teilweise bei den unterschiedlichen Deutungen benutzten Begriffe wie Sicherungszweck oder Zielrichtung inhaltlich identisch sind mit dem der bei § 243 Abs.1 S.2 Nr.2 StGB entwickelten Zweckbestimmung. Der Sicherungsgrad und die Wirksamkeit sind nur Synonyme für die Eignung.

Zum besseren Verständnis wird anhand von sechs verschiedenen Sicherungsvorkehrungen jede Theorie auf ihre tatsächliche Auswirkung untersucht. Die ersten drei Maßnahmen stammen aus dem Bereich der mechanischen Sicherungen.[202] Gegenstand der Überprüfung ist eine Tür zum Computerraum, die mit modernen und umfangreichen Schließmechanismen ausgestattet ist, und ein Zaun, der ein Firmengelände umgibt und dessen Eingang mit einem Pförtner besetzt ist. Auf dem Grundstück befindet sich unter anderem die EDV-mäßig betriebene Lohnbuchhaltung. Die dritte mechanische Sicherung knüpft direkt an die Hardware an. Fast alle heute verkauften Personalcomputer sind mit einem simplen Schloß ausgestattet, das die Eingabe über die Tastatur verhindern kann.

Das vierte und fünfte Beispiel bezieht sich auf die Ebene der logischen Sicherungen. Als Beispiele dienen der Schutz durch ein Paßwort, welches dem Eindringling nicht bekannt ist und das den Zugang zum Betriebssystem versperrt[203], sowie die Verschlüsselung von Daten.[204] Das sechste Beispiel stammt aus dem Bereich der organisatorischen Maßnahmen. Aus der Vielzahl von organisatorischen Sicherungsmöglichkeiten wird die Ausgangskontrolle herangezogen, die es ermöglicht festzustellen, welche Daten jeder Benutzer während seiner Tätigkeit abgerufen hat.

Am Ende einer jeden These werden deshalb zur Veranschaulichung die Sicherungsmaßnahmen in der folgenden Reihenfolge auf ihre Tatbestandsmäßigkeit überprüft:
- Grundstückseinfriedung mit Pförtner
- verschließbare Tür zum Computerraum
- Tastaturschloß
- Paßwort auf Systemebene
- Datenverschlüsselung

---

202 Im weiteren werden diese Sicherungen auch als klassische Vorkehrungen bezeichnet, da sie schon das Regelbeispiel des § 243 StGB erfüllten.

203 Ohne das Paßwort ist es nicht möglich, den Computer in Betrieb zu setzen, es kann keine Funktion abgerufen werden. Die rechtlichen Probleme, die auftreten, wenn das Paßwort dem Täter bekannt ist, bleiben unberücksichtigt. Siehe hierzu und zur genauen Funktionsweise Kapitel 5.1..

204 Die Datenverschlüsselung wird auch Kryptographie genannt. Hinsichtlich der genauen Funktionsweise und der rechtlichen Probleme, die in diesem Kapitel unberücksichtigt bleiben sollen, siehe Kapitel 5.2..

- Ausgangskontrolle

Im darauf folgenden Unterabschnitt werden dann die verschiedenen Auffassungen anhand der Auslegungsregeln überprüft. Dabei werden die Kriterien herausgearbeitet, die für eine inhaltlich qualifizierte Definition entscheidend sind.

4.3.3.1. Datenschutzrechtliche Deutung

Dieser Ansatz zur Auslegung des Tatbestandsmerkmales verweist auf § 9 BDSG. Außerdem wird die zu § 9 BDSG entwickelte Anlage herangezogen.[205]
Die Vorschriften lauten:

§ 9 Technische und organisatorische Maßnahmen
Öffentliche und nicht-öffentliche Stellen, die selbst oder im Auftrag personenbezogene Daten verarbeiten, haben die technischen und organisatorischen Maßnahmen zu treffen, die erforderlich sind, um die Ausführung der Vorschriften dieses Gesetzes, insbesondere die in der Anlage zu diesem Gesetz genannten Anforderungen zu gewährleisten. Erforderlich sind Maßnahmen nur, wenn ihr Aufwand in einem angemessenen Verhältnis zu dem angestrebten Schutzzweck steht.

Anlage zu § 9 Satz 1
Werden personenbezogene Daten automatisiert verarbeitet, sind Maßnahmen zu treffen, die je nach der Art zu schützenden personenbezogenen Daten geeignet sind,
1. Unbefugten den Zugang zu Datenverarbeitungsanlagen, mit denen personenbezogene Daten verarbeitet werden, zu verwehren (Zugangskontrolle),
2. zu verhindern, daß Datenträger unbefugt gelesen, kopiert, verändert oder entfernt werden können (Datenträgerkontrolle),
3. die unbefugte Eingabe in den Speicher sowie die unbefugte Kenntnisnahme, Veränderung oder Löschung gespeicherter personenbezogener Daten zu verhindern (Speicherkontrolle),
4. zu verhindern, daß Datenverarbeitungssysteme mit Hilfe von Einrichtungen zur Datenübertragung von Unbefugten genutzt werden können (Benutzerkontrolle),
5. zu gewährleisten, daß die zur Benutzung eines Datenverarbeitungssystems Berechtigten ausschließlich auf die ihrer Zugriffsberechtigung unterliegenden personenbezogenen Daten zugreifen können (Zugriffskontrolle),
6. zu gewährleisten, daß überprüft und festgestellt werden kann, an welche Stellen personenbezogene Daten durch Einrichtungen übermittelt werden können (Übermittlungskontrolle),
7. zu gewährleisten, daß nachträglich überprüft und festgestellt werden kann, welche personenbezogenen Daten zu welcher Zeit von wem in Datenverarbeitungssysteme eingegeben worden sind (Eingabekontrolle),

---

205 Kilian/Heussen/Gravenreuth, Abschn.106 RdNr.12. Bühler (MDR 1987, S.448, S.453) verweist auf § 202 Abs.2 und § 243 Abs.1 S.2 Nr.2 StGB. Er führt weiter aus, daß auch die ursprüngliche und gleichlautende Anlage zu § 6 Abs.1 S.1 BDSG a.F. (Datensicherung von personenbezogenen Daten) herangezogen werden kann.

8. zu gewährleisten, daß personenbezogene Daten, die im Auftrag verarbeitet werden, nur entsprechend den Weisungen des Auftraggebers verarbeitet werden können (Auftragskontrolle),
9. zu verhindern, daß bei der Übertragung personenbezogener Daten sowie beim Transport von Datenträgern die Daten unbefugt gelesen, verändert oder gelöscht werden können (Transportkontrolle),
10. die innerbehördliche oder innerbetriebliche Organisation so zu gestalten, daß sie den besonderen Anforderungen des Datenschutzes gerecht wird (Organisationskontrolle).

Im Gegensatz zur jetzigen Fassung ermächtigte die alte Vorschrift des § 6 BDSG a.F. in Absatz 2 Satz 1 die Bundesregierung, die Anlage nach dem jeweiligen Stand der Technik und Organisation fortzuschreiben. Maßgebend für den Stand der Technik war die praktische Eignung, so daß den tatsächlichen Bedürfnissen der Praxis Rechnung getragen wurde.[206] Aus den gestiegenen Anforderungen an die Zulässigkeit der Datenverarbeitung im neuen Bundesdatenschutzgesetz ist abzuleiten, daß auch weiterhin der jeweilige Stand von Technik und Organisation für die Bewertung der Vorkehrungen maßgebend ist. Der Gesetzgeber verzichtete auf die Formulierung des § 6 Abs.2 BDSG a.F., da der Absatz sich in den 14 Jahren seines Bestehens als überflüssig erwies.[207] Auch wenn der Stand der Technik und Organisation nun keine Erwähnung mehr im Gesetz finden, so wollte der Gesetzgeber doch die Vorschrift des § 6 BDSG a.F. materiell unverändert lassen.[208] Stand der Technik und Organisation sind deshalb weiterhin Merkmale, die den neuen § 9 BDSG und dessen Anlage konkretisieren.
Ebenso wie der alte § 6 BDSG stellt die neue Vorschrift in Satz 2 klar, daß der Schutzzweck die notwendigen Maßnahmen wesentlich beeinflußt.
Der Sicherungsbegriff des § 9 BDSG ist somit geprägt vom Schutzzweck und von der praktischen Eignung der Maßnahmen. Das Niveau der Eignung bemißt sich an dem zur Zeit realisierbaren Stand der Technik. Zu berücksichtigen sind dabei nicht nur technische und organisatorische Maßnahmen, sondern zusätzlich bauliche und personelle Vorkehrungen.[209]
Neben dieser allgemeinen Definition enthält die Anlage zu § 9 BDSG einen Maßnahmenkatalog. Insbesondere die Zugangs- (Nr.1), die Datenträger- (Nr.2), die Benutzer- (Nr.4) und die Zugriffskontrolle (Nr.5) richten sich ausschließlich gegen ein Verschaffen von Daten durch unberechtigte Dritte. Darüber hinaus wird ein illegales Verschaffen von Informationen unter anderem auch durch die Speicher- (Nr.3), die Übermittlungs- (Nr.6) und die Transportkontrolle (Nr.9) berücksichtigt.

---

206 Ordemann/Schomerus, § 6 BDSG a.F. Anm.2
207 BT - Drucksache 11/4306, S.43
208 BT - Drucksache 11/4306, S.43. Danach "erfolgten nur redaktionelle Änderungen".
209 Siehe die Kommentierung zur ursprünglichen und gleichlautenden Fassung des § 6 BDSG a.F.: Simitis/Dammann/Dammann, RdNr.26

Die in Ziffer 10 genannte Organisationskontrolle stellt klar, daß neben technischen Vorkehrungen auch organisatorische Maßnahmen zu den Datensicherungen zählen.
Ein Vorzug dieser These ist, daß sich die Anlage zu § 9 BDSG ausdrücklich auf automatische Datenverarbeitung bezieht. Die in der Anlage aufgezählten Sicherungen sind demnach am Schutz von elektronisch verwalteten Informationen ausgerichtet. Eine sich hieran orientierende Auslegung ist nicht belastet mit der Frage, inwieweit die zu § 243 Abs.1 S.2 Nr.2 StGB entwickelte Rechtsprechung zu berücksichtigen ist.
§ 9 BDSG und seine Anlage sind aus diesem Gesichtspunkt für eine auf den Einzelfall bezogene Subsumtion besonders geeignet. Mit den Auslegungskriterien 'Schutzzweck' und 'Stand der Technik' und dem Maßnahmenkatalog werden dem Praktiker für die Subsumtion die bis dahin konkretesten Anhaltspunkte geboten.
Gegen eine Heranziehung von § 9 BDSG und dessen Anlage spricht allerdings, daß die in der Anlage genannten Kontrollen nicht getrennt voneinander zu betrachten sind. Die nach dem Bundesdatenschutzgesetz verpflichteten Personen müssen Maßnahmen ergreifen, die notwendig sind, um alle "zehn Gebote" permanent zu erfüllen. Die Anlage zu § 9 BDSG will deshalb keine Aussage über die Effizienz einzelner Maßnahmen machen, sondern sie stellt auf eine Gesamtwirkung ab.
Entscheidender Einwand ist, daß der in § 9 S.2 BDSG geforderte Schutzzweck im Sinne des Datenschutzes zu interpretieren ist. Die Zielrichtung von Datenschutz und Datensicherung divergieren aber - wie oben gezeigt wurde - ganz erheblich.[210] Diese unterschiedliche Intention wird auch bei den in der Anlage aufgezählten Methoden deutlich.
So sind die Nummern 7 und 8 für eine Auslegung von § 202a Abs.1 StGB ungeeignet. Bei der Eingabekontrolle in Nummer 7 handelt es sich um eine nachträgliche Maßnahme, die ein Verschaffen von Informationen nicht verhindert. Die in Nummer 8 beschriebene Auftragskontrolle will nur den Umfang der Datenverarbeitung beschränken, die Schutzmaßnahme richtet sich allein gegen die Möglichkeit, aus den vorhandenen Daten weitere Informationen abzuleiten.[211]
Die genannten Maßnahmen sichern das in § 202a Abs.1 StGB gewährte Rechtsgut zudem nicht, da sie zu spät eingreifen. Die formelle Verfügungsbefugnis, an-

---

[210] Kilian/Heussen/Gravenreuth, Abschn.106 RdNr.12. Auch der Schutzzweck in § 9 BDSG ist nicht einheitlich. Er orientiert sich an den verschiedenen Möglichkeiten bei der Datenverarbeitung. So ist zusätzlich zwischen Verarbeitung für eigene und fremde Zwecke zu unterscheiden. Siehe Hahne/Kassel, S.23 und siehe die Kommentierung zur ursprünglichen und gleichlautenden Fassung des § 6 BDSG a.F.: Simitis/Dammann/Dammann, RdNr.31.

[211] Siehe die Kommentierung zur ursprünglichen und gleichlautenden Fassung des § 6 BDSG a.F.: Simitis/Dammann/Dammann, RdNr.144ff, 147

dere ausschließen zu können, ist schon verletzt, wenn der Täter aufgrund dieser Vorkehrungen ermittelt wird.
Die in der Anlage aufgeführten Vorkehrungen haben zum Ziel, nur die Person zu schützen, deren persönliche Daten gespeichert sind. Ihre Informationen sollen nicht nur sicher aufbewahrt werden. Das Primärziel von § 9 BDSG und dessen Anlage ist, daß die weitere Verarbeitung der Daten immer nachvollziehbar und damit kontrollierbar bleibt, um Mißbrauch zu verhindern und gegebenenfalls ahnden zu können.[212] Hieraus begründet sich die Anforderung, daß die Kontrollen immer mit dem neuesten Stand der Datenverarbeitung Schritt halten müssen.
Der Schutz des Dateninhabers ist aufgrund dieser Zielrichtung nur eine Nebenwirkung im Sinne eines Rechtsreflexes.

Zu beachten bleibt jedoch, daß erst die Gesamtheit aller in der Anlage genannten Maßnahmen die im Bundesdatenschutzgesetz normierte Voraussetzung der Datensicherung erfüllt. Vorkehrungen sind dagegen nicht geeignet, wenn sie nur einzelnen Kontrollen entsprechen.
Nur bei einem Verzicht auf die einheitliche Betrachtung ist eine Subsumtion der Einzelmaßnahmen möglich. Danach stellen sich die beispielhaft ausgesuchten Maßnahmen wie folgt dar:
- Grundstückseinfriedung mit Pförtner (-)
  Ein Zaun und die mit ihm verbundenen Kontrolle am Eingang eines Firmengeländes ist als Zugangskontrolle im Sinne von Nummer 1 nicht geeignet, einen vorhandenen Computer vor Unberechtigten abzuschirmen, da neben dem Personal der Buchhaltung auch Kunden und Lieferanten auf das Gelände gelassen werden.
- verschließbare Tür zum Computerraum (+)
  Eine mit umfangreichen Schließvorrichtungen versehene Tür dient dem Schutz vor illegalem Betreten der Computerräume im Sinne von Ziffer 1 der Anlage. Der Stand der Technik ist allerdings nur dann erfüllt, wenn die Schließvorrichtungen auch modernen Anforderungen entsprechen. Ein einfaches Sicherheitsschloß wäre demgegenüber nicht ausreichend.
- Tastaturschloß (-)
  Eine Tastatursperre erlaubt zwar den Zugang zu Datenverarbeitungsanlagen zu erschweren, doch sind die in den Standardgehäusen von PC verwendeten Schlösser von einfachster Qualität. Dieser Typus kann mit Hilfe einer Büroklammer geöffnet werden, so daß er nicht dem neuesten Stand der Technik entspricht.
- Paßwort auf Systemebene (+)
  Ein solches Paßwort verhindert zum einen die Eingabe in den Computer im Sinne einer Speicherkontrolle (Nr.3). Zum anderen stellt es eine Beschränkung der Benutzer auf die Zugriffsberechtigten im Sinne von Nummer 5 dar. Um den neuesten Stand der Technik zu wahren, ist das Paßwort regelmäßig zu wechseln.

---

212 Siehe die Kommentierung zur ursprünglichen und gleichlautenden Fassung des § 6 BDSG a.F.: Ordemann/Schomerus, Anm.1.; Simitis/Dammann/Dammann, RdNr.18

- Datenverschlüsselung (+)
Die Kryptographie stellt zumindest eine wirkungsvolle Möglichkeit dar, Schreib- und Lesevorgänge zu vereiteln. Somit fällt diese Maßnahme in die Kategorie der Speicherkontrollen (Nr.3).
- Ausgangskontrolle (+)
Eine solche Maßnahme ist geeignet, Personen daran zu hindern, Datenträger zu entfernen. Es liegt deshalb eine Datenträgerkontrolle im Sinne von Nummer 2 vor.

Keine der aufgezählten Maßnahmen ist geeignet, alle geforderten Kontrollen zu erfüllen. Wollte man an der datenschutzrechtlichen Definition festhalten, so beschränkte sich § 202a Abs.1 StGB auf Großrechenanlagen, die alle Anforderungen erfüllen könnten. Bei partieller Anwendung von § 9 BDSG und dessen Anlage ergibt sich, daß die meisten Arten von Sicherungen tatbestandsmäßig sind. Voraussetzung ist jedoch ein qualitativ hochwertiger Stand der Vorkehrungen. Zudem erlaubt diese Theorie es, auch Sicherungen zuzulassen, die zeitlich erst nach der Tathandlung ihre Wirkung entfalten.

4.3.3.2. § 202 Absatz 2 StGB und § 243 Absatz 1 Satz 2 Nummer 2 StGB

Eine zweite Auffassung stützt sich auf die gleichlautenden Formulierungen in § 243 Abs.1 S.2 Nr.2 StGB und § 202 Abs.2 StGB. Sie dienen als Ausgangspunkt und werden um die Besonderheiten der Computertechnik ergänzt.
Die ersten Veröffentlichungen kurz nach Inkrafttreten des 2. WiKG bevorzugten eine Auslegung, die sich primär an der bestehenden Kasuistik zum Diebstahl orientierte.[213] Die Autoren ließen darüber hinaus aufgrund der neuartigen Technik auch computerspezifische Sicherungen zu.[214] Sie nannten in diesem Zusammenhang den Paßwortschutz und die Datenverschlüsselung.[215] Auslegungsmaßstab für die neue Technik ist in erster Linie ein Vergleich zu der vorhandenen Kasuistik. Hilfsweise wird auf die zu § 243 Abs.1 S.2 Nr.2 StGB und § 202 Abs.2 StGB entwickelten allgemeinen Thesen über die Bestimmung und die Eignung verwiesen.[216] Wesensmerkmal dieser Auslegung war die Beibehaltung kasuistischer Denkweisen.

---

213 Granderath, DB 1986 Beilage Nr.18, S.1, S.2; Haß, S.299, S.312; Lackner, § 202a RdNr.4; Möhrenschlager, wistra 1986, S.128, S.140; Weber, WM 1986, S.1133, S.1135
214 Granderath, DB 1986 Beilage Nr.18, S.1, S.2; Haß, S.299, S.312; Lackner, § 202a RdNr.4; Möhrenschlager, wistra 1986, S.128, S.140
215 Granderath, DB 1986 Beilage Nr.18, S.1, S.2; Lackner, § 202a RdNr.4; Möhrenschlager, wistra 1986, S.128, S.140
216 Deutlich wird diese Reihenfolge bei Lackner (§ 202a RdNr.4). Zuerst zählt er verschiedene mögliche Sicherungsvorkehrungen auf. Im Anschluß daran führt Lackner kurz aus: "Es kommt darauf an, ob die Sicherung geeignet ist, ihren Zweck zu erreichen ... ."

Im weiteren Verlauf griffen andere Autoren diese These auf.[217] Sie erkannten allerdings, daß die zu § 243 Abs.1 S.2 Nr.2 StGB und § 202 Abs.2 StGB entwickelte Kasuistik dem Grunde nach ungeeignet zum Schutz von Informationen ist.[218] Die klassischen Sicherungsmethoden sind nur in einem Teilbereich verwendbar, da sie nur körperliche Datenträger zu schützen. Diese Auslegung greift deshalb auf die in der Literatur und in der Rechtsprechung gemachten abstrakten Aussagen zur Zweckrichtung und Eignung zurück.[219]
Die Interpretation dieser Merkmale verweist auf die schon vorhandenen Thesen. Für die Bestimmung ist danach ausreichend, daß die Datensicherung eine von mehreren Funktionen erfüllt. Allerdings darf der Zweck nicht nur ein Nebeneffekt sein.[220] Auch an die Wirksamkeit einer Sicherung stellt dieser Ansatz keine hohen Anforderung. Die Grenze zu ungeeigneten Sperren ist erst dann erreicht, wenn der Täter die Sicherung ohne weiteres durchbrechen kann.[221]
Diese Auslegung wollte moderne Sicherungsverfahren leichter in den Tatbestand des § 202a Abs.1 StGB einbinden.
Ihr Vorzug ist, daß sie die Einheitlichkeit des StGB wahrt, so daß das Baukastenprinzip Anwendung findet. Aber der Verweis auf das Baukastenprinzip ist nur ein Scheinargument. Weder in der Kasuistik noch in der abstrakten Auslegung ist eine einheitliche und subsumtionsfähige Definition zu finden.[222]
Es besteht deshalb keine fundierte Ausgangsbasis, auf der das Tatbestandsmerkmal des § 202a Abs.1 StGB ausgelegt werden kann.

Ausgehend von der in Kapitel 4.3.1. abgeleiteten groben Aussage ist für die Bewertung der Beispiele festzustellen:
- Grundstückseinfriedung mit Pförtner (+)
  Da diese Auffassung an die Eignung keine hohen Anforderungen stellt, ist ein Zaun zumindest als eine geeignete Schutzvorkehrung zu bezeichnen. Für die Frage der Bestimmung ist entscheidend, ob die Maßnahme als eine unter mehreren Funktionen der Datensicherung dient oder nur als Nebeneffekt einzustufen ist. Da die Einfriedung generell jede Beeinträchtigung der Abläufe innerhalb des Firmengeländes verhindern will, ist auch der Schutz der Daten ein - wenn auch nachrangiges - Ziel der Maßnahmen.[223]

---

217 Schönke/Schröder/Lenckner, § 202a RdNr.7; Schlüchter, 2. WiKG, S.65; Lenckner/ Winkelbauer, CuR 1986, S.483, S.486f
218 Schönke/Schröder/Lenckner, § 202a RdNr.7; Lenckner/Winkelbauer, CuR 1986, S.483, S.486f
219 Gravenreuth, NStZ 1989, S.201, S.206; Lenckner/Winkelbauer, CuR 1986, S.483, S.487
220 Schlüchter, 2. WiKG, S.65; Lenckner/Winkelbauer, CuR 1986, S.483, S.487
221 Schönke/Schröder/Lenckner, § 202a RdNr.7
222 Eine genaue Analyse der in Literatur und Rechtsprechung entwickelten Aussagen ist in Kapitel 4.3.1. enthalten.
223 Eine Parallele zum ablehnenden Zaun-Urteil des Bayerischen Obersten Landesgerichtes kann nicht gezogen werden, denn der Täter muß - im Gegensatz zu dem der bayerischen

- verschließbare Tür zum Computerraum (+)
  Eine verschließbare Tür dient unter anderem der Datensicherung. Auch ein einfaches Schloß entspricht den von § 243 Abs.1 S.2 Nr.2 StGB geforderten Ansprüchen.
- Tastaturschloß (+)
  Die Tastatursperre ist vergleichbar mit einem bei § 243 Abs.1 S.2 Nr.2 StGB anerkannten Vorhängeschloß. Die Wirksamkeit kann zumindest nicht ganz verneint werden, und das Abschließen der Tastatur dient neben der Betriebssicherheit auch der Datensicherung vor Straftaten.
- Paßwort auf Systemebene (+)
  Der Paßwortschutz soll Daten vor Dritten sichern und stellt für jeden Täter eine erhebliche Hürde dar.
- Datenverschlüsselung (+)
  Die Kryptographie dient allein der Abwehr von unberechtigten Personen. Aufgrund der vielfältigen Verschlüsselungsmöglichkeiten ist diese Maßnahme auch nicht ohne weiteres zu überwinden.
- Ausgangskontrolle (-)
  Als nachträgliche Sperre reicht die Ausgangskontrolle nicht aus, um einen Täter daran zu hindern, sich Daten zu verschaffen.

Diese Theorie führt somit dazu, daß organisatorische Maßnahmen nicht tatbestandsmäßig sind. Logische und mechanische Sicherungen sind demgegenüber auch in der einfachsten Form ausreichend.

4.3.3.3. Objektive Strafbarkeitsbedingung

Jähnke[224] und Tröndle[225] knüpfen an die zuletzt dargestellte These an. Von § 202 Abs.2 StGB und § 243 Abs.1 S.2 Nr.2 StGB werden nur die Merkmale der Bestimmung und der Eignung übernommen. Zur Präzisierung der Eignung führen sie zudem aus, daß die vom Berechtigten getroffenen Maßnahmen sich nicht allein gegen Laien wenden dürfen. Eine oft vorhandene fachliche Qualifikation des Täters sei zu berücksichtigen.[226] Andererseits sei ein besonderer Sicherungsgrad nicht erforderlich.[227]
Entscheidender Unterschied zu der vorangegangenen These ist, daß die Autoren auf das subjektive Element verzichten. Danach handelt es sich bei der

---

Entscheidung zugrundeliegenden Sachverhaltes - das Firmengelände betreten, um sich Daten verschaffen zu können. Siehe Kapitel 4.3.1.1.2..
224 Im Leipziger-Kommentar, § 202a RdNr.14
225 In Dreher/Tröndle, § 202a RdNr.7
226 Leipziger-Kommentar Jähnke, § 202a RdNr.15
227 Dreher/Tröndle, § 202a RdNr.7

'besonderen Sicherung' um eine objektive Voraussetzung.[228] Dieses Merkmal ist eine objektive Strafbarkeitsbedingung, denn im Gegensatz zu den persönlichen Strafausschließungs- und Strafaufhebungsgründen, die an die Person des Täters anknüpfen, entfällt die Strafbarkeit für alle Täter beim Fehlen der Sicherung. Da keine strafbare Handlung vorliegt, wenn die 'besondere Sicherung' fehlt, ist das Merkmal als echte Strafbarkeitsbedingung einzustufen. In dieser Form ist sie mit dem Schuldprinzip vereinbar.[229]
Der entscheidende Vorzug dieser Auslegung ist, daß gerade auf der Ebene der logischen Sicherungen eine Vielzahl von Vorkehrungen vorhanden sind, die zwar ausgesprochen wirksam, aber zugleich für den Täter nicht wahrnehmbar sind.[230] Hierzu zählen unter anderem die in vielen größeren Computeranlagen verwendeten 'geteilten' Betriebssysteme.[231] Verlangt man demgegenüber, daß der Vorsatz sich auf die Sicherung zu beziehen hat, so sind diese Vorkehrungen vielfach nicht tatbestandsmäßig.
Gegen eine Interpretation der 'besonderen Sicherung' als objektive Strafbarkeitsbedingung spricht, daß sowohl Gesetzgeber und Rechtsprechung als auch die Li-

---

228 Jähnke schreibt im Leipziger-Kommentar, § 202a RdNr.14: "Dokumentation bedeutet aber nicht, daß die Sicherung möglichen Tätern äußerlich erkennbar sein muß; es genügt wenn sie [die Sicherung (d.V.)] wirksam ist."
Wenn aber die Sicherung äußerlich für den Täter nicht erkennbar ist, so kann ihm jegliche Vorstellung von einer Vorkehrung fehlen. Dies hindert Jähnke aber gerade nicht, eine taugliche Sicherung anzunehmen, wenn die Vorkehrung nur aktiviert ist. Er scheint allerdings die Tragweite seiner Formulierung selbst nicht wahrzunehmen, da er weder auf die Problematik einer objektiven Strafbarkeitsbedingung eingeht, noch bei der Erörterung der subjektiven Tatseite (RdNr.19) Einschränkungen vornimmt.
Ebenso ist bei Tröndle (Dreher/Tröndle, § 202a RdNr.7) nachzulesen: "Auch eine versteckte Sicherung (sog. logische Sperre) kann das Geheimhaltungsinteresse erkennen lassen, denn nur dieses, nicht die Sicherung muß der Täter erkennen können."
Wird einem Täter das Geheimhaltungsinteresse durch eine Sicherung vermittelt, so kann dies nur durch Wahrnehmung der Sperre selbst geschehen. Wird die Vorkehrung nicht erkannt und der Täter kennt das Geheimhaltungsinteresse aus anderen Quellen (z.B. ein Schild), so fehlt auch diesem Täter die Vorstellung, die Daten seien gesichert. Auch Tröndle erkennt die Bedeutung seiner Ausführungen nicht.
229 Jescheck, § 53 I. 2. a)
230 Dreher/Tröndle, § 202a RdNr.7: "Gerade versteckte Sicherungen sind besonders wirksam."
231 Bei einem geteilten Betriebssystem können mehrere Personen gleichzeitig auf einen Computer zugreifen. Dabei wird jedem Anwender nur ein Teil der Kapazität zugewiesen. Der Benutzer merkt nicht, wenn er nicht über das System informiert wurde, daß über den ihm zur Verfügung stehende Bereich hinaus weitere Kapazitäten vorhanden sind. Überwindet der Benutzer die 'Trennwand', so geschieht dies zumeist unabsichtlich und ohne daß der Benutzer dies bemerkt. Für ihn eröffnen sich sodann alle Dateien der Mitbenutzer.

teratur diesen Typus nur in Ausnahmefällen verwenden.[232] Die Ausnahmesituation setzt zum Beispiel voraus, daß eine zu einer abstrakten Gefahr führende Handlung vorliegt, die weitgehend nicht als Störung registiert wird oder die eine Bestrafung als überzogen erscheinen läßt (z.b. § 323a StGB). Deshalb muß ein in der objektiven Strafbarkeitsbedingung liegender Schaden - oder zumindest etwas entsprechendes - hinzutreten, damit es sich um eine strafrechtlich relevantes Unrecht handelt.[233] Ein Schadenselement ist in § 202a Abs.1 StGB nicht enthalten, und auch der Datensicherung ist ein solches Element fremd.

Eine andere Fallgruppe der objektiven Strafbarkeitsbedingung setzt voraus, daß die Norm nur dann anwendbar und ein Verstoß nur dann nachweisbar ist, wenn bei einem Teil der Tatbestandsmerkmale auf die subjektive Ebene verzichtet wird.[234] Bei § 202a Abs.1 StGB entfällt dagegen nur die Tatbestandsmäßigkeit einer Kategorie von Sicherungsmaßnahmen. Es verbleiben darüber hinaus noch eine Vielzahl weiterer Sicherungsmöglichkeiten. Der Anwendungsbereich wird zwar eingeschränkt, aber eben nicht aufgehoben.

Eine der typischen Fallgruppen für eine objektive Strafbarkeitsbedingung liegt deshalb nicht vor.

Zu den beispielhaft ausgesuchten Maßnahmen bleibt festzustellen:
- Grundstückseinfriedung mit Pförtner (+)
  Da zur Zweckbestimmung keine eigenständigen Ausführungen vorgenommen werden, kommt diese These zum selben Ergebnis wie die vorhergehende Deutung, die eng an § 202 Abs.2 StGB und § 243 Abs.1 S.2 Nr.2 StGB anknüpft. Die Wirkungen der ergriffenen Maßnahmen sind nicht nur ein reiner Nebeneffekt. Eine eventuell vorhandene Fachkunde im Bereich der EDV ist für den Täter bei einer solchen Maßnahme ohne Nutzen.
- verschließbare Tür zum Computerraum (+)
  Der Schutzzweck für die Software steht gleichrangig neben dem Schutz der Hardware vor Diebstahl, so daß die Bestimmung dieser Maßnahme ausreicht. Aufgrund der verstärkten Schließvorrichtung ist die Tür geeignet, jeden Täter von den Informationen fernzuhalten.
- Tastaturschloß (+)
  Neben anderen Zielen dient das Abschließen der Tastatur auch der Sicherung der Informationen. Das Überwinden des simplen Schlosses ist unabhängig von der Fachkunde eines Täters, denn das Öffnen ist allein von der Geschicklichkeit und nicht von den Fachkenntnissen abhängig.
- Paßwort auf Systemebene (+)
  Die Verwendung von Paßworten dient auch dem Schutz der gespeicherten Daten. Geeignet ist ein Paßwortschutz, da selbst für einen fachkundigen Täter die Vielzahl von Kombinationsmöglichkeiten ein erhebliches Hindernis darstellt. Dies ist aber nur dann der Fall,

---

232 Maurach/Zipf, StR AT-1, § 21 RdNr.18 m.w.N.
233 Jakobs, 10.Abschn. RdNr.1; Schönke/Schröder/Lenckner, Vorbem. §§ 13ff RdNr.125
234 Wessels, StR AT, § 5 IV. 1.

wenn der Berechtigte nicht gerade das vom Hersteller vorgegebene Paßwort verwendet, denn dies ist in Fachkreisen allgemein bekannt.
- Datenverschlüsselung (+)
Die Kryptographie ist sowohl geeignet als auch dazu bestimmt mögliche Täter von den Informationen fernzuhalten.
- Ausgangskontrolle (-)
Zu der Frage, ob auch nachträglich einsetzende Sicherungen tatbestandsmäßig sind, werden keine Ausführungen gemacht. Allerdings kann aus der sehr engen inhaltlichen Anknüpfung an die herrschende Meinung geschlossen werden, daß nachträgliche Vorkehrungen keine Sicherung im Sinne dieser Auslegung darstellen sollen.

Diese Theorie erlaubt ebenfalls nur den Einsatz von mechanischen und logischen Sicherungen. Wobei in der Ebene der logischen Vorkehrungen nur solche Maßnahmen zugelassen werden, die die mögliche Fachkunde eines Täters berücksichtigt, wohingegen die Qualifikation des Täters bei den mechanischen Sicherungen kaum eine Rolle spielen kann.

4.3.3.4. Engste Auslegung

Kurz nach Inkrafttreten des 2. WiKG setzte sich Leicht[235] allein mit der Frage auseinander, in welcher Form der Begriff 'besonders gesichert' auszulegen sei. Seinen Überlegungen lagen die Funktionselemente Sicherungszweck und -grad zugrunde, wobei dies ausdrücklich kein Rückgriff auf die zu § 243 Abs.1 S.2 Nr.2 StGB und § 202 Abs.2 StGB entwickelten Auslegungen beinhaltet.[236]
Leicht fordert einen erhöhten Sicherungsgrad. Dies setzt eine Vorkehrung voraus, die nicht ohne weiteres zu überwinden ist. Als Maßstab dient sowohl die erhöhte kriminelle Energie als auch die Fachkunde des Täters.[237] Die Sperre muß demzufolge so gestaltet sein, daß der Täter gezwungen wird, von der vom Berechtigten vorgesehenen und gesicherten 'Zugangsart' abzuweichen.[238]
Bei dem Sicherungszweck ist ausschließlich auf den primären Schutzzweck der einzelnen Maßnahmen abzustellen.[239] Alle Vorkehrungen, die demgegenüber andere Funktionen zum Hauptziel haben, sind nicht tatbestandsmäßig. In dieser einschränkenden Auslegung der inhaltlichen Bestimmung der Maßnahmen liegt der wesentliche Unterschied zu den bisher erörterten Theorien.
Leicht ergänzt seine These noch um zwei Aussagen.

---

235 Leicht, IuR 1987, S.45ff
236 Leicht, IuR 1987, S.45, S.46
237 Leicht, IuR 1987, S.45, S.47 und S.49
238 Leicht, IuR 1987, S.45, S.49
239 Leicht, IuR 1987, S.45, S.47

Erstens soll eine Schutzmaßnahme umso eher als tatbestandliche Sperre akzeptiert werden, je näher die Sicherung mit dem Tatobjekt verbunden ist.[240] Diese Aussage erlaubt es, eine weniger wirksame logische Vorkehrung einer sehr wirksamen mechanischen Sicherung gleichzustellen.
Zweitens deutet Leicht den Hinweis des Gesetzgebers auf § 243 Abs.1 S.2 Nr.2 StGB und § 202 Abs.2 StGB als eine Einschränkung des Sicherungsbegriffes. In beiden Normen beschränkt sich der Schutz auf Gegenstände und Schriftstücke, die sich in einem Behältnis befinden. Da das Behältnis in Abgrenzung zum Raum zu sehen ist, schließt Leicht alle Sicherungsmaßnahmen aus, die sich auf einen Raum beziehen.[241] Leicht vertritt deshalb die Auffassung, daß das Prinzip des Closed-Shop-Betriebes[242] nicht als Sicherung im Sinne von § 202a Abs.1 StGB anzuerkennen ist.
Ein Vorteil dieser Auffassung liegt in seiner engen und damit leicht abgrenzbaren Definition. Außerdem erlaubt sie, auf die inhaltlich nur beschränkt anwendbaren Theorien zu § 243 Abs.1 S.2 Nr.2 StGB und § 202 Abs.2 StGB zu verzichten. Dieses Ergebnis wird erreicht durch die Reduzierung des Sicherungszweckes auf die primär angestrebte Zielrichtung. Diese Reduktion soll nach Auffassung von Leicht verhindern, daß Kollisionen mit der Zielrichtung anderer Schutznormen - wie zum Beispiel § 123 StGB - erfolgen.[243]
Dieses Argument kann allerdings nicht überzeugen. Eine Interessenkollision ist dem Strafrecht nicht fremd und wird vom Gesetzgeber per se nicht abgelehnt.[244] Gegen eine inhaltliche Beschränkung des Schutzzweckes spricht zudem, daß kaum eine Sicherung diese Anforderungen erfüllt. Für einen Berechtigten liegt die Gefahr eines Diebstahls der Hardware zumindest ebenso nahe wie die Datenspionage. Die mechanischen Hindernisse werden deshalb nicht mit der Priorität installiert, Daten vor dem Zugriff Dritter zu schützen. Vielmehr stehen sich die Diebstahlssicherung und die Datensicherung gleichrangig gegenüber, so daß die mechanischen Sperren nicht tatbestandsmäßig sind. Beschränkt man sich bei der Betrachtung aller logischen Sicherungen einen Moment auf die betrieblichen Datenbestände, so sind auch diese Sicherungen nicht tatbestandsmäßig. Die Betriebe sind heute zumeist schon abhängig von ihren Computern, so daß sie Sicherungsmaßnahmen mit der Zielrichtung einsetzen, die Betriebssicherheit der Computer-

---

240 Leicht, IuR 1987, S.45, S.47
241 Leicht, IuR 1987, S.45, S.48
242 Beim Closed-Shop-Betrieb wird ein Raum oder ein Gebäude sowohl durch organisatorische als auch mechanische und logische Sicherungen vor dem Eindringen von Unberechtigten geschützt.
243 Leicht, IuR 1987, S.45, S.47 und S.48
244 So können Maßnahmen sehr wohl gleichzeitig als Schutz vor einem Einbruch und vor einer Verletzung des Briefgeheimnisses dienen.

anlagen zu gewährleisten.245 Für ein durchschnittliches Unternehmen ist der Datenverlust mindestens so gravierend wie der Umstand, daß einige Personen ihre Informationen gleichfalls nutzen könnten. Es können schon erhebliche Beeinträchtigungen entstehen, wenn Daten bekannt werden. So kann es zu materiellen Schäden oder zu Imageverlusten kommen. Doch führt ein Datenverlust sogar zum Stillstand jeglicher betrieblicher Tätigkeit mit der Folge weitreichender Einbußen. Der Schutz vor dem Verlust ist somit ein mindestens gleichrangiger Beweggrund, um Sicherheitsvorkehrungen einzuführen. Daß dies auch das 'Ausspähen von Daten' erschwert, hat deshalb selbst bei logischen Sicherungen keine Priorität. Für private Datensammlungen gelten diese Erwägungen mit Einschränkungen ebenfalls.

Es verbleiben nach dieser Auffassung nur die Sicherungen, die nicht darauf ausgerichtet sind, einen vorsätzlichen oder fahrlässigen Datenverlust zu verhindern. Auch die Ablehnung von Raumsicherungen ist nicht gerechtfertigt, da im Gegensatz zu § 243 Abs.1 S.2 Nr.2 StGB und § 202 Abs.2 StGB der Tatbestand des § 202a Abs.1 StGB gerade ein Behältnis nicht erwähnt. Der Gesetzeswortlaut bezieht sich allein auf 'besonders gesichert'. Eine Verknüpfung von Sicherung und Behältnis ist nicht in den Materialien enthalten.246 Ein genereller Ausschluß des Closed-Shop-Prinzipes wird der heute schon bestehenden Sachlage nicht gerecht.

Zu den beispielhaft ausgesuchten Maßnahmen bleibt festzustellen:
- Grundstückseinfriedung mit Pförtner (-)
  Primärzweck einer solchen Maßnahme ist nicht der Schutz von Informationen. Bei der Abschirmung eines ganzen Firmengeländes steht die Diebstahlssicherung im Vordergrund.
- verschließbare Tür zum Computerraum (-)
  Aufgrund der von Leicht gemachten Einschränkungen ist eine Tür als Raumsicherung nicht tatbestandsmäßig.
- Tastaturschloß (-)
  Ein Tastaturschloß dient nicht allein dazu, anderen die Möglichkeit zu nehmen, sich Daten zu verschaffen. Ebenso entscheidend, wenn nicht wichtiger, ist der Schutz vor dem Verlust von Informationen. Eine Priorität ist beim Tastaturschloß deshalb nicht zu erkennen.
- Paßwort auf Systemebene (-)
  Ebenso wie beim Tastaturschloß wird der Paßwortschutz nicht primär zur Datensicherung im Sinne der eingeschränkten strafrechtlichen Definition eingesetzt.247
- Datenverschlüsselung (+)
  Die Verschlüsselung dient allein dazu, anderen den Zugang zu Daten erheblich zu erschweren.

---

245 Welp, IuR 1987, S.353, S.353
246 BT - Drucksache 10/5058, S.29
247 Leicht (IuR 1987, S.45, S.50) kommt selber zu einem anderen Ergebnis. Er führt allerdings nicht aus, wie er den von ihm geforderten primären Sicherungszweck bejahen will.

- Ausgangskontrolle (-)
Als nachträgliche Sicherung ist die Ausgangskontrolle ungeeignet.

Diese Theorie führt somit dazu, daß die Auslegung nur ganz spezielle - dem Grunde nach nur wenige logische - Sicherungen zuläßt.

4.3.3.5. Zusammenfassung

Keine der in der Literatur vertretenen Auslegungen kann überzeugen. Sie alle greifen die Kriterien der Zweckbestimmung und Eignung auf, können diese Merkmale aber nicht in überzeugender Weise konkretisieren. Zumindest die zuletzt erörterten Ausführungen von Leicht zeigen die Möglichkeit auf, den Begriff der 'besonderen Sicherung' ganz neu und ohne die Erblast der § 243 Abs.1 S.2 Nr.2 StGB und § 202 Abs.2 StGB zu definieren. Die dem Grunde nach richtigen Ansätze führen allerdings aufgrund einer falsch verstandenen Restriktion des Tatbestandes zu einem völlig unpraktikablen Ergebnis.

Eine sowohl der Praxis als auch der juristischen Normlehre gerecht werdende Definition ist somit nur über die Regeln der Auslegung zu erlangen.

4.3.4. Auslegung

Die Auslegung führt zu dem für die Subsumtion notwendigen Obersatz. Sie beruht auf einem dialektischen Verhältnis von abstraktem Gesetz und konkretem Sachverhalt.[248] Die Auslegungsmethoden werden in vier Einzelschritte unterteilt. Der erste Schritt ist die Analyse des Wortlautes; ihr schließt sich die Auslegung anhand des systematischen Gesetzesaufbaues an. Als dritter Schritt ist der Wille des Gesetzgebers zu ermitteln, und als letztes stellt sich die Frage nach dem gegenwärtigen Sinn der Norm.[249] Diese Prüfungsreihenfolge erlaubt es, alle Argumente schrittweise zu erarbeiten,[250] wobei die Summe aller Erwägungen zu einem auf die aktuelle Zeit bezogenen "objektivierten Willen des Gesetzgebers"[251] führt.

---

[248] Engisch, S.26f und S.37; Jescheck, § 17 II. 2.
[249] Leipziger-Kommentar Tröndle, § 1 RdNr.41; BGHSt 29, S.204, S.206
[250] Jescheck, § 17 IV. 1.b)
[251] BVerfGE 1, S.299, S.312

4.3.4.1. Grammatische Auslegung

Grundlage einer grammatischen Auslegung ist die Deutung des Wortlautes. Zu unterscheiden ist beim Wortlaut zwischen der Umgangssprache und der, unter Umständen abweichenden, Rechtssprache. Maßgebend ist für eine Wortlautauslegung die Umgangssprache. Ihre vieldeutige und emotionale Ausprägung ist unter Berücksichtigung der speziellen Anwendung auf technisch klare Begriffe zurückführen, wobei der Wortlaut bisweilen verengt oder erweitert wird.[252] Der Wortlaut bildet zugleich die Grenze zur unzulässigen Analogie.[253]
Die Umgangssprache bezeichnet eine Sicherung als Maßnahme zum Schutz eines bedrohten Objektes. Die Vorkehrung muß in der Lage sein, den versprochenen Schutz zu bieten.
Der Sicherungsbegriff ist deshalb durch die Elemente Zielrichtung und Eignung zu ersetzen. Diese Worte stellen keinen Rückgriff auf die schon erörterten Thesen bei § 243 Abs.1 S.2 Nr.2 StGB und § 202 Abs.2 StGB dar. Vielmehr sind die Begriffe 'Bestimmung' und 'Eignung' dem Wort 'Sicherung' immanent. Sie umschreiben sowohl die objektive als auch die subjektive Komponente.
Auf der objektiven Ebene ist zu prüfen, ob die getroffenen Maßnahmen in der Lage sind, einen Schutz gegen einen Angriff zu gewährleisten. Die Eignung ist deshalb die Frage nach der objektiven Wirksamkeit einer Vorkehrung. Eine Sicherung ist aber nur dann wirksam, wenn sie für einen Täter eine Hürde darstellt. Deshalb ist allein schon dem Wort Sicherung zu entnehmen, daß solche Maßnahmen ausscheiden, die für einen Täter nur ein unerhebliches Hindernis darstellen. Diese Einschränkung ergibt sich demzufolge schon aus dem Element der Eignung einer Sicherung und nicht erst aus dessen Besonderheit.[254] Schon der Wortlaut verlangt somit eine zumindest durchschnittliche Sicherung. Umgekehrt leitet sich aus der Wirksamkeit nicht ab, daß eine Vorkehrung vollständig und allumfassend sein muß. Der Ausdruck Sicherung ist nicht gleichbedeutend mit 100 %iger Sicherheit.
Das subjektive Element der Bestimmung stellt ab auf den Willen des Rechtsgutsträgers. Ihm oder einer von ihm bevollmächtigten Person obliegt es, für den Schutz des Tatobjektes zu sorgen. Erst durch diesen gedanklichen Akt wird aus

---

252 Leipziger-Kommentar Tröndle, § 1 RdNr.42; Otto, Allgemeine Strafrechtslehre, S.32 Schönke/Schröder/Eser, § 1 RdNr.37; a.A.: Jescheck, § 17 IV. 1.a): Seines Erachtens ist die Rechtssprache der Anknüpfungspunkt. Er verkennt allerdings, daß es immer noch die Umgangssprache ist, mit der sich der Bürger das abstrakte Gesetz erschließt. Zudem ist dieser Streit eher akademischer Natur, denn beide Auffassungen kommen im konkreten Anwendungsfall zunächst zum selben Ergebnis.
253 Baumann/Weber, § 13 I. 3.d); Maurach/Zipf, StR AT-1, § 9 RdNr.8
254 Bei der zu § 243 Abs.1 S.2 Nr.2 StGB in Kapitel 4.3.1.1. dargestellten These ist diese Aussage sowohl für die Rechtsprechung als auch für einen Großteil der Literatur erst das Resultat einer 'besonderen' Sicherung.

einem tatsächlichen Hindernis eine auf das Tatobjekt bezogene tatbestandliche Sicherung. Entscheidend für die Zweckbestimmung ist deshalb die gedankliche Verbindung von Tatobjekt und Schutzvorkehrung. Somit scheiden solche Hindernisse aus, die ihrer Natur nach den Zugang erschweren, aber gleichwohl nicht als Sicherung eingeführt wurden. So erschwert zwar der Umstand, daß die Daten nicht wahrnehmbar sind, einem Täter das Auffinden konkreter Informationen, die Maskierung liegt aber in der Natur des Tatobjektes und stellt deswegen keine Sicherung dar.[255]

Die Frage, ob der Berechtigte das bedrohte Objekt sichern will, kann er nur alternativ mit "Ja" oder "Nein" beantworten. Hiervon zu trennen ist aber, daß mit einer Sicherung verschiedene Ziele verfolgt werden können. Zu unterscheiden sind dabei Maßnahmen die primär, gleichrangig oder nachrangig das Tatobjekt schützen sollen. Allein das Element der Zweckbestimmung rechtfertigt allerdings nicht, daß bei der Zielrichtung einer Sicherung im Sinne von § 202a Abs.1 StGB nur gleichrangige oder gar primäre Zwecke zu berücksichtigen sind.

Mögen auch in der Umgangssprache die Elemente Sicherungszweck und -grad nicht geläufig sein, so bestehen doch zwischen dem allgemeinen Sprachgebrauch und der juristischen Einordnung des Wortes 'Sicherung' inhaltlich kaum Unterschiede.

Eine Einbeziehung der Informationen als Tatobjekt führt dagegen zu einer allumfassenden Deutung, die eingeengt werden muß.[256]

Beim Begriff der Datensicherung handelt es sich aus juristischer Sicht ebenfalls um einen Terminus der Umgangssprache. Eine juristische Prägung hat dieser Ausdruck auch noch nicht durch das Bundesdatenschutzgesetz erlangt, denn es greift den Begriff Datensicherung gerade nicht auf.[257] Die Wortdeutung aus der Informatik oder den Wirtschaftswissenschaften umfaßt faktisch jeden Angriff auf Soft- oder Hardware.[258] Ein strafrechtlich relevanter Schutz muß dagegen weder zufällige oder fahrlässige Einflüsse berücksichtigen, noch sind Tathandlungen zu pönalisieren, die das Löschen, die Ergänzung oder das Fälschen zum Ziel haben. Eine Datensicherung im Sinne von § 202a Abs.1 StGB muß sich deshalb nur auf die vorsätzliche Preisgabe von Informationen und Programmen beziehen, wodurch der schon in den siebziger Jahren entwickelte Terminus der Datensicherung erheblich reduziert wird.

Zu beachten bleibt, daß das Gesetz eine *besondere* Sicherung verlangt. Der Sicherungsbegriff wird somit in einem seiner Elemente eingeschränkt. Welche Komponente einer Vorkehrung eingeengt werden soll, läßt sich aus dem Wortlaut

---

255 Welp, IuR 1987, S.353, S.353
256 Zur ausführlichen Erörterung des Begriffes der Datensicherung siehe Kapitel 4.3.2..
257 Siehe Kapitel 4.3.2.3..
258 Siehe hierzu die Grafiken in Kapitel 4.3.2.1. und 4.3.2.2..

nicht eindeutig ermitteln. Das Wort 'besonders' könnte sowohl die Bestimmung auf gleichrangige oder primäre Ziele als auch die Sicherung auf besonders geeignete Maßnahmen reduzieren.

Aufgrund der grammatischen Auslegung bleibt festzuhalten, daß der Sicherungsbegriff auf den subjektiven Ausdruck des Sicherungszweckes und den objektiven Sicherungsgrad zurückzuführen ist, wobei die Anforderungen der 'besonderen' Sicherung das Niveau verschärfen. Ob und inwieweit sich das Tatbestandsmerkmal 'besonders' auf beide Elemente des Sicherungsbegriffs auswirkt, läßt sich allein aus dem Wortlaut nicht ableiten.

Schon aus dem Wortlaut ergibt sich demzufolge für die praktische Anwendung, daß rein organisatorische Maßnahmen für die Datensicherung ungeeignet sind, da sie objektiv kein Hindernis darstellen.

4.3.4.2. Systematische Auslegung

Ansatz einer systematischen Auslegung ist die Grundaussage, daß ein Gesetz eine Einheit darstellt. Alle darin enthaltenen Normen sind aus diesem Grund nicht isoliert zu betrachten, sondern sind im gesetzlichen Kontext aller Vorschriften zu sehen.[259] Aus ihrer Stellung im Gesetz lassen sich Aussagen über die Tatbestandsmerkmale ableiten. Voraussetzung ist allerdings, daß das Gesetz einheitlich und systematisch gegliedert ist.[260] Einer systematischen Deutung muß deshalb eine Analyse des Normenzusammenhanges vorausgehen.[261]
Werden Vorschriften später in das Gesetz aufgenommen, ist unter Umständen auch aus deren systematischem Aufbau eine Deutung möglich.
Als Teil des 2. WiKG wurde § 202a in das StGB eingeführt. Der Gesetzgeber setzte das bis dahin nur in der Literatur aufgearbeitete Problem der Computerkriminalität in strafrechtliche Normen um. Namentlich wurden neben § 202a StGB der Computerbetrug (§ 263a StGB), die Datenveränderung (§ 303a StGB), die Datensabotage (§ 303b StGB) und die Fälschung beweiserheblicher Daten (§ 269 StGB n.F.) verabschiedet. Auffällig ist, daß weder die bei den Eigentums- und Vermögensdelikten angesiedelten Vorschriften noch die nichtvermögensrechtliche Norm des § 269 StGB voraussetzen, daß das Tatobjekt zu sichern ist. Diese Zusammenstellung zeigt, daß neben der sehr wichtigen Aufgabe, die Computerkriminalität in allen ihren relevanten Erscheinungsformen zu bekämpfen, weitere Erwägungen bei der Formulierung von § 202a StGB maßgebend waren.

---

259 Otto, Allgemeine Strafrechtslehre, S.33; Schönke/Schröder/Eser, § 1 RdNr.39
260 Jescheck, § 17 IV. 1.a); Maurach/Zipf, StR AT-1, § 9 RdNr.17
261 Leipziger-Kommentar Tröndle, § 1 RdNr.45

Das 2. WiKG wollte offensichtlich computermäßig erfaßte Informationen nicht generell schützen. Somit läßt sich aus dem Zusammenhang der neu in das StGB aufgenommenen Paragraphen nur ermitteln, daß es spezielle Beweggründe gab, nur das Verschaffen gesicherter Daten unter Strafe zustellen.
Ein möglicher Grund für diese Beschränkung auf besonders gesicherte Tatobjekte kann in der systematischen Einordnung des § 202a StGB liegen.
§ 202a StGB wurde in den bestehenden Straftatenkatalog des 15. Abschnittes mit der Überschrift "Verletzung des persönlichen Lebens- und Geheimnisbereiches" eingefügt. Ziel des neuen Gesetzes ist es, elektronisch verwaltete Informationen zu schützen. Die angrenzenden §§ 201 und 202 StGB schützen das gesprochene - und damit vergängliche - Wort vor einer Aufzeichnung sowie jede Art der Aufzeichnung vor Indiskretionen. Die §§ 203 und 204 StGB gewährleisten den Schutz persönlicher oder geschäftlicher Geheimnisse. Allen Normen des 15. Abschnittes - sowohl den alten als auch dem neu hinzugekommenen § 202a StGB - liegt der Schutz eines kontrollierten Erkenntnisaustausches zugrunde. Verallgemeinernd ist das wesentliche Bindeglied aller Normen die Entscheidungsfreiheit einer Person, die Informationen kennt, besitzt oder weitergeben möchte. Ohne den Willen des Berechtigten sollen Informationen nicht an Fremde herangetragen werden.
Insoweit besteht ein systematischer Zusammenhang zwischen allen Normen des 15. Abschnittes, der es erlaubt, eine Auslegung nach diesen Gesichtspunkten vorzunehmen. Demgegenüber besteht kein systematischer Zusammenhang zu § 243 StGB, denn § 202a Abs.1 StGB ist eben keine Norm gegen Datendiebstahl.[262]

Wie schon ausgeführt, knüpft nur § 202 Abs.2 StGB an ein besonders gesichertes Tatobjekt an. Diese wortwörtliche Parallele zu § 202a Abs.1 StGB ist allerdings nur von sehr geringem Wert, da über die Elemente der Eignung und Bestimmung hinaus keine scharfen Abgrenzungskriterien bei § 202 Abs.2 StGB entwickelt worden sind.[263] Soweit man überhaupt von einer Auslegung des Begriffes bei § 202 Abs.2 StGB sprechen kann und nicht nur auf § 243 Abs.1 S.2 Nr.2 StGB verweist, sind die Anforderungen sehr niedrig. Aus § 202 StGB lassen sich deshalb keine Aussagen herleiten, die bei der Deutung des einschränkenden Tatbestandsmerkmales 'besonders' gesichert von Hilfe sein können.
Zudem stellt sich die Frage, ob § 202a StGB inhaltlich nur an § 202 StGB anknüpft. Die neu aufgenommene Norm schützt nicht wahrnehmbare Informationen in gespeichertem und übertragenem Zustand. Sind die Informationen zwar gespeichert aber wahrnehmbar, liegt ein Anwendungsfall des § 202 StGB vor. Zu-

---

262 Siehe die Ausführungen zum Rechtsgut in Kapitel 3.2.4..
263 Siehe Kapitel 4.3.1.2..

gleich läßt sich für die nichtwahrnehmbaren Informationen, die übertragen werden, eine Parallele zum gesprochenen Wort herleiten. Werden Daten übermittelt, so ist dies mit einem Telefongespräch vergleichbar, und da auf Ferngespräche der Schutz des vertraulich gesprochenen Wortes im Sinne von § 201 StGB seine Anwendung findet,[264] lassen sich auch Parallelen zwischen § 201 und § 202a StGB erkennen. In diesem Zusammenhang ist zu beachten, daß § 201 StGB kein geschütztes Tatobjekt voraussetzt.

Allein aus der systematischen Überlegung heraus wäre deshalb bei § 202a Abs.1 StGB zwischen verschiedenen Zuständen zu differenzieren. Zum einen gäbe es die gespeicherten Daten, die nur dann geschützt würden, wenn sie - in Anlehnung an § 202 StGB - gesichert vorlägen, und zum anderen die im Übertragungszustand befindlichen Informationen, die - in Anlehnung an § 201 StGB - auch ohne jede Sicherung vorstellbar sind. Da der Tatbestand des § 202a Abs.1 StGB jedoch diese Unterscheidung nicht vornimmt, rechtfertigt sich das Merkmal einer Sicherung nicht allein aus der Parallele zu § 202 Abs.2 StGB.

Allein die systematische Stellung im 15. Abschnitt des StGB kann deshalb nicht erklären, weshalb das Gesetz das Tatobjekt auf besonders gesicherte Daten beschränkt. Aus dem Zusammenhang aller mit dem 2. WiKG verabschiedeten Normen ist auch kein systematischer Grund für einen reduzierten Anwendungsbereich zu sehen. Eine Auslegungshilfe bei der Frage, an welchen Bezugspunkt die Besonderheit der Sicherung anknüpft, fehlt ebenfalls.

4.3.4.3. Historische Auslegung

Der wirkliche Wille des Gesetzgebers ist entscheidend für die historische Interpretation. Aus dem geschichtlichen Zusammenhang der Gesetzgebung lassen sich Beweggründe ermitteln, die für die Wahl einer konkreten Formulierung ausschlaggebend sind.[265] Maßgebliches Werkzeug für die historische Deutung sind die oft auch als Motive bezeichneten Gesetzesmaterialien.[266]
Die als Bundestagsdrucksache 10/5058 veröffentlichten Materialien zum 2. WiKG führen zum Merkmal der besonderen Sicherung in § 202a Abs.1 StGB aus:

"Geschützt werden damit nicht alle Daten vor Ausspähung, sondern nur diejenigen, die 'besonders gesichert sind', d.h. solche, bei denen der Verfügungsberechtigte durch seine Sicherung sein Interesse an der 'Geheimhaltung' dokumentiert."[267]

---

264 Dreher/Tröndle, § 201 RdNr.2; Lackner, § 201 RdNr.3
265 Baumann/Weber, § 13 I. 2.b); Jescheck, § 17 IV 1.b); Schönke/Schröder/Eser, § 1 RdNr.45
266 Jescheck, § 17 IV. 1.b)
267 BT - Drucksache 10/5058, S.29

Nach der Vorstellung des Gesetzgebers soll die Sicherung einem Täter das Erhaltungsinteresse des Rechtsgutsträgers vermitteln. Diese Dokumentationsfunktion gegenüber dem Täter erreicht das Gesetz, indem es die tatbestandlich relevanten Daten auf 'besonders gesicherte' Tatobjekte begrenzt. Dieses Ziel läßt sich nicht allein durch das Merkmal 'Daten, die nicht für den Täter bestimmt sind' erfüllen, da die 'Bestimmung' der Daten ein für Außenstehende nicht erkennbarer innerlicher Willensakt ist. Die Bestimmung der Daten kann somit nicht Träger der Dokumentationsfunktion sein. Nur eine für jeden nach außenhin erkennbare Maßnahme bringt diesen Willen zum Ausdruck. Zudem sind die Aussagen, die Daten seien nicht für den Täter bestimmt und der Berechtigte wolle durch eine Sicherung sein Erhaltungsinteresse aufzeigen, nicht identisch. Setzt die Bestimmung einen willentlichen Akt voraus, so fordert das Erhaltungsinteresse vom Berechtigten die Ergreifung geeigneter Maßnahmen. Die in der besonderen Sicherung enthaltene Dokumentationsfunktion stellt somit ein "mehr" gegenüber der Bestimmung dar.

Diese den subjektiven Teil des Sicherungsbegriffes berührende Frage beeinflußt deshalb das Kriterium des Sicherungszweckes. Die Dokumentationsfunktion muß einen eigenständigen Stellenwert haben, um die vom Gesetzgeber geforderte Aufgabe erfüllen zu können. Aus diesem Grund ist der Sicherungszweck nicht erfüllt, wenn die Sicherung nur nachrangig die Informationen vor einem Verschaffen Dritter schützt. Der aufzuzeigende Wille des Berechtigten würde hinter andere Erwägungen zurücktreten und somit kein ausreichender Träger der Dokumentationsfunktion sein.[268] Der Wille des Gesetzgebers reduziert die Bandbreite möglicher Zielrichtungen einer Sicherung. Von einer besonderen Sicherung ist demnach nur zu sprechen, wenn der Schutz der Daten vor Verschaffen zumindest gleichrangiger Zweck einer Vorkehrung ist.

Diese über den Wortsinn des Sicherungsbegriffes hinausgehende Einschränkung läßt sich inhaltlich dem Wort 'besonders' zuordnen.

Darüber hinaus ist im selben Absatz weiter nachzulesen:

"Zur Auslegung des Begriffs 'besonders gesichert' kann auf die Regelung in § 202 Abs.2 StGB (vgl. auch § 243 Abs.1 Nr.2 StGB) zurückgegriffen werden."[269]

---

268 Aus dieser Argumentation ergibt sich für § 243 Abs.1 S.2 Nr.2 StGB, daß die Stimmen, die beim besonders schweren Fall des Diebstahles auf das Erhaltungsinteresse als Strafgrund abstellen, nicht gleichzeitig auch eine nachrangige Schutzfunktion als ausreichend bestimmt im Sinne einer Diebstahlssicherung ansehen dürften.
Dies aber geschieht gerade in der Rechtsprechung: BayObLG, NJW 1973, S.1205, S.1205; BGH, NJW 1974, S.567, S.567; OLG Hamm, NJW 1978, S.769, S.769 und in der Literatur: Arzt/Weber, LH 3, RdNr.191; Leipziger-Kommentar Ruß, § 243 RdNr.18 und Wessels, StR BT-2, § 3 II 2..
269 BT - Drucksache 10/5058, S.29

Der Verweis auf die schon bestehenden und gleichlautenden Formulierungen ist allgemein gehalten und knüpft an die bestehenden Erläuterungen an, wobei sich aufgrund der mangelhaften Auslegung dieses Merkmales in der Literatur und der Rechtsprechung die Frage stellt, worauf genau zurückgegriffen werden soll. Da der Gesetzgeber auf die Bedeutung des Erhaltungsinteresses im einzelnen eingegangen ist, kann dieser Verweis nur die Übernahme weiterer Aspekte beinhalten. Aus dem zu den § 202 Abs.2 StGB und § 243 Abs.1 S.2 Nr.2 StGB Hergeleiteten lassen sich drei verschiedene Anknüpfungspunkte aufzeigen. Bezugspunkt für den Gesetzgeber könnten sowohl die Kasuistik, die Elemente Zweckbestimmung und Eignung als auch die hinter den Normen stehende Erwägung über ein erhöhtes Maß an krimineller Energie sein. Ob der Gesetzgeber mit seinem Hinweis einzelne oder alle dieser Erwägungen zum Gegenstand seiner Interpretation machen wollte, ist aus seiner kurzen Überleitung nicht zu entnehmen. Aussagen hierzu sind nur Mutmaßungen.

Anzumerken bleibt, daß keine der Überlegungen bei der Deutung des Tatbestandsmerkmales hilfreich ist. Insbesondere fehlt ein Anhaltspunkt für die Interpretation des Wortes 'besonders'.

Eine Überleitung der vorhandenen Kasuistik scheitert an den verschiedenartigen Aufgaben. Soll bei § 202a Abs.1 StGB die Sicherung ein Verschaffen von nicht wahrnehmbaren Informationen verhindern, so stellt § 202 Abs.2 StGB auf die Kenntnisnahme von Aufzeichnungen ab. Eine umfangreiche - wenn auch nicht überzeugende - Kasuistik ist zudem nur bei § 243 Abs.1 S.2 Nr.2 StGB vorhanden. Schon eine Übertragung dieser Beispiele auf § 202 Abs.2 StGB scheitert, denn nicht jede Sicherung gegen Wegnahme ist auch gegen Kenntnisnahme wirksam.[270] Außerdem fänden computerspezifische Sicherungsmethoden hiernach keine Berücksichtigung. Aus diesen Gründen kann dem Gesetzgeber wohl unterstellt werden, daß der Hinweis auf § 202 Abs.2 StGB sich nicht auf die Kasuistik bezieht.

Eine Anknüpfung des Gesetzgebers an die inhaltlich nicht näher bestimmten Elemente Zweckbestimmung und Eignung ist grundsätzlich denkbar. Diese Kriterien ergeben sich aber schon aus der Auslegung des Wortes 'Sicherung' und sind deshalb keine spezifische Verknüpfung von § 202a Abs.1 StGB zur Verletzung des Briefgeheimnisses oder zum besonders schweren Fall des Diebstahls.

Auch die Bezugnahme auf den Strafschärfungsgrund bei § 243 Abs.1 S.2 Nr.2 StGB führt zu keinem konkret feststellbaren Willen des Gesetzgebers. Ausgangspunkt für ein erhöhtes Maß an krimineller Energie ist die unterschiedliche Bewertung des Unrechtes beim Diebstahl. Anknüpfend an das Grunddelikt wird erst beim Vorliegen des Strafschärfungsgrundes das Regelbeispiel bejaht. Der Tatbestand des § 202a Abs.1 StGB stellt demgegenüber das Grunddelikt dar, so daß

---

[270] Schönke/Schröder/Lenckner, § 202a RdNr.7; Lenckner/Winkelbauer, CuR 1986, S.483, S.486f

für die Feststellung eines erhöhten Maßes an krimineller Energie eine Basis fehlt, von der aus sich das 'einfache' Maß bestimmen ließe. Aber auch wenn man jedes Verschaffen von Daten, die nicht für den Täter bestimmt sind, zugrundegelegt, ist der Strafschärfungsgrund nicht geeignet, die Worte 'besonders gesichert' zu umschreiben.[271] Der Grund für die Strafschärfung beschreibt den Täter und dessen Motivation.[272] Es sind demgegenüber bei § 202a Abs.1 StGB Täter vorstellbar, die, obgleich sie keine Sicherung vor sich haben, ein sehr starkes Interesse an der Erlangung von Informationen haben. Umgekehrt sind die Hacker[273] nur daran interessiert, vorhandene Sicherungen zu überwinden, ohne daß sie auch nur mit 'einfacher Energie' nach Daten streben. Abstrakt läßt sich sagen, daß das Tatbestandsmerkmal der 'besonderen Sicherung' sich allein auf das Tatobjekt und nicht auf den Täter bezieht. Der bei § 243 Abs.1 S.2 Nr.2 StGB entwickelte Strafschärfungsgrund ist als subjektive Bewertung der Motivation eines Täters zur Deutung eines objektiven Merkmales ungeeignet. Somit ist auch das erhöhte Maß an krimineller Energie kein geeignetes Kriterium zur Auslegung der 'besonderen Sicherung'.

Folglich ergibt sich aus allen bekannten Erwägungen, die aus dem Verweis auf § 202 Abs.2 StGB und § 243 Abs.1 S.2 Nr.2 StGB ableitbar sind, kein konkreter Deutungsansatz für einen gesetzgeberischen Willen. Aus diesem Grund ist der von fast der gesamten Literatur[274] übernommene Verweis ungeeignet für die historische Auslegung.

Wenig hilfreich ist auch ein weiterer Verweis in den Motiven. Der Gesetzgeber strich den alten § 202 Abs.3 StGB, der neben Briefen auch andere zur Gedankenübermittlung bestimmte Träger umfaßte. Der Gesetzgeber führte aus, daß eine Ergänzung des Absatzes 3 bei § 202 StGB nicht ausreiche und daß alle bis dahin geschützten Daten unter den Schutz des neu geschaffenen § 202a StGB fallen sollten.[275] § 202 Abs.3 StGB a.F. schützte gespeicherte Daten nur, wenn sie gemäß § 202 Abs.2 StGB besonders gesichert waren. § 202a StGB sollte diese Aufgabe seit Verabschiedung des 2. WiKG übernehmen. Der frühere Aufgabenbereich läßt sich allerdings nur überleiten, wenn die Tatbestandsmerkmale bei § 202 Abs.2 StGB und § 202a Abs.1 StGB in gleicher Weise auszulegen sind.

---

271 Dies aber behauptet gerade Leicht, IuR 1987, S.45, S.47
272 Siehe Kapitel 4.3.1.1.1. Unterabschnitt Allgemeines.
273 Zu diesem Personenkreis siehe Kapitel 8.1..
274 Bühler, MDR 1987, S.448, S.453; Granderath, DB 1986 Beilage Nr.18, S.1, S.2; Haß, S.299, S.312; Lackner, § 202a RdNr.4; Möhrenschlager, wistra 1986, S.128, S.140 und Weber, WM 1986, S.1133, S.1135
275 BT - Drucksache 10/5058, S.28. Für eine ausführliche Darstellung des § 202 Abs.3 StGB a.F. und dessen Auslegungsschwierigkeiten siehe Kapitel 2.2.5.2..

Weitere Hinweise auf eine konkrete Deutung des Merkmals enthalten die Materialien zu § 202 Abs.3 StGB allerdings nicht, so daß diese Aussage in den Motiven keine neuen Erkenntnisse beinhaltet.

Neben diesen pauschalen und inhaltsleeren Verweisen läßt sich nur aus der ausdrücklichen Erwähnung des Erhaltungsinteresses eine konkrete Aussage aus den veröffentlichten Gesetzesmaterialien ableiten.
Als letzte mögliche Deutung dieser Verweise bliebe allein die Aussage, der Gesetzgeber wolle die sehr ausgedehnte Praxis zu § 243 Abs.1 S.2 Nr.2 StGB übernehmen und damit faktisch jede Sicherung anerkennen. Diese Interpretation steht jedoch mit dem vom Gesetzgeber selber hervorgehobenen Erhaltungsinteresse im Widerspruch.

Neben den veröffentlichten Gesetzesmaterialien existieren Protokolle von Sachverständigenanhörungen zu § 202a StGB, die geeignet sind, die historische Auslegung zu konkretisieren.
Zu Recht warnen Rechtsprechung und Literatur davor, neben den als offizielle Materialien bezeichneten Veröffentlichungen des Gesetzgebers auch andere Kommissions- oder Parlamentsniederschriften zur Auslegung heranzuziehen.[276] Die Aussagen von Einzelpersonen oder Gruppen sind nicht gleichbedeutend mit dem Willen des Gesetzgebers.[277] Eine Einbeziehung solcher Einzeläußerungen in die historische Interpretation ist nur im Ausnahmefall zulässig. Unter der Voraussetzung, daß die Parlamentarier die Ideen von Einzelpersonen aufgriffen und inhaltlich verarbeiteten, sind diese Aussagen ebenfalls ein Teil des gesetzgeberischen Willens.[278]
Bei der Auslegung des Tatbestandsmerkmales 'besonders gesichert' ist auf die Entstehungsgeschichte und insbesondere auf die Aussage des Sachverständigen Sieber zurückzugreifen, denn der Gesetzgeber hat selbst in den Materialien zum 2. WiKG den generellen Bezug zur Sachverständigenanhörung geschaffen[279]. Darüber hinaus knüpfen die Erläuterungen zu § 202a StGB ausdrücklich auf die mündlichen Ausführungen des Sachverständigen Sieber vor dem Rechts- und Innenausschuß und dessen schriftliches Gutachten an:
"Ausgangspunkt waren in der öffentlichen Anhörung erhobene Forderungen, strafrechtlich das 'unbefugte Abhören und Anzapfen von Datenübertragungssystemen' bzw. den

---

276 BGHSt 26, S.156, S.160; Leipziger-Kommentar Tröndle, § 1 RdNr.44; a.A.: Weber (Baumann/Weber, § 13 I.2.b)) stuft die Verhandlungsprotokolle und offiziellen Gesetze gleichrangig ein.
277 Leipziger-Kommentar Tröndle, § 1 RdNr.44
278 BGHSt 26, S.156, S.160
279 BT - Drucksache 10/5058, S.23 und 28

'unbefugten Zugriff auf fremde Datenbanksysteme' (Sieber, Prot. Nr.26 S.177; Anl. S.267f.) unter Strafe zu stellen ..."[280]
Noch deutlicher wird diese Anlehnung am Ende desselben Absatzes, in dem der Gesetzgeber wortwörtlich aus dem Gutachten von Sieber zitiert, ohne dies kenntlich zu machen.[281]
Beachtet man weiter, daß allein Sieber den Vorschlag machte, eine Norm im Sinne von § 202a StGB zu schaffen, daß er für die neuzuschaffende Norm eine Einordnung in der Nähe von §§ 201, 202 StGB vorschlug[282] und daß er sich ausdrücklich für eine Einschränkung des Tatbestandes auf gesicherte Informationen einsetzte, so läßt sich Siebers großer Einfluß auf den gesetzgeberischen Willen nicht bestreiten. Dies wird um so deutlicher, als sich die Ausschußmitglieder öffentlich dazu bekannten, die Gesetzesmaterie nicht in vollem Umfang verstanden zu haben.[283]
Sieber hatte schon in seiner schriftlichen Stellungnahme ausgeführt:
"Neben dem unbefugten Anzapfen und Abhören von Datenübertragungsnetzen sollte auch der vorsätzlich und unter Überwindung von Sicherungsmaßnahmen vorgenommene unbefugte Zugriff auf fremde Datenbanksysteme strafrechtlich erfaßt werden."[284]
In seinem Vortrag während der Sachverständigenanhörung betonte er:
"Die Verhinderung von Computerkriminalität ist in erster Linie eine Aufgabe der betroffenen Betriebe und Verwaltungen. Hier liegt noch viel im argen, hier werden noch elementarste Sicherungsmaßnahmen vernachlässigt. Die Forderung nach Abhilfe richtet sich nicht primär an das Parlament."[285]
Darüber hinaus zeigte in der Sachverständigenanhörung der Vertreter des Gesamtverbandes der Deutschen Versicherungswirtschaft e.V., Herr Brentrup, die mangelhafte Situation bei der Datensicherung auf.[286] Unter Bezugnahme auf eine Erhebung der Hermes Kreditversicherungs-AG[287] über die Absicherung der EDV-Anlagen in einzelnen Betrieben führte der Sachverständige aus, daß diesem Moment derzeit nur eine geringe Bedeutung beigemessen wird. Über die Unternehmen, die Vorkehrungen getroffen hatten, sagte Brentrup:

---

280 BT - Drucksache 10/5058, S.28
281 BT - Drucksache 10/5058, S.28 linke Spalte Absatz 1.a) letzter Satz entspricht dem Gutachten von Sieber, BT-Anhörung vom 6.6.1984, Anlage S.267.
282 Der Wortlaut dieses Vorschlages ist in Kapitel 3.2.4. Unterabschnitt Geschichte nachzulesen.
283 Zu dem ganzen Ablauf der Gesetzgebung mit einer ausführlichen Zusammenfassung der Sachverständigenanhörung von 6.6.1984 siehe Kapitel 2.3..
284 Sieber, BT-Anhörung vom 6.6.1984, Anlage S.267
285 Sieber, BT-Anhörung vom 6.6.1984, S.26/171
286 Brentrup, BT-Anhörung vom 6.6.1984, S.26/186ff
287 Die Hermes Kreditversicherungs-AG ist eine der führenden Assekuranzen im Bereich der Versicherungen für EDV-Risiken aller Art. Bis Ende der achtziger Jahre war sie die einzige Anbieterin für Computermißbrauchsversicherungen.

"Auch die Überprüfung vorhandener Sicherungsmaßnahmen im EDV-Bereich ist allgemein unzureichend. Nur 2,5 Prozent der Einsender überprüfen ihre Sicherheitsmaßnahmen laufend. In diesem Bereich ist noch vieles zu tun."[288]
Aus diesen Aussagen ergibt sich für die Auslegung ein weiterer Aspekt. Ausgehend von Siebers Forderung, nur bei Überwindung von Sicherungsmaßnahmen den Zugriff auf Daten zu pönalisieren, und Brentrups Feststellung über die bis dahin laxe Praxis bei der Datensicherung ist zu schließen, daß es - insbesondere nach Auffassung des Sachverständigen Sieber - nicht Ziel eines neuen Gesetzes sein sollte, dem Dateninhaber die Verantwortung für den Schutz von Informationen durch die Schaffung von neuen Gesetzen abzunehmen. Die Vernachlässigung der Datensicherung läßt sich dagegen nur verhindern, wenn für den einzelnen ein Anreiz besteht, seine Informationen wirksam zu schützen. Diese Überlegung erlaubt den Rückschluß, daß Sieber nur diejenigen Rechtsgutsträger schützen wollte, die tatsächlich Maßnahmen für einen wirksamen Schutz der Daten treffen.[289]
Für den Sicherungsbegriff läßt sich ableiten, daß alle vorstellbaren Maßnahmen zur Datensicherung auf die wirksamen Vorkehrungen zu reduzieren sind. Diese einschränkende Auslegung kann ebenfalls inhaltliche Aussage des Wortes 'besonders' sein. Der Ausdruck 'besonders' engt hiernach das objektive Element der Eignung ein. Für die genaue Abgrenzung ist zu beachten, daß Sieber den nachlässigen Umgang mit der Datensicherung anprangerte. Positiv läßt sich sagen, daß nur durchdachte Vorkehrungen und sorgfältiger Umgang ausreichen. Dabei ist nach Siebers Auffassung weniger die Anschaffung als der tägliche Umgang mit der Schutzvorkehrung mangelhaft und deshalb verbesserungsfähig. Das Tatbestandsmerkmal 'besonders' soll deshalb die Dateninhaber nicht nur zur Installation von tauglichen Sicherungen bewegen, sondern gleichzeitig einen verantwortungsvollen Umgang sicherstellen. Dies ist nur bei einer restriktiven Deutung des Elementes Eignung zu erreichen.
Demgegenüber machten die Sachverständigen keine Aussagen über das Erhaltungsinteresse des Berechtigten.

Die Auswertung der offiziellen Gesetzesmaterialien steht somit im Widerspruch zu den Ausführungen der Sachverständigen. Sie wollten die objektive Eignung einschränken, wohingegen in den Materialien nur der Erhaltungswille, der die subjektive Zweckbestimmung reduziert, übernommen wurde. In Anbetracht der ansonsten sehr engen Anlehnung der Parlamentarier an die Vorschläge von Sieber und Brentrup erscheint es allerdings unwahrscheinlich, daß der Gesetzgeber sich

---

288 Brentrup, BT-Anhörung vom 6.6.1984, S.26/188
289 Die Notwendigkeit des Selbstschutzes der privaten Unternehmer war schon für Poerting entscheidend. Sein damaliger Vortrag bei der Arbeitstagung des BKA vom 18. bis 21. Oktober 1983 bezog sich allerdings nur auf den Bereich der Vermögensdelikte.

in Widerspruch zu den Sachverständigen setzen und deren Mahnungen nicht berücksichtigen wollte.

Die historische Deutung bestätigt die Elemente Sicherungszweck und Sicherungsgrad. Darüber hinaus läßt sich das Wort 'besonders' durch die Dokumentationsfunktion der Bestimmung und durch die Eigenverantwortlichkeit des Berechtigten dem Sicherungsgrad zuordnen.
Für die Zweckbestimmung einer Sicherung ergibt sich aus den Gesetzesmaterialien, daß nur dann eine besondere Sicherung vorliegt, wenn der Schutz der Daten vor einem Verschaffen durch Dritte zumindest gleichrangig neben anderen Zielrichtungen steht.
In welchem Maße sich die Verpflichtung, Schutzvorkehrungen zu schaffen und zu unterhalten, einschränkend auf die objektive Eignung einer Sicherung auswirkt, ist dagegen allein aus dem gesetzgeberischen Willen nicht abzuleiten.

4.3.4.4. Teleologische Auslegung

Im Gegensatz zur historischen Interpretation knüpft die teleologische Auslegung an die Gegenwart an. Ausschlaggebend ist der objektive Gesetzeswille und nicht die subjektive Einschätzung des Gesetzgebers.[290] Sie fragt deshalb unter den gegenwärtig geltenden Bedingungen nach dem hinter einer Norm stehenden Sinn und Zweck der Vorschrift.[291] Maßgebliches, wenn auch nicht alleiniges Werkzeug der teleologischen Auslegung ist das Rechtsgut.[292]

Das in § 202a Abs.1 StGB geschützte Rechtsgut ist die formelle Verfügungsbefugnis über Daten.[293] Dieser Sinngehalt läßt sich in zwei Komponenten aufspalten, wobei wiederum jedes Element einen eigenständigen Einfluß auf die Deutung der Worte 'besonders gesichert' hat.
Die Verfügungsbefugnis beinhaltet den Schutz der Herrschaftsgewalt über das Tatobjekt. Ziel des § 202a Abs.1 StGB und seiner Tatbestandsmerkmale ist es

---

290 Maurach/Zipf, StR AT-1, § 9 RdNr.22; Schönke/Schröder/Eser, § 1 RdNr.43
291 Baumann/Weber, § 13 I 2.a); Blei, StR AT, § 9 IV.; Jescheck, § 17 IV. 1.b)
292 Jescheck, § 17 IV. 1.b). Ohne Bedeutung für diese Auslegung ist die Einschränkung von Baumann/Weber (§ 13 I 2.a)). Sie lehnen zu Recht, um einen Zirkelschluß zu verhindern, eine teleologische Deutung eines Tatbestandsmerkmales anhand des Rechtsgutes ab, wenn sich das Rechtsgut erst aus einer teleologischen Interpretation der einzelnen Worte ableiten läßt.
Da das Rechtsgut des § 202a Abs.1 StGB sich sowohl aus dem Wortlaut, der Systematik als auch der Geschichte bestimmen läßt (siehe Kapitel 3.2.4.), ist eine Anknüpfung der teleologischen Auslegung an das Rechtsgut zulässig.
293 Siehe Kapitel 3.3..

deshalb, eine Verletzung dieser Rechtsposition zu verhindern. Aus der Betrachtung des rein zeitlichen Tatablaufes kann eine Sicherung, die erst nach dem Verschaffen der Daten einsetzt, diesem Ziel nicht dienen. Sind Informationen in den Besitz eines Täters oder zu dessen Kenntnis gelangt, so ist das Rechtsgut verletzt. Eine dann einsetzende Sicherung kann diesen Umstand nicht mehr umkehren.[294]
Ausgehend von dem sehr umfassenden Terminus der Datensicherung, der neben vorbeugenden auch erkennende und wiederherstellende Maßnahmen erlaubt, läßt die teleologische Betrachtungsweise bei Berücksichtigung der Verfügungsbefugnis nur präventiv wirkende Maßnahmen zu.
Die Festlegung des Rechtsgutes auf die formelle Befugnis ist in Abgrenzung zum Begriff der materiellen Verfügungsbefugnis zu sehen, bei der das Tatobjekt ein Geheimnis beinhalten muß, um geschützt zu werden. Das dem § 202a Abs.1 StGB zugrundeliegende Rechtsgut gewährleistet den Schutz aller Informationen, unabhängig von der Frage, ob sie allgemein bekannt oder aber nur wenigen zugänglich sind.
Wäre das Rechtsgut demgegenüber nur auf wirkliche Geheimnisse beschränkt, so müßte der Strafrechtsschutz so umfassend wie möglich ausgestaltet werden, um der steigenden Empfindlichkeit gegenüber der Privat- und Geheimnissphäre zu entsprechen. Die steigende Bedeutung dieses Rechtsgebietes bestätigte das Bundesverfassungsgericht in seinem ersten Volkszählungsurteil aus dem Jahr 1983. Es schrieb damit das aus Art. 2 Abs.1 und Art. 1 Abs.1 GG ableitbare Grundrecht auf informationelle Selbstbestimmung fest.[295] Dies hätte zur Folge, um den Grundrechtsschutz zu gewährleisten, daß der Sicherungsbegriff extensiv auszulegen wäre.
Diese Argumentation läßt sich aber auf § 202a Abs.1 StGB nicht übertragen, denn der Schutz der formellen Verfügungsbefugnis umfaßt weit mehr Informationen als nur die der Privat- und Geheimnissphäre. Zudem ist Rechtsgutsträger nicht der vom Inhalt der Daten Betroffene, sondern allein der Dateninhaber[296]. Somit ist das Ziel von § 202a Abs.1 StGB gerade nicht die strafrechtliche Fortführung des Volkszählungsurteils.[297] Diese Aufgabe bleibt dem Bundesdatenschutzgesetz und dessen eigenen Straftatbeständen vorbehalten.[298]

---

294 Bei § 243 Abs.1 S.2 Nr.2 StGB kann diese Frage noch erörtert werden, da dem Eigentümer seine Sache zurückgegeben wird und die Rechtsgutverletzung deshalb als beendet bezeichnet werden kann, so ist sie bei § 202a Abs.1 StGB aus der Natur der Tathandlung heraus nicht möglich. Hat zum Beispiel ein Täter schon Kenntnis vom Dateninhalt erhalten, so ist keine Sicherung geeignet, diesen Vorgang umzukehren.
295 BVerfGE 65, S.1, S.1ff
296 Zu der Frage des Rechtsgutsträgers siehe Kapitel 3.2.4. Unterabschnitt Sinn und Zweck.
297 Zumal sich bei einer solchen Interpretation die Frage stellt, weshalb nur nichtwahrnehmbare Daten geschützt werden sollen. Diese Argumentation kann sich auch auf die historische Auslegung stützen, in der kein Bezug zu dem Urteil des BVerfG zu finden ist.
298 Vergleiche § 43 BDSG.

Hieraus ist im Umkehrschluß zu folgern, daß sich aus dem Rechtsgut eben keine Gründe ergeben, die eine extensive Auslegung der Tatbestandsmerkmale 'besonders gesichert' zwingend vorschreiben.

Die Überlegungen zum Rechtsgut führen im Ergebnis dazu, daß nur vorbeugende Maßnahmen geeignet sind, die Verfügungsbefugnis zu schützen. Der Begriff der Datensicherung ist deshalb auf präventive Vorkehrungen zu reduzieren.
Für die Auslegung des Wortes 'besonders' ist aus Sicht einer formellen Verfügungsbefugnis festzustellen, daß das Grundrecht auf informationelle Selbstbestimmung einer restriktiven Deutung dieses Merkmales nicht entgegensteht.[299]

Bei der teleologischen Auslegung sind neben dem Rechtsgut die für alle Beteiligten gültigen sozialethischen Handlungswerte[300] sowie deren Funktionen und Probleme zu berücksichtigen.[301]

Zur genaueren Bestimmung der Worte 'besonders gesichert' verweist ein Teil der Literatur auf die Abgrenzungsfunktion zwischen dem straflosen und strafbaren Unrecht und leitet daraus für die teleologische Auslegung ab, daß keine erhöhten Anforderungen an das Tatbestandsmerkmal gestellt werden dürfen.[302]
Ausgangspunkt ist die zu Recht erhobene Feststellung, daß jedes Verschaffen von Daten, die nicht für den Täter bestimmt sind, schon die Grenze zum sozialschädlichen Verhalten überschreitet und deshalb Unrecht darstellt. Die sich hierin erschöpfenden Ausführungen[303] verkennen allerdings, daß es sich bei der Abgrenzung um eine Folge und keine Funktion einer teleologischen Deutung handelt. Die Abgrenzung zwischen strafbarem und straflosem Verhalten ist das Ergebnis anderer Einflußfaktoren auf die Auslegung und nicht selber Element der inhaltlichen Deutung. Aus der Tatsache, daß das Gesetz zwischen strafbarem und straflosem Verhalten unterscheidet, ergeben sich keine Argumente für eine weite oder enge Auslegung des Tatbestandsmerkmales.
Die Abgrenzungswirkung ist deshalb ein untauglicher Anknüpfungspunkt für die Interpretation des Gesetzeswillens.

---

299 Zum gleichen Ergebnis kommt eine Betrachtung des Strafrahmens. Die nur sehr zurückhaltende Strafandrohung bringt zum Ausdruck, daß es sich bei § 202a Abs.1 StGB nicht um ein Delikt handelt, dessen Auslegung von einer lückenlosen Erfassung aller Straftaten geprägt ist. Gleiches gilt für das Antragserfordernis.
300 Jescheck, § 17 IV 1.b)
301 Otto, Allgemeine Strafrechtslehre, S.34
302 Lenckner/Winkelbauer, CuR 1986, S.483, S.488; Leicht, IuR 1987, S.45, S.45
303 Lenckner/Winkelbauer, CuR 1986, S.483, S.488; Leicht, IuR 1987, S.45, S.45

Demgegenüber konkretisiert die bei der historischen Auslegung entwickelte Dokumentationsfunktion die Grenze zwischen strafbarem und straflosem Unrecht. Dieser schon vom Gesetzgeber angeführte Sinn des Tatbestandsmerkmales 'besonders gesichert' ist auch Ausdruck eines verselbständigten Gesetzeszweckes. Dem Täter wird allein durch die Sicherung der Erhaltungswille des Berechtigten zuverlässig dokumentiert und damit die Grenze zum strafbaren Verhalten aufgezeigt. Auf diese Funktion kann das Gesetz nicht verzichten, ohne jeden Täter dem Risiko auszusetzen, daß er, ohne es wahrzunehmen, eine strafbare Handlung erfüllt. Ihm würde somit die Möglichkeit genommen, sich normgerecht zu verhalten.
Zudem führt ein Verzicht auf die Dokumentationsfunktion zu einem durch den Faktor Zufall geprägten Strafrechtsschutz. Denn fehlt es an einer einschränkenden Deutung der Zielrichtung einer Sicherung, so ist faktisch jede objektiv geeignete Maßnahme als Sicherung zuzulassen. Es sei denn, der Schutz der Daten ist reiner Nebeneffekt und kann nicht einmal als nachrangiges Ziel bezeichnet werden. Maßgebend wäre demzufolge die Abgrenzung zwischen einem nachrangigen Schutzinteresse und reinen Nebenwirkungen.
War die Grenze schon beim Diebstahl schwer zu ziehen und fiel sie zumeist zugunsten des Sicherungszweckes aus, so ist sie beim Ausspähen von Daten noch schwieriger zu klären. Die Abgrenzung zwischen technisch notwendigen Voraussetzungen, deren Sperrwirkungen nur Nebeneffekte sind, und zusätzlichen Maßnahmen, die unter anderem auch datensichernden Charakter haben, führt zwangsläufig zu einer Auseinandersetzung mit schwierigen technischen Prozessen.[304] Somit bestimmt der Zufall und nicht der technische Sachverstand die einzelne Subsumtion. Sinn einer Strafrechtsnorm muß allerdings sein, den Faktor Zufall so weit als möglich zu reduzieren.
Demgegenüber ist bei der Unterscheidung zwischen nachrangiger und gleichrangiger Zweckbestimmung eine Subsumtion aufgrund engerer Kriterien leichter möglich und weniger vom Zufall geprägt.
Die teleologische Deutung kann deshalb aus mehreren Gründen nicht auf die einschränkende Wirkung der Dokumentationsfunktion verzichten. Das Wort

---

304 Als Beispiel mag ein Betriebssystem dienen. Neben den technisch notwendigen Befehlen Start und Stop eines Programmes kann auch der Zugriff auf ein Diskettenlaufwerk verboten werden und so ein Kopieren unmöglich machen. Der Grund für diese Befehle ist jedoch, daß einige Programme ein bestimmtes Laufwerk nicht finden dürfen. Andernfalls würde der Computer abstürzen. Unter MS-DOS sind dies die Befehle assign oder subst, deren Erläuterungen im Handbuch in keiner Weise auf die Datensicherung abstellen, sondern allein bei der technischen Problemlösung Hilfestellung geben wollen. Ob ein Benutzer die Befehle nur zur Lösung seiner Probleme oder auch zur Datensicherung eingesetzt hat, läßt sich nach einiger Zeit kaum mehr beantworten.

'besonders' engt deshalb die Bestimmung einer Sicherung zumindest auf gleichrangige Ziele ein. Die Dokumentationsfunktion ließe sich demgegenüber noch stärker betonen, wenn sich der Schutzzweck allein auf eine primäre Zielrichtung beschränkte. Doch führt dies wiederum zu keinem sachgerechten Ergebnis, denn mechanische Vorkehrungen zielen oft auch auf den Schutz vor Diebstahl der Hardware ab, und selbst logische Sicherungen dienen zumeist auch der Betriebssicherheit der Anlage. Eine Rangfolge innerhalb dieser Aufgaben läßt sich vielfach nicht bestimmen. Wer von einem Primat der Datensicherung spricht, verkennt die Realität.[305] Die Dokumentationsfunktion führt somit nur dann zu einem zweckmäßigen Ergebnis, wenn sie für die subjektive Zielrichtung einen zumindest gleichrangigen Sicherungszweck fordert.

Eine weitere schon in der historischen Auslegung begründete Aufgabe ist die Förderung der Eigenverantwortung des Dateninhabers.[306] Die nur von den Sachverständigen angeführte Funktion läßt sich auch aus dem Sinn und Zweck der Norm begründen und konkretisieren.
Das 2. WiKG nahm eine Norm zum Schutz von EDV-mäßig erfaßten Daten auf, um sowohl der steigenden Bedeutung von Computern als auch der anwachsenden Bedrohung durch Rechner gerecht zu werden. An dieser Bedrohung hat sich seit Verabschiedung des 2. WiKG nichts geändert. Vielmehr ist die Zahl der ausreichend informierten Täter durch Aus- und Fortbildung ebenso gestiegen wie die Zahl der Computer.[307] Die Abhängigkeit eines Anwenders von seinem Rechner, die anfänglich nur in der Wirtschaft vorlag, ist heute auch im privaten Bereich zu finden. Die privaten Anwender nutzen heute ihren Computer zum Schreiben von Briefen und Aufsätzen oder für die persönliche Buchhaltung, die dann Grundlage für Behördenauskünfte wie zum Beispiel von Steuerbescheiden ist. Insbesondere die schnelle Verfügbarkeit von computermäßig erfaßten Informationen und der daraus resultierende Anreiz, sich die Daten zu verschaffen und unter Umständen für eigene Zwecke zu nutzen, zwang 1986 zur Schaffung des § 202a StGB. Diese Situation besteht bis heute weiter.[308]

---

305 Zu dieser Argumentation siehe die These von Leicht in Kapitel 4.3.3.4., dessen Fehler gerade die zu restriktive Deutung des Sicherungszweckes ist.
306 Als einziger greift Leicht (IuR 1987, S.45, S.45) diese Idee auf, er zieht aber keine Konsequenzen daraus.
307 Eine umfassende Bedrohungsanalyse, die bei der geschichtlichen Entwicklung beginnt, enthält Kapitel 2.2..
308 Der historische Ausgangspunkt die Eigenverantwortung zu berücksichtigen, war der von den Sachverständigen während der Anhörung im Innen- und Rechtsausschuß gerügte schlampige Umgang mit Daten. Diese Beschreibung, die sich auf den Anfang der achtziger Jahre bezog, hat noch heute Gültigkeit. Siehe Kapitel 2.4..

Doch es ist nicht allein Aufgabe des Staates, dieser ständig wachsenden Bedrohung entgegenzutreten. Zumal die Schaffung neuer Strafdrohungen nicht allein geeignet ist, den bestehenden Anreiz vollständig zu kompensieren.
Es handelt sich bei § 202a Abs.1 StGB gerade nicht um Informationen, die es zwingend vorschreiben, daß der Staat zum Schutz eines Grundrechtes alle notwendigen Maßnahmen ergreift. Nicht allein der Staat ist deshalb für den Schutz der EDV-mäßig gespeicherten Daten verantwortlich.
Neben der rein subjektiv auf den Täter einwirkenden abstrakten Strafdrohung können in der Realität nur konkrete Sicherungsvorkehrungen verhindern, daß ein Unberechtigter Daten ausspäht. Die schon bestehenden Möglichkeiten zur Datensicherung sind weit wirkungsvoller, um einen potentiellen Täter abzuschrecken, als die in § 202a Abs.1 StGB enthaltene Strafdrohung. Um das Tatobjekt zu schützen, ist deshalb der persönliche Einsatz des Dateninhabers erforderlich.
Wenn aber erst aus dem Zusammenspiel von Gesetz und Rechtsgutsträger computermäßig erfaßte Informationen wirksam geschützt werden können, dann darf das Gesetz, bevor es seinen Strafrechtsschutz entfaltet, vom Dateninhaber wirksame Sicherungen verlangen. Es soll eben nicht die Person geschützt werden, die ausschließlich dem Staat den Schutz der Tatobjekte überantwortet.
Die Handlungen des Pflichtigen im Sinne einer Eigenverantwortung dürfen sich nicht auf deklaratorische Vorkehrungen beschränken. Eine wirksame Maßnahme erfordert eine über das einfache Maß hinausgehende objektiv geeignete Sicherung. Die Maßnahmen müssen Ausdruck der Eigenverantwortung seitens des sorgfältig Handelnden sein.
Nicht ausreichend ist, daß der Dateninhaber eine Sicherung nur einmal installiert. Ebenso wichtig ist die dauernde Kontrolle der Vorkehrungen. Besonders im Bereich der logischen Sicherungen existieren massive Mängel. Es ist dem Irrglauben entgegengetreten, allein die Installation einer Sicherung schütze den Anwender für immer. Selbst große Rechenzentren in der Bundesrepublik erklärten noch 1990, sie hätten einen ausreichenden Paßwortschutz aufgebaut. Auf Nachfrage ergab sich allerdings, daß ein Viertel aller Betreiber die Kennworte nur jährlich wechselte. 23 % verzichteten ganz und gar auf jede Änderung.[309] Somit lagen bei fast 50% schwerste Versäumnisse vor.
Diese über die Wortdeutung des Sicherungsbegriffes hinausgehende Einschränkung der objektiven Eignung ist ebenfalls dem Wort 'besonders' zuzuordnen.
Falsch ist es demgegenüber, für die Erfüllung der Sorgfaltspflicht zu fordern, daß sie dem neuesten Stand der Technik entsprechen soll.
Allein die Industrie wäre zum Teil in der Lage, sich den ständig wachsenden Anforderungen anzupassen und die sich daraus ergebenden Kosten zu tragen. Der private Anwender bliebe, wenn er nicht zufällig beruflich mit Datensicherung in

---

309 O.V., CuR 1990, S.751, S.751

Verbindung kommt, ohne strafrechtlichen Schutz, auch wenn er effektive Maßnahmen getroffen hat. Deshalb ist für die Sorgfaltsfunktion ausreichend, daß die Sicherung einen effektiven Schutz gegen Unberechtigte unabhängig von der verwendeten Technik gewährt.

Adressat der Dokumentationsfunktion ist in erster Linie der potentielle Täter, dem der Erhaltungswille des Berechtigten signalisiert werden soll. Der Rechtsgutsträger muß nur durch einen einmaligen Willensakt die Schutzvorkehrung und das Tatobjekt miteinander verknüpfen. Dagegen ist Adressat der Sorgfaltspflicht allein der Dateninhaber. Ihn will das Tatbestandsmerkmal zu einem risikobewußten Verhalten anleiten. Die Worte 'besonders gesichert' sprechen deshalb sowohl Täter als auch Opfer an.

Ergebnis der teleologischen Auslegung ist die Einschränkung der subjektiven Bestimmung und der objektiven Eignung des Sicherungsbegriffes durch das Wort 'besonders'.

4.3.4.5. Zusammenfassung

In der Literatur ist die Rangfolge der einzelnen Auslegungsmethoden umstritten. Besonders heftig diskutiert die Literatur das Problem, in welchem Verhältnis die historische und die teleologische Interpretation zueinander stehen. Dies führt bei divergierenden Auslegungsergebnissen zu der Frage, ob der gesetzgeberische Wille den Sinn und Zweck einer Norm modifiziert oder gar ins Gegenteil verkehrt.[310]
Dennoch stehen die historische und teleologische Auslegung, obwohl dies aus dem pauschalen Verweis des Gesetzgebers auf §§ 202 Abs.2, 243 Abs.1 S.2 Nr.2 StGB zu vermuten wäre, nicht im Widerspruch zueinander, sondern sie ergänzen sich.
Aus dem Wortlaut läßt sich der Sicherungsbegriff in die Komponenten Sicherungszweck und -grad zerlegen. Darüber hinaus führt die systematische Auslegung zu keinem eigenen Ergebnis. Welche Komponente mit dem Wort 'besonders' einzuschränken ist, ist weder aus dem Wortlaut noch aus der Systematik abzuleiten.
Sowohl die historische als auch die teleologische Interpretation schränken aufgrund der Dokumentationsfunktion die Zielrichtung auf primäre und gleichrangige Zwecke ein. Anknüpfungspunkt dieser Deutung ist das Wort 'besonders'.

---

310 Blei, StR AT, § 9 II.; Maurach/Zipf, StR AT-1, § 9 RdNr.16; Schönke/Schröder/Eser, § 1 RdNr.41 m.w.N.

Wesentlicher Gesichtspunkt der teleologischen Auslegung ist die Reduzierung des Sicherungsgrades durch die Sorgfaltsfunktion. Eine historische Interpretation steht dieser Deutung nicht entgegen, denn bei der Analyse des Gesetzeswillens findet sich dieser Interpretationsansatz in seinem Ursprung schon in den Ausführungen des Sachverständigen Sieber. Das Wort 'besonders' reduziert deshalb ebenfalls die Eignung einer Sicherung auf die Vorkehrungen, die für einen Eindringling ein erhebliches Hindernis darstellen.

4.3.5. Eigener Lösungsvorschlag

Bevor eine Definition für die Worte 'besonders gesichert' dargelegt und anhand des Beispielkataloges vorgestellt werden kann, sind ungeeignete Auslegungsmerkmale auszugrenzen.

4.3.5.1. Ungeeignetes Merkmal

Auf die Fachkunde eines Täters - wie dies zum Teil gefordert wird[311] - ist aus mehreren Gründen nicht abzustellen:
Zum einen bezieht sich die Fachkunde zumeist auf die EDV-technische Seite, so daß die Bewertung von Maßnahmen zugunsten von mechanischen Sicherungen verzerrt wird. Für einen fachkundigen Täter mag ein einfaches Sicherheitsschloß eine größere Hürde darstellen als ein durchschnittlicher Paßwortschutz. Dieses Ergebnis widerspricht jedoch dem Tatbestand des § 202a Abs.1 StGB, da so gerade die Nähe zwischen Sicherung und Daten ins Gegenteil verkehrt wird.
Zudem wird bei jedem Täter eine gewisse Fachkenntnis vorliegen, da er sich anderenfalls die Daten nicht verschaffen kann, sofern er nicht den Datenträger stiehlt. Eine Maßnahme zur Datensicherung hat diesen Umstand zu berücksichtigen, um inhaltlich das Element der Eignung erfüllen zu können.
Zum anderen sorgt das Merkmal der Besonderheit der Sicherung dafür, daß sowohl fachkundigen als auch unkundigen Tätern ein deutliches Hindernis in den Weg gelegt wird.
Ein zusätzliches ausdrückliches Abstellen auf eine mögliche Fachkunde ist deshalb nicht geboten. Die Auslegung berücksichtigt dieses Element schon ausreichend.

---

311 Leipziger-Kommentar Jähnke, § 202a RdNr.15; Leicht, IuR 1987, S.45, S.49

4.3.5.2. Lösung

Auf der subjektiven Seite liegt eine besondere Sicherung vor, wenn der Berechtigte eine Vorkehrung mit der Zielrichtung installiert, zumindest gleichrangig neben anderen Zielen auch den Schutz von Informationen vor einem Verschaffen zu gewährleisten.
Die Einschränkung des Sicherungsgrades durch das Wort 'besonders' ließe sich auch mit Begriffen wie 'überdurchschnittlich', 'effektiv' oder ganz einfach 'besonders wirksam' umschreiben. Diese Ausdrücke sind allerdings - auch wenn sie die Eignung einer Sicherung in korrekter Weise wiedergeben - unzureichend und sind deshalb nur von beschränkter Hilfe.
Es ist die Überlegung zur Eigenverantwortung des Rechtsgutsträgers, die den Sicherungsgrad inhaltlich begrenzt. Die Sorgfaltsfunktion erlaubt es, die objektive Komponente der Definition exakter zu fassen.
Maßgebend für die inhaltliche Ausgestaltung der Eignung ist, daß ein Außenstehender dem Rechtsgutsträger bestätigt, sorgfältig gehandelt zu haben. Die von ihm getroffenen Maßnahmen müssen nicht dem neuesten Stand der Technik entsprechen, sie müssen vielmehr nach objektiven und für alle gleichermaßen geltenden Maßstäben sorgfältig ausgesucht, installiert und betrieben werden. Ausdruck eines verantwortlichen Verhaltens ist nicht nur die Ergreifung einzelner qualifizierter Maßnahmen. Darüber hinaus sind alle wahrscheinlichen Vorgehensweisen eines Täters zu berücksichtigen. Unter Umständen läßt sich dies auch durch die Installation einer einzelnen Sicherung erreichen.
Zudem erfüllen nur präventiv wirkende Sicherungen den Tatbestand.

Für die schon im vorangegangenen Kapitel zugrunde gelegten Beispiele ergibt sich demzufolge:
- Grundstückseinfriedung mit Pförtner (-)
  Da neben Mitarbeitern der Lohnbuchhaltung auch weitere Mitarbeiter und sogar Kunden und Lieferanten die Kontrolle passieren können, ist diese Maßnahme nicht Ausdruck eines verantwortungsvollen Umganges mit den Daten.
  Zudem dient eine Eingangskontrolle primär dazu, einen Überblick über die sich auf dem Gelände befindlichen Personen zu haben und Fremde fernzuhalten, die den gesamten Betriebsablauf behindern könnten. Hinzu tritt der Versuch, Diebstähle zu erschweren. Nachrangig gegenüber beiden Funktionen ist dagegen der Schutz der Informationen in der Lohnbuchhaltung.
- verschließbare Tür zum Computerraum (+)
  Die Raumsicherung dient neben dem Schutz der Daten auch der Diebstahlssicherung und der Betriebssicherheit. Eine Priorität ist nicht zu erkennen. Dies aber ist für das Vorliegen einer gleichrangigen Zielrichtung nicht notwendig.
  Aufgrund ihrer überdurchschnittlichen Schließmechanismen ist die Tür Ausdruck einer sorgfältigen Handlungsweise, solange dafür Rechnung getragen wird, daß jeder Schlüssel einem Besitzer zuzuordnen ist. Von einem sorgfältigen Handeln kann allerdings in einer Gesamtschau nicht mehr gesprochen werden, wenn der Computer im online-Verkehr mit

weiteren Rechnern betrieben wird und die Informationen über diese Terminals ohne Hindernis abgerufen werden können, denn hierbei handelt es sich um durchweg wahrscheinliche Zugriffsformen.
- Tastaturschloß (-)
Bei einer Tastatursperre - wie sie in handelsüblichen PC zu finden ist - fehlt es an der objektiven Eignung des Sicherungsmittels, denn das Schloß ist mit einfachsten Mitteln, z.B. einer Büroklammer, zu überwinden und entspricht deshalb nicht den Anforderungen an eine sorgfältige Datensicherung.
- Paßwort auf Systemebene (+)[312]
Ein Paßwortschutz dient nicht allein dazu, anderen die Möglichkeit zu nehmen, sich Daten zu verschaffen. Ebenso entscheidend ist der Schutz vor dem Verlust von Informationen. Aufgrund der Nähe zum Tatobjekt kann von einer ausreichenden Zielrichtung ausgegangen werden.
Der Einsatz von Paßworten ist allerdings nur dann Ausdruck eines sorgfältigen Handelns, wenn der Berechtigte das vom Hersteller schon installierte Kennwort ausgewechselt. Zudem ist das Paßwort in regelmäßigen Abständen zu ändern.
- Datenverschlüsselung (+)[313]
Die Verschlüsselung dient ausschließlich dazu, anderen den Zugang zu Daten erheblich zu erschweren. Mit Ausnahme der leichtesten Verschlüsselungsmethoden sind diese Verfahren besonders wirksam, um den Inhalt eines Datensatzes vor einem Täter zu verbergen. Aber auch bei dieser Maßnahme ist die beim Paßwort vorgenommene Einschränkung zu übernehmen, denn auch der Codierschlüssel muß regelmäßig geändert werden.
- Ausgangskontrolle (-)
Als nachträgliche Sicherung ist die Ausgangskontrolle ungeeignet.

Diese Deutung hat zur Folge, daß einem Dateninhaber fast alle technischen als auch logischen Sicherungsmöglichkeiten zur Verfügung stehen. Allerdings ist die Subsumtion der konkreten Vorkehrungen umfangreicher, und sie knüpft an verschärfte Voraussetzungen an.

4.3.6. Muß die Sicherung überwunden werden?

Um an gesicherte Daten zu gelangen, sind zwei grundsätzlich verschiedene Wege vorstellbar. Ein Täter kann die Sicherung überwinden, oder es gelingt ihm, die vorhandenen Sperren zu umgehen.
Fraglich ist, ob eine tatbestandliche Handlung auch vorliegt, wenn der Täter die Sicherung kennt und umgeht.[314]

---

312 Zu den Problemen, die sich unabhängig von der einzelnen Auslegung beim Paßwortschutz stellen, siehe Kapitel 5.1..
313 Zu den Problemen, die sich unabhängig von der einzelnen Auslegung bei der Datenverschlüsselung stellen, siehe Kapitel 5.2..
314 Hiervon zu trennen ist der Fall, in dem ein Täter an die gesicherten Informationen gelangt, ohne daß ihn eine Sicherung behindert und er deshalb nicht erkennt, daß die Daten gesi-

Da diese Frage sich weder aus dem Wortlaut[315], der Systematik noch aus den historischen Unterlagen[316] eindeutig beantworten läßt, ist die Lösung in den Elementen der Sinn- und Zweckanalyse zu suchen.
Die Befürworter einer einschränkenden These verweisen als teleologische Voraussetzung auf das erhöhte Maß an krimineller Energie eines Täters.[317] Nur wer Sperren überwindet, bringt danach diese innere Haltung zum Ausdruck. Bei der Umgehung handelt es sich demgegenüber um ein trickreiches, aber weniger kriminelles Verhalten.
Diesen Ausführungen ist allerdings entgegenzuhalten, daß das erhöhte Maß an krimineller Energie gerade kein Merkmal der Auslegung darstellt.[318] Dieses Element klärt deshalb die streitige Frage nicht.
Die Lösung ist demnach in der Dokumentations- und Sorgfaltsfunktion zu finden. Um einem Täter das Erhaltungsinteresse des Berechtigten aufzuzeigen, ist nur zu fordern, daß die Sicherung dem Eindringling den Willen des Dateninhabers eindeutig signalisiert. Unabhängig von der Vorgehensweise des Täters bleibt für ihn die Signalwirkung erhalten. Für dieses subjektive Element des Sicherungsbegriffes ist das Problem der Umgehung einer Sperre deshalb ohne Entscheidungsrelevanz.
Auch aus der Sorgfaltsfunktion ergibt sich nicht, daß § 202a Abs.1 StGB die Überwindung von Vorkehrungen zwingend vorschreibt.

---

chert wurden. In dieser Variation fehlt dem Täter auf der subjektiven Ebene die Vorstellung von einem gesicherten Tatobjekt.
315 Aus der Grammatik ergeben sich keine Gründe, die eine restriktive Auslegung vorschreiben. Aus der Erwähnung der besonderen Sicherung kann nur ihre Existenz gefolgert werden. Auf die Frage, ob die Sicherung überwunden werden muß, gibt der Wortlaut keine Antwort. Somit sind beide möglichen Auslegungen vom Wortlaut gedeckt.
316 Bei der historischen Auslegung könnte aus dem allgemein gehaltenen Verweis auf die Auslegung bei § 202 Abs.2 StGB und § 243 Abs.1 S.2 Nr.2 StGB geschlossen werden, daß die historische Begründung zu § 243 StGB heranzuziehen sei. Dies würde bedeuten, daß in Anlehnung an die gesetzgeberische Änderung des § 243 StGB zwingend eine weite Auslegung zu präferieren sei. Zur historischen Begründung bei § 243 StGB siehe Kapitel 4.3.1.1.3..
Andererseits läßt sich sagen, daß der Gesetzgeber seinen Verweis auf § 243 Abs.1 S.2 Nr.2 StGB und § 202 Abs.2 StGB in den Materialien zum 2. WiKG zum einen ganz allgemein gehalten hat und zum anderen § 202a Abs.1 StGB in Kenntnis des noch heute bestehenden Streitstandes bei § 243 StGB formulierte, ohne neuerlich Stellung zu dieser Frage zu nehmen. Zu diesem Streitstand siehe ebenfalls Kapitel 4.3.1.1.3..
Aus diesen Überlegungen heraus kann die geschichtliche Auslegung zu keinem eindeutigen Ergebnis gelangen.
317 Leipziger-Kommentar Jähnke, § 202a RdNr.7; Gössel, StR BT-1, § 37 RdNr.88; a.A.: Welp, IuR 1987, S.353, S.353; Leicht, IuR 1987, S.45, S.49. Die Fragestellung aufwerfend, aber ohne eigene Stellungnahme: Haß, S.299, S.313.
318 Siehe Kapitel 4.3.4.3..

Die Eigenverantwortung des Dateninhabers für den Schutz seiner Informationen legt dem Berechtigten erhöhte Pflichten auf. Er muß - unter Zugrundelegung der entwickelten Definition - die Daten gegen alle wahrscheinlichen Vorgehensweisen durch qualifizierte Maßnahmen schützen. Aus der Einschränkung der Angriffsrichtungen ergibt sich zwangsläufig, daß Lücken in der Sicherung der Informationen bestehen können. Dieses Risiko nochmals dem Dateninhaber aufzuerlegen, ist bei der Vielzahl von vorstellbaren Umgehungsmöglichkeiten nicht Sinn und Zweck des § 202a Abs.1 StGB. Die ohnehin restriktive Auslegung des Tatbestandsmerkmales würde unter der Prämisse, daß allein ein Überwinden der Sicherungen tatbestandsmäßig ist, inhaltlich so weitgehend reduziert, daß für § 202a Abs.1 StGB faktisch kein Anwendungsbereich verbliebe.[319]

Maßgebend für die Beantwortung der Streitfrage sind zudem die technischen Voraussetzungen.
Greift ein Täter körperlich auf einen Datenträger zu, so sind die Wege, die der Täter nehmen kann, noch vorstellbar und vor allem zahlenmäßig begrenzt. Bei der elektronischen Datenabfrage sind die möglichen Vorgehensweisen für die Betroffenen - mit Ausnahme weniger fachkundiger Personen - nicht mehr nachvollziehbar. Zudem eröffnet der elektronische Zugang zu Informationen eine sehr große Zahl an Zugriffsvariationen. Sie entspricht zugleich der Anzahl an Umgehungsmöglichkeiten.
Deshalb ist der Tatbestand des § 202a Abs.1 StGB unabhängig davon erfüllt, ob der Täter eine Sicherung überwindet oder umgeht.

4.3.7. Zusammenfassung

Die naheliegende und vielfach praktizierte Lösung, die Kommentierung zu § 243 Abs.1 S.2 Nr.2 StGB und § 202 Abs.2 StGB dem Grunde nach zu übernehmen, scheitert an der für eine Subsumtion mangelhaften Auslegung der schon vorhandenen Gesetzestexte.
Die zwischenzeitlich vorgenommenen eigenständigen Definitionsversuche zu § 202a Abs.1 StGB können ebenfalls nicht überzeugen. Entweder halten sie den inhaltlichen Anforderungen der Strafrechtsdogmatik nicht stand oder sie führen zu praktisch unverwertbaren Ergebnissen.

---

319 Setzt man das Überwinden einer Sicherung voraus, so stellt sich prozessual ein Problem. Sollte der Täter schweigen, dürfte ein Richter ihn nur verurteilen, wenn er überzeugt ist, dem Täter stände kein Weg zur Verfügung, um die vorhandenen Sicherungen zu umgehen. Dieser Nachweis wird bei einem elektronischen Zugang kaum jemals möglich sein. Sind zumeist bei einem Einbruch noch aufgebrochene Schlösser oder vergleichbares zu finden, so fehlt es beim Ausspähen von Daten an diesen Indizien.

Durch die erstmalige Verknüpfung von unkörperlichen Gegenständen mit dem Tatbestandsmerkmal der 'besonderen Sicherung' ergibt sich die Möglichkeit, den Begriff unter Berücksichtigung neuer Gesichtspunkte zu definieren.
Neben der schon bekannten Dokumentationsfunktion prägt das Merkmal der Eigenverantwortung des Berechtigten die Auslegung. Diese beiden Funktionen schränken sowohl den Sicherungsgrad als auch den Sicherungszweck ein, so daß eine Auslegung entsteht, die zwar restriktiv ist, gleichzeitig aber fast die gesamte Bandbreite an Sicherungsmöglichkeiten zuläßt.

Die Frage, ob die in diesem Abschnitt gewonnenen Erkenntnisse und Lösungen auf die bis heute nur mangelhaft interpretierten Tatbestände der § 202 Abs.2 StGB und § 243 Abs.1 S.2 Nr.2 StGB in vollem Umfang übertragbar sind, wird im 6. Kapitel behandelt.

4.4. Unberechtigter Zugang

Die Zielrichtung der besonderen Sicherung wird durch das Tatbestandsmerkmal 'unberechtigter Zugang' konkretisiert. Die verwendeten Vorkehrungen haben sich gegen einen unberechtigten Zugang zu richten.
Eine Auslegung in der juristischen Literatur existiert kaum. Diese Merkmale führte der Gesetzgeber mit dem Ausspähen von Daten erstmals in das Strafrecht ein, so daß im Gegensatz zum Begriff der 'besonderen Sicherung' keine Anhaltspunkte im Strafgesetzbuch für deren Deutung vorhanden sind. Die Tatsache, daß in der gesetzgeberischen Begründung kein einziger Hinweis auf eine mögliche Interpretation existiert, verstärkt diesen Zustand noch.[320] Anscheinend sah sich der Gesetzgeber entweder nicht in der Lage, diese Merkmale genauer zu umschreiben, oder er hat es schlicht vergessen.
Auf die im vorangegangenen Abschnitt genannten Beispiele wird nur eingegangen, soweit aus der Definition der Zugangsberechtigung eine andere Bewertung folgt.

---

320 BT - Drucksache 10/5058, S.28 - 29

4.4.1. Zugang

Mit dem Begriff des 'Zuganges' setzen sich weder der Gesetzgeber noch die juristische Literatur näher auseinander.[321] Es ist durch Auslegung zu ermitteln, wohin der Zugang zu fremden Daten führen darf und muß.

4.4.1.1. Wortlaut

Nach der ursprünglichen Wortbedeutung ist Zugang mit 'Eingangsweg' gleichzusetzen. Die Reduzierung auf das körperliche Betreten ist ausgehend vom Tatobjekt allerdings zu eng, denn § 202a Abs.1 StGB beschreibt den Zugang zu unkörperlichen Daten.[322] Hierbei handelt es sich nicht um eine Überschreitung des Wortlautes, denn die Erweiterung der Definition spiegelt sich auch in der Umgangssprache wider. So existiert die Redewendung 'man habe Zugang zu Informationen'. Die Verknüpfung von unkörperlichen Daten mit dem Zugangsbegriff ist somit grammatikalisch zulässig. Ausgehend von den beiden Elementen des Informationsbegriffes umschreibt die Redewendung nicht nur die Wahrnehmung der Darstellung, sondern primär die Chance, den Informationsgehalt zu erlangen.[323]

Neben dem Begriff 'Zugang' besteht das Wort 'Zugriff'. Es wird im täglichen Sprachgebrauch in der Redewendung 'man habe Zugriff auf Informationen' in der gleichen Bedeutung benutzt wie das Wort 'Zugang'.
Zumindest im Zusammenhang mit Informationen verwendet somit die Umgangssprache die Begriffe Zugang und Zugriff als Synonyme. Die Gleichsetzung ist ebenfalls in der juristischen Literatur zu § 202a Abs.1 StGB zu finden, ohne daß die Autoren allerdings den Terminus 'Zugriff auf Daten' konkreter erörtern.[324]

Die Fachsprache beschreibt mit den beiden Ausdrücken dagegen unterschiedliche Vorgänge. Zu differenzieren ist zwischen der Definition der Informatiker und der der Datenschützer.

---

321 In den Ausführungen von Jähnke (Leipziger-Kommentar, § 202a RdNr.14-16), Lackner (§ 202a RdNr.4), Samson (SK, § 202a RdNr.10) und Gravenreuth (Kilian/Heussen, Abschn.106 RdNr.12-14) fehlt jeglicher Hinweis auf die Auslegung. Zielinski (S.115, S.120) und Lenckner (Schönke/Schröder, § 202a RdNr.7 und 8) ersetzen das Wort 'Zugang' durch den Begriff 'Zugriff'. Nur die Ausführungen von Tröndle (Dreher/Tröndle, § 202a RdNr.7) und Leicht (IuR 1987, S.45, S.46) umschreiben das Merkmal.
322 Schönke/Schröder/Lenckner, § 202a RdNr.7
323 Zu den sich hieraus ergebenden Konsequenzen bei der Datenverschlüsselung siehe Kapitel 5.2.2..
324 Zielinski, S.115, S.120; Lenckner/Winkelbauer, CuR 1986, S.483, S.487; Schönke/Schröder/Lenckner, § 202a RdNr.8

Informatik
Die Informatik reduziert den Terminus 'Zugriff' auf die elektronische Ebene. So wird der Ausdruck in Verbindung mit Worten wie Zugriffsprofile[325], Zugriffszeiten[326] und Fernzugriff[327] eingesetzt. Alle Termini haben gemeinsam, daß sie rechnerinterne Vorgänge beschreiben, deren Abläufe dem bloßen Auge verborgen bleiben.
Den Ausdruck 'Zugang' definieren die Informatiker demgegenüber in einer umfassenden Weise. Die schon zu Beginn der Informatik entwickelte Deutung wird in zwei Zugangsarten unterteilt:[328]
  Der **physikalische Zugang** liegt vor, wenn für den Eindringling die Möglichkeit zur Manipulation an der Hardware besteht.
  Von einem **logischem Zugang** wird gesprochen, wenn mit einem System gearbeitet wird.
Die erste Zugangsart setzt die Möglichkeit eines körperlichen Kontaktes zwischen dem Eindringling und den Geräten voraus. Die zweite Zugangsart beschränkt sich auf die Software-Ebene, und ist deshalb mit dem technischen Ausdruck Zugriff gleichzusetzen. Ein Beispiel für den ausschließlich logischen Zugang ist die Datenfernabfrage, da sie dem Eindringling keine Möglichkeit eröffnet, Einfluß auf die Geräte zu nehmen. Schaltet allerdings ein Eindringling einen fremden Rechner ein und startet sodann ein Programm, so sind beide Zugangsarten erfüllt. Entfernt der Nichtberechtigte dagegen nur eine Diskette oder baut eine Festplatte aus dem Rechner aus, so findet nur ein körperlicher Zugang statt.

Somit bezeichnet die Informatik den Ausdruck 'Zugang' als jede technische und physikalische Einwirkungsmöglichkeit auf die Datenspeicher und das System.
Eine neuere Lehre in der Informatik übernimmt Elemente der wirtschaftswissenschaftlichen Betrachtungsweise[329], so daß neben den Datenspeichern und dem System auch ein vorgeschalteter Sicherheitsbereich mitumfaßt wird.[330]
Zudem knüpft der Zugangsbegriff nicht an die weitergehenden Zielsetzungen des Täters an, da jede auf Daten bezogene Handlung notwendig den Zugang zu den

---

325 Programme und Dateien werden in Gruppen zusammengefaßt, so daß nur spezifizierte Personenkreise an die für sie relevanten Daten gelangen können.
326 Zeitdauer, die ein Datenlesegerät benötigt, um eine Information zu finden und zu lesen.
327 Synonym für Arbeiten im Netzwerk oder Datenfernabfrage.
328 Weck, S.36
329 Eine eigenständige Definition von Zugang, wie sie bei der Datensicherung vorhanden ist, existiert bei den Wirtschaftswissenschaftlern nicht. Soweit der Zugangsbegriff erörtert wird, geschieht dies aus der Aufgabenstellung des BDSG. Vergleiche Mucksch, S.111.
330 Weck, S.33 und S.36. Dieses Ergebnis übernehmen Leicht (IuR 1987, S.45, S.46) und Tröndle (Dreher/Tröndle, § 202a RdNr.7). Gössel (StR BT-1, § 37 RdNr.93) beschreibt mit anderen Worten den gleichen Sachverhalt.

Informationen voraussetzt. Deshalb ist nicht zwischen den verschiedenen Angriffsrichtungen Verlust, Ergänzung, Fälschung und Preisgabe zu differenzieren. Im Gegensatz zur Sicherung, die sich gegen zufällige, unbewußte und zielgerichtete Angriffe richten muß, umschreibt schon das Wort 'Zugang' ein ausschließlich zielgerichtetes menschliches Verhalten.
Somit ergibt sich für die Informatiker folgende grafische Darstellung, die - zum besseren Verständnis - an die Grafik zum Datensicherungsbegriff anknüpft:

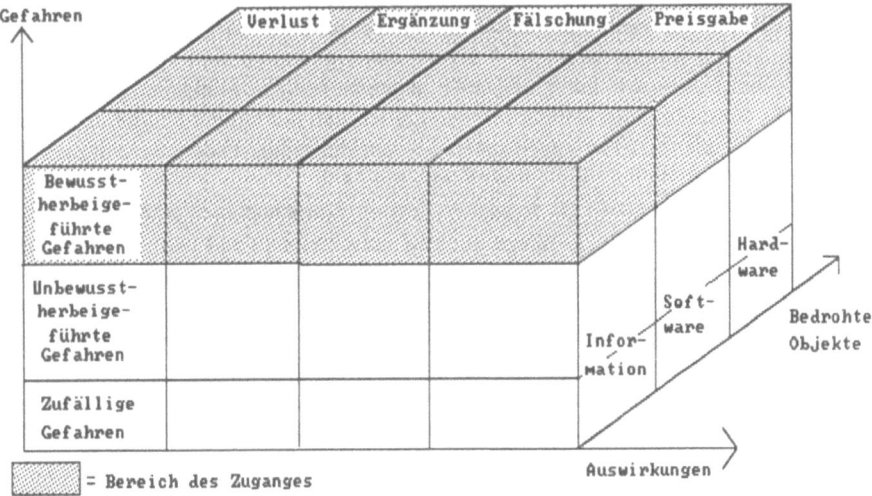

Datenschutz
Die Worte 'Zugang' und 'Zugriff' wurden erstmals in der Anlage zu § 6 BDSG a.F. verwendet. Nummer 1 der Anlage beschrieb die Zugangskontrolle und Nummer 5 die Zugriffskontrolle. Die neue Anlage zu § 9 BDSG n.F. blieb in diesen Punkten unverändert.[331]
Zugang im Sinne des BDSG ist jede räumliche Annäherung an das Zugangsobjekt.[332] Der Nichtberechtigte darf nicht aktiv auf den Computer und seine Peripherie einwirken können.
Darüber hinaus hat auch die Person Zugang, die durch Türen und Fenster die Eingabe- oder Ausgabegeräte beobachten und die angezeigten Informationen zur

---

331 Der Wortlaut ist nachzulesen in Kapitel 4.3.3.1..
332 Siehe die Kommentierung zur ursprünglichen und gleichlautenden Fassung des § 6 BDSG a.F.: Simitis/Dammann/Dammann, RdNr.70; Schaffland/Wiltfang, RdNr.28

Kenntnis nehmen kann.[333] In dieser Form liegen allerdings lesbare Informationen vor, so daß diese Ausführungen für die Definition eines Zuganges zu nicht wahrnehmbaren Daten im Sinne von § 202a Abs.1 StGB ohne Bedeutung sind.
Die datenschutzrechtliche Interpretation reduziert den Ausdruck 'Zugang' auf die körperliche Kontaktaufnahme, da die Zugangskontrolle in Nr.1 sich ausschließlich auf die Hardware bezieht. Der Zugang im Sinne des BDSG schränkt die Auslegung der Informatiker somit auf den physikalischen Zugang ein.
Das Zugangsobjekt wird mit den Worten Datenverarbeitungsanlage konkretisiert. Zur DV-Anlage zählt die Zentraleinheit, die gesamte Peripherie[334] und die sie umgebenden Räumlichkeiten.[335] Neben den Computern sind alle Eingabe- und Ausgabegeräte sowie interne Datenleitungen zu nennen. Maßgebendes Kriterium für die Einstufung als Teil der DV-Anlage ist, daß mit Hilfe des konkreten Geräteteils die für die EDV spezifischen Risiken der hohen Datenkonzentration und schnellen Verarbeitungsmöglichkeit entstehen.[336]
Den in der Informatik als logischer Zugang bezeichneten Vorgang greift ausschließlich die Nr.5 der Anlage auf und umschreibt es mit dem Wort 'Zugriff'. Zugriff ist danach nur die Aktivität, die in bezug auf die vorhandenen Daten erfolgt und den Informationsgehalt verfügbar macht.[337] Dies setzt ein Arbeiten auf der Software-Ebene voraus. Der Datenschutz verwendet den Terminus 'Zugriff' also in derselben einschränkenden Weise wie die Informatiker.
Zugangs- und Zugriffsobjekt im Sinne der Nummern 1 und 5 der Anlage sind die Hardware beziehungsweise die personenbezogenen Daten. Der Zugriff auf Programme erfaßt die Anlage nicht.
Zusammenfassend bleibt festzuhalten, daß die datenschutzrechtliche Auslegung die Worte 'Zugang' und 'Zugriff' alternativ verwendet. Grafisch stellt sich die Terminologie des BDSG wie folgt dar:

---

333 Siehe die Kommentierung zur ursprünglichen und gleichlautenden Fassung des § 6 BDSG a.F.: Simitis/Dammann/Dammann, RdNr.71; Schaffland/Wiltfang, RdNr.28
334 Siehe die Kommentierung zur ursprünglichen und gleichlautenden Fassung des § 6 BDSG a.F.: Simitis/Dammann/Dammann, RdNr.67. Nicht zur DV-Anlage zählen die Datenträger. Die Annäherung an die Datenträger erfaßt nur Nummer 10 der Anlage zu § 6 BDSG. Vergl. Schaffland/Wiltfang, RdNr.45
335 Mucksch, S.111
336 Siehe die Kommentierung zur ursprünglichen und gleichlautenden Fassung des § 6 BDSG a.F.: Simitis/Dammann/Dammann, RdNr.67
337 Siehe die Kommentierung zur ursprünglichen und gleichlautenden Fassung des § 6 BDSG a.F.: Simitis/Dammann/Dammann, RdNr.114; Schaffland/Wiltfang, RdNr.29

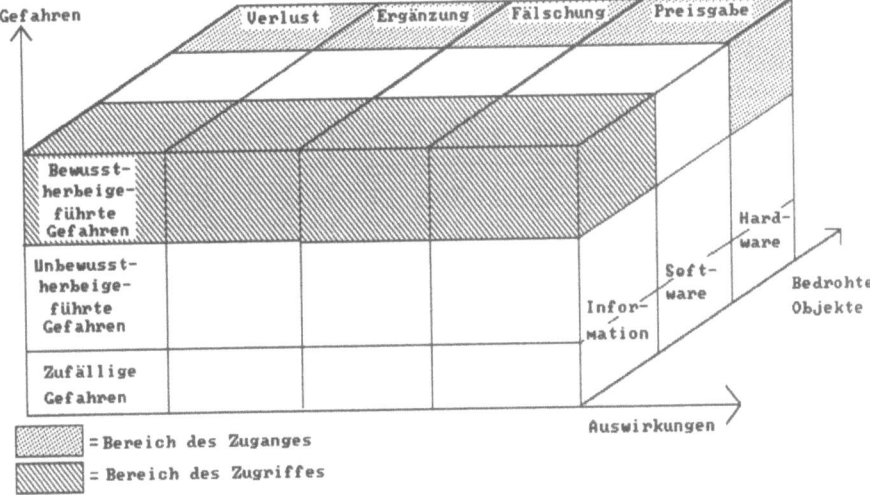

Zusammenfassung

Die in der Informatik und im Datenschutz verwendeten Interpretationen weichen voneinander ab. Die von der Rechtswissenschaft Ende der siebziger Jahre entwickelte Auslegung schränkt den Anwendungsbereich des Wortes Zugang in erheblichem Umfang ein.

Der gemeinsame Ansatz beider Definitionen besteht darin, daß nicht nur der unmittelbare Kontakt zu den nicht wahrnehmbaren Informationen durch das Wort 'Zugang' zum Ausdruck gebracht wird, sondern auch die Annäherung oder Einwirkungsmöglichkeit auf das Umfeld des Tatobjektes sich als Zugang darstellen.

Für die strafrechtliche Auslegung eröffnet der Wortlaut mehrere Interpretationsansätze. Im weiteren ist zu klären, ob sich die von den Datenschützern entwickelte Definition zur Auslegung von § 202a Abs.1 StGB eignet, oder ob - auf der Basis der technischen Definition - eine neue Auslegung zu entwickeln ist.

Zumindest läßt sich aus der grammatikalischen Auslegung des Tatbestandsmerkmales eine Antwort auf die Frage finden, in welchem Zeitpunkt die Sicherung ihre Wirkung entfalten muß. Eine Sicherung, die einem Täter den Weg zu den Informationen versperren will, muß zeitlich vor dem Kontakt des Eindringlings mit dem Tatobjekt liegen. Die Sicherung in § 202a Abs.1 StGB hat deshalb unzweifelhaft präventiven Charakter,[338] so daß Abgangssicherungen im Sinne von Nummer 2 der Anlage zu § 6 BDSG a.F. schon aufgrund des Wortlautes der Vorschrift ausscheiden.

---

338 Vergleiche zu dem Streit bei § 243 Abs.1 S.2 Nr.2 StGB Kapitel 4.3.1.1.3..

4.4.1.2. Systematik

Die Stellung des § 202a Abs.1 im Strafgesetzbuch enthält für die Auslegung keine Hinweise.
Die Sicherung in § 202 Abs.2 StGB knüpft an die Kenntnis durch den Täter an. Die Verletzung des Briefgeheimnisses setzt also voraus, daß er die Schriftstücke wahrnimmt. Der Kontakt zwischen Täter und Tatobjekt hat auf der semantischen Ebene des Tatobjektes zu erfolgen. § 202a Abs.1 StGB verzichtet demgegenüber auf die Kenntnisnahme und eröffnet hierdurch die Möglichkeit, an Daten zu gelangen, ohne sie wahrzunehmen. Der Zugang in § 202a Abs.1 StGB umfaßt deshalb weitere Formen der Kontaktaufnahme.
Für die Frage nach der konkreten Auslegung einer Zugangssicherung bietet die Systematik somit keine Anhaltspunkte.

4.4.1.3. Geschichte

Neben den offiziellen Gesetzesmaterialien enthalten auch die Stellungnahmen der Sachverständigen Sieber, Oertel und Brentrup keine Hinweise auf das Merkmal der Zugangssicherung. Weder in den schriftlichen Voten noch in den mündlichen Vorträgen vor dem Innen- und Rechtsausschuß forderten sie eine Sicherung gegen unberechtigten Zugang.
Da die Anregung zur Schaffung von § 202a StGB erst während der Anhörung der Sachverständigen kam und die Parlamentarier weder in der Anhörung noch in der abschließenden parlamentarischen Debatte[339] sich zur Auslegung des Tatbestandsmerkmales äußerten, ist zu vermuten, daß die verantwortlichen Mitarbeiter des Justizministeriums den Begriff 'Zugang' einführten. Das gleiche Haus hatte sieben Jahre zuvor die Anlage zu § 6 BDSG a.F. erarbeitet, die sich mit Schutzmaßnahmen bei automatischer Datenverarbeitung beschäftigte. In der Nummer 1 der Anlage zu § 6 BDSG a.F., die als Zugangskontrolle überschrieben ist, hat die Sicherung 'Unbefugten den Zugang zur Datenverarbeitungsanlage ... zu verwehren'. § 202a StGB und die Anlage zu § 6 BDSG a.F. haben somit den gleichen Ursprung.
Bedenkt man weiter, daß das Wort 'unbefugt' in der strafrechtlichen Terminologie zumeist einen Hinweis auf die Rechtswidrigkeit enthält[340] und die Begriffe 'unbefugt' und 'unberechtigt' in der Anlage zu § 6 BDSG a.F. als Synonyme verwendet wurden[341], so zeigen sich eindeutige Anhaltspunkte für eine historische Bezugnahme.

---

339 BT - Sitzungsprotokolle 1986 10/201, S.15435f
340 Siehe hierzu die näheren Ausführungen in Kapitel 4.7..
341 Vergleiche 'unbefugt' in Nr.1 - 4 und 'unberechtigt' in Nr.5. Gleichlautende Definitionen sind bei Schaffland/Wiltfang (zu § 6 BDSG a.F., Anh.3 Abschn.2) zu finden.

Neben der faktisch identischen Wortwahl verdeutlicht auch die zeitliche Abfolge eine inhaltliche Parallele, denn die Zugangskontrolle soll im Gegensatz zur Abgangskontrolle in Nummer 2 der Anlage ebenfalls präventiv wirken.[342]

Somit existiert auch in der historischen Auslegung kein direkter Hinweis auf die Deutung des Tatbestandsmerkmales 'Zugang'. Für eine Auslegung im Sinne des Bundesdatenschutzgesetzes lassen sich zwar Anhaltspunkte finden, doch handelt es sich hierbei nur um Vermutungen.

4.4.1.4. Teleologie

Die formelle Verfügungsbefugnis als Rechtsgut des § 202a Abs.1 StGB bezieht sich auf die nicht wahrnehmbaren Daten. Das Gesetz bringt somit zum Ausdruck, daß es vorrangig die Informationen und nicht die Hardware schützen will.
Die datenschutzrechtliche Definition widerspricht dieser Intention.
Wenn man den Zugang auf die körperliche Annäherung an die Hardware reduziert, so ignoriert dies die spezielle Gefährdung eines unkörperlichen Tatobjektes. Gerade der Zugriff von außen mit Hilfe von Datenleitungen gefährdet das Verfügungsrecht des Dateninhabers. Allein das körperliche Verschaffen von Datenträgern ließe sich größtenteils mit den Vorschriften zum Diebstahl abdecken.
Schon aus diesem Grund kann eine Zugangssicherung nicht allein auf die physische Annäherung an die Geräte beschränkt werden.
Auch wenn man den strafrechtlichen Zugangsbegriff als Summe des datenschutzrechtlichen Zuganges und Zugriffes definiert, entsteht eine Strafbarkeitslücke im Hinblick auf Computerprogramme. Für eine Differenzierung zwischen Programm- und Dateidaten existiert allerdings kein Grund, so daß diese Konstruktion nicht überzeugt.[343]
Die von den Rechtswissenschaftlern Ende der siebziger Jahre entwickelte eigenständige Definition des Zugangsbegriffes deckt sich somit nicht mit dem Rechtsgut des § 202a Abs.1 StGB und ist deshalb für die Auslegung von § 202a Abs.1 StGB ungeeignet.

Der Umkehrschluß, daß der Zugang nur auf den Zugriff im Sinne der Informatiker zu definieren sei, widerspricht ebenfalls dem Rechtsgut.
Zwar waren es die unkörperlichen Formen des Zugriffes, wie zum Beispiel das Abhören von Richtfunkstrecken, die den Gesetzgeber veranlaßten, § 202a StGB

---

342 Hellfors/Seiz, S.34; Simitis/Dammann/Dammann, § 6 BDSG a.F. RdNr.65
343 Zudem stellt sich wiederum das Problem, daß die datenschutzrechtliche Literatur bei der Auslegung des Wortes 'Zugang' die Interessen des Betroffenen und nicht die Belange des Dateninhabers würdigen muß.

in das 2. WiKG aufzunehmen[344], doch beginnt die Verfügbarkeit der Daten schon mit dem körperlichen Besitz am Datenträger. Deshalb ist allein der Zugriff nicht geeignet, alle Wege zum Tatobjekt zu schützen.
Die von den Informatikern vorgegebene Definition umfaßt darüber hinaus nicht nur den unmittelbaren Zugang zum Computer, sondern schließt einen Sicherheitsbereich mit ein. Aus teleologischer Sicht besteht das Bedürfnis, das Umfeld einer EDV-Anlage in den Schutzbereich aufzunehmen, denn die Gefährdung des Rechtsgutes setzt nicht erst unmittelbar an den Daten oder den Geräten ein. Der Zugang zu Daten beginnt schon im Vorfeld des Computers.
Die Interpretation der Informatiker deckt demzufolge die gesamte Bandbreite der zu sichernden Zugangswege und Zugangsobjekte ab.
Aus Sinn und Zweck des § 202a Abs.1 StGB heraus existieren keine Gründe, die Auslegung einzuschränken. Nur durch einen extensiv ausgelegten Zugangsbegriff ist es möglich, alle Sicherungen, die den Schutz von Soft- und Hardware gewährleisten, zu berücksichtigen.

Die Trennung zwischen logischem und physikalischem Zugang liegt nicht nur in der Definition der Informatiker begründet, sondern ist auch aus juristischer Betrachtungsweise sinnvoll. Beide Zugangsarten unterscheiden sich in der Intensität der Rechtsgutsbeeinträchtigung.
Der teleologische Grund für die Differenzierung liegt in der Nähe zum Tatobjekt. Ein Arbeiten auf Systemebene ermöglicht es, Informationen jederzeit aufzurufen. Dagegen erlaubt ein physikalischer Zugang niemals die Kenntnisnahme von Daten, denn gemäß § 202a Abs.2 StGB liegen nicht wahrnehmbare Informationen vor, die erst in eine für einen Menschen erkennbare Darstellung umzusetzen ist. Erst die Systemprogramme können die Umsetzung steuern, so daß ein logischer Zugang zwingend erfolgen muß, wenn der Nichtberechtigte die Daten zur Kenntnis nehmen will. Der logische und der physikalische Zugang unterscheiden sich demzufolge in der Verfügbarkeit über den Dateninhalt. Wurde nur körperlich auf einen Datenträger eingewirkt, so läßt sich die ausschließliche Verfügungsbefugnis des Berechtigten durch die Rückgabe des Informationsträgers wiederherstellen. Erfolgte demgegenüber ein logischer Zugang, und wurden die Informationen vom Nichtberechtigten zur Kenntnis genommen, so läßt sich die Rechtsgutsverletzung nicht mehr korrigieren.

Nur die umfassende Definition der Informatiker setzt den Gesetzeszweck effektiv um.

---

344 BT - Drucksache 10/5058, S.28

4.4.1.5. Ergebnis

Von den beiden sich aus dem Wortlaut ergebenden grammatikalischen Auslegungsansätzen kann nur der Ansatz der Informatiker überzeugen. Die datenschutzrechtliche Interpretation orientiert sich ausschließlich an der Hardware und ist deshalb ungeeignet.

Im einzelnen ergibt sich hieraus für die zwei Zugangsarten:
Auf der logischen Ebene bedeutet Zugang jedes Arbeiten mit dem System. Das System umschreibt nicht nur das Betriebssystem des penetrierten Computers, sondern umfaßt auch das Arbeiten in einem Netzwerk. Die Zugangssicherung auf der logischen Ebene kann also im Netzwerkprogramm oder im Betriebssystem jedes angeschlossenen Rechners installiert sein. Es ist somit möglich, die Sicherung an jedem Computer eines Netzes anzusetzen.
Der physikalische Zugang liegt vor, wenn die Möglichkeit zur Manipulation an der Hardware besteht. Jede körperliche Sicherung, die geeignet ist, diese Manipulation zu unterbinden, schützt die im Rechner gespeicherten Daten vor Zugang.

Indem § 202a Abs.1 StGB den Ausdruck 'Zugang' im Gegensatz zum 'Zugriff' verwendet, betont es die eigenständige Bedeutung der mechanischen Sicherungen. Deshalb ist die Wortwahl - mag sie vielleicht auch aus falschen Überlegungen in das Gesetz aufgenommen worden sein - beizubehalten.

4.4.2. Berechtigung

Das Tatbestandsmerkmal des Zugangs teilt sich zusätzlich in berechtigten und unberechtigten Zugang.
Strafbar ist allein die Umgehung oder Überwindung von Sicherungen, die gegen den unberechtigten Zugang schützen.
In der Literatur besteht Streit über die Frage, ob diese Einschränkung sinnvoll ist.

4.4.2.1. Auslegungsversuche

Die drei voneinander differenzierbaren Interpretationsversuche in der Literatur basieren alle auf zwei gemeinsamen Ansätzen.
Der eine Ausgangspunkt ist die Feststellung, daß eine Zugangssicherung per se schon mit der Absicht errichtet wird, Unbefugte auszuschließen.[345] Der zweite

---

345 Schönke/Schröder/Lenckner, § 202a RdNr.9

Ansatz liegt in der Verknüpfung mit dem Tatbestandsmerkmal 'nicht für ihn (den Täter) bestimmt'.[346]
Trotz dieser einheitlichen Ansätze divergieren die Schlußfolgerungen erheblich, so daß sie die einzelnen Sicherungen unterschiedlich bewerten.

4.4.2.1.1. Gleichsetzung mit 'nicht für den Täter bestimmt'

Tröndle führt aus, die Frage, ob der Zugang unberechtigt sei, hänge von der Bestimmung des Rechtsgutsträgers ab.[347] Er setzt somit das Merkmal 'unberechtigt' mit dem Terminus 'nicht für den Täter bestimmt' gleich. Eine darüber hinausgehende Funktion im Verhältnis zur Zugangssicherung kommt der mangelnden Berechtigung nach Tröndles Ausführungen nicht zu. Es fehlt somit an einer eigenständigen Bedeutung.
Hieraus ist die Konsequenz zu ziehen, daß das Tatbestandsmerkmal inhaltsleer und deshalb zu streichen ist.

4.4.2.1.2. Umkehrschluß aus dem Wort 'bestimmt'

Lenckner schließt aus dem Tatbestandsmerkmal 'unberechtigt', daß es nicht ausreicht, wenn überhaupt eine Zugangssicherung besteht, denn in diesem Fall wäre das Merkmal überflüssig.[348] Er verknüpft deshalb die Zugangsberechtigung ebenfalls mit der Bestimmung der Daten durch den Verfügungsberechtigten. Hieraus folgert er, daß nur Personen, für die die Informationen bestimmt sind, berechtigten Zugang haben dürfen. Im Umkehrschluß habe die Sicherung gegen unberechtigten Zugang gegenüber allen zu bestehen, für die die Daten nicht bestimmt seien.[349]
Die Schlußfolgerung ist, daß eine Sicherung nur dann tatbestandsmäßig ist, wenn sie jeden abhält, der nicht autorisiert ist. Zur Begründung führt Lenckner an, daß es widersprüchlich sei, anzunehmen, der Täter habe berechtigten Zugang zu Daten, die nicht für ihn bestimmt seien.[350]
Am Beispiel des Closed-Shop-Systems verdeutlicht Lenckner seine Ausführungen:

---

346 Dreher/Tröndle, § 202a RdNr.7; Leicht, IuR 1987, S.45, S.46
347 Dreher/Tröndle, § 202a RdNr.7
348 Schönke/Schröder/Lenckner, § 202a RdNr.9; Lenckner/Winkelbauer, CuR 1986, S.483, S.487. Leicht (IuR 1987, S.45, S.46) folgt Lenckner, ohne auf die Konsequenzen einzugehen.
349 Schönke/Schröder/Lenckner, § 202a RdNr.9; Lenckner/Winkelbauer, CuR 1986, S.483, S.487
350 Leicht, IuR 1987, S.45, S.46

Ein Rechenzentrum ist nur dann gegen unberechtigten Zugang gesichert, wenn die abfragbaren Daten für alle Zugangsberechtigten bestimmt sind. Die Daten sind dagegen nicht ausreichend geschützt, wenn weitere Mitarbeiter Zutritt zu den Räumlichkeiten haben. Der strafrechtliche Schutz soll dann auch gegen Fremde und damit gegen jedermann entfallen.[351]
Die Konsequenz seiner These erkennt Lenckner selber. Die Person, die danach in den Schutzbereich des § 202a Abs.1 StGB kommen will, ist zu umfassenderen Vorkehrungen gezwungen.[352]

4.4.2.1.3. Lückenloser Schutz

Jähnke knüpft ausdrücklich nicht an die mangelnde Bestimmung der Daten für den Täter an. Er interpretiert in das Merkmal 'unberechtigt' die Aussage hinein, die Zugangssicherung müsse gedanklich lückenlos sein.[353] Mit der Beschreibung 'gedanklich lückenlos' stellt Jähnke klar, daß der Dateninhaber alle Zugangswege zu den Informationen sichern muß. Die Schutzvorkehrung darf sich nicht nur gegen einen möglichen Zugriff wenden, sondern hat alle Zugangsformen abzudecken.
Jähnke nennt als mangelhaften Schutz die Vorkehrungen, die sich ausschließlich gegen betriebsexterne Personen richten. Eine Sicherung wendet sich nur dann gegen unberechtigten Zugang, wenn sie in der Lage ist, auch unberechtigt eindringende Angestellte abzuwehren.[354]
Danach liegt ebenfalls kein gedanklich lückenloser Schutz vor, wenn nur Vorkehrungen gegen einen körperlichen Zugang getroffen werden, der Rechner gleichzeitig aber auch im online-Verfahren betrieben wird, so daß ein ungeschützter Zugriff über die Datenleitung möglich ist.
Die Auslegung stellt somit auf die abstrakte Prüfung der Zugangsmöglichkeiten ab und verknüpft die Berechtigung ausschließlich mit dem Zugangsmerkmal. Im Gegensatz zu Lenckner fordert Jähnke nicht, daß die Schutzvorkehrungen jeden einzelnen Nichtautorisierten ausschließen müssen. Für Dritte bleibt danach eine Zugangssicherung tatbestandsmäßig, wenn der Verfügungsberechtigte anderen Personen den Zugang zu dem System oder den Daten ermöglicht, ohne daß die Daten für diesen Personenkreis bestimmt sind.
Diese theoretisch klingende Differenzierung verdeutlicht Jähnke ebenfalls am Closed-Shop-System:

---

351 Schönke/Schröder/Lenckner, § 202a RdNr.9; Lenckner/Winkelbauer, CuR 1986, S.483, S.487
352 Schönke/Schröder/Lenckner, § 202a RdNr.9
353 Leipziger-Kommentar Jähnke, § 202a RdNr.15
354 Leipziger-Kommentar Jähnke, § 202a RdNr.15

Für die Personen, die mit der Erfassung, Verarbeitung und Verwaltung der elektronisch gespeicherten Datenbestände betraut sind, handelt es sich um für sie bestimmte Informationen. Neben diesen Berufsgruppen müssen zur Aufrechterhaltung der Funktionsfähigkeit außerdem technisches Wartungspersonal und Reinigungskräfte Zugang zum internen Bereich eines Rechenzentrums haben.[355] Für diese Mitarbeiter sind die gespeicherten Daten allerdings nicht bestimmt. Die Closed-Shop-Sicherung ist daher in der praktischen Umsetzung nach Lenckners Theorie keine tatbestandliche Sicherung. Für Jähnke ist demgegenüber ausreichend, daß das Rechenzentrum nicht von jedem Mitarbeiter betreten werden kann, sondern zwischen den Personen, die Zugang zu dem Computer erlangen wollen, selektiert wird.

Das Tatbestandsmerkmal richtet sich somit allein an den Rechtsgutsträger und konkretisiert den Umfang der von ihm notwendigerweise zutreffenden Sicherungsmaßnahmen.

Die von Jähnke in das Tatbestandsmerkmal 'unberechtigt' hineininterpretierte Forderung enthält somit das Element der im Sicherungsbegriff enthaltenen Sorgfaltspflicht.

4.4.2.1.4. Ergebnis

Ausgehend von dem tatbestandlichen Maßnahmenkatalog, der sich aus dem Sicherungsbegriff ableitet, führt nur die These vom Umkehrschluß zu einer Einschränkung.

In der Praxis verlieren demzufolge sowohl die verschließbare Tür zum Computerraum als auch das Paßwort auf Systemebene ihre Funktion als Zugangssicherung im Sinne von § 202a Abs.1 StGB, denn sie ermöglichen Dritten den Zugang, obgleich die Informationen nicht für sie bestimmt sind.

Da im privaten Bereich zu einem Arbeitszimmer mit Computer üblicherweise Familienmitglieder ebenfalls Zutritt haben und im betrieblichen Bereich zu einem Computerraum außerdem Reinigungskräfte Zugang haben, ist eine abschließbare Tür ungeeignet, um Daten dem strafrechtlichen Schutz des § 202a Abs.1 StGB zu unterstellen.

Bei einer arbeitsteiligen Datenverarbeitung ist auch das Paßwort auf Systemebene nicht ausreichend. Neben den Operatoren, die die Datenverarbeitung überwachen und steuern und für die die Daten bestimmt sind, haben in der Praxis auch die Programmierer zur ständigen Programmpflege Zugriff auf das System. Zur Erfüllung seiner Aufgaben benötigt der Programmierer nur die abstrakten Angaben über Struktur und Datenvolumen. Der einzelne Datensatz mit seiner Information ist demgegenüber ohne Bedeutung für die Kontrolle und Weiterentwicklung der

---

355 Leipziger-Kommentar Jähnke, § 202a RdNr.15

Software, so daß die Daten für den Programmierer nicht bestimmt sein müssen. Da er zudem nicht mit der einzelnen Information arbeiten soll und die Zahl der Verfügungsberechtigten bei einer verantwortungsvollen Datenverarbeitung gering zu halten ist, ist der Programmentwickler zum Arbeiten mit den Datenbeständen nicht autorisiert.

Nach Lenckner ist nur ein Paßwort auf Dateiebene ausreichend, da der Programmierer zur Programmpflege nicht auf der Ebene der Einzelinformationen zu arbeiten hat, so daß ihm kein Zugriff ermöglicht werden muß.

Die Annahme eines lückenlosen Schutzes modifiziert dagegen die Bewertung der einzelnen Beispielssicherungen nicht. Seine Auslegung fordert vom Verfügungsberechtigten nur - je nach Anzahl der Zugangswege - den Einsatz einer größeren Zahl von Sicherungen einzurichten.

4.4.2.2. Auslegung

Anhand der Auslegung ist zu ermitteln, ob entweder die These vom Umkehrschluß oder vom lückenlosen Schutz geeignet ist, das Tatbestandsmerkmal sinnvoll auszufüllen, oder ob mit Tröndle anzunehmen ist, daß der Begriff 'unberechtigt' keine eigenständige Aussage beinhaltet.

4.4.2.2.1. Wortlaut

§ 202a Abs.1 StGB verwendet insgesamt drei einschränkende Formulierungen. Dies sind 'nicht bestimmt', 'unbefugt' und 'unberechtigt'. Welche inhaltlichen Anknüpfungspunkte die sprachlichen Negationen enthalten, ist dem Wortlaut nicht zu entnehmen.

4.4.2.2.2. Systematik

Gleichermaßen ergebnislos ist die systematische Auslegung. Die durch das Merkmal der besonderen Sicherung geschaffenen Bezüge zu § 202 Abs.2 StGB und § 243 Abs.1 S.2 Nr.2 StGB enthalten keine Hinweise. Weder nimmt die Verletzung des Briefgeheimnisses auf eine unberechtigte Kenntnisnahme Bezug noch stellt der besonders schweren Fall des Diebstahls auf eine unberechtigte Wegnahme ab. Das Gesetz beläßt es in diesen Normen bei einer Sicherung gegen Kenntnisnahme beziehungsweise Wegnahme.

Aus der Systematik läßt sich allenfalls der Schluß ziehen, daß bei körperlichen Tatobjekten auf eine weitergehende Einschränkung der Sicherung verzichtet wird. Dies bestätigt die These, daß die Zugangssicherung in § 202a Abs.1 StGB sich schon per se gegen Unberechtigte richtet.

4.4.2.2.3. Geschichte

Weder in den offiziellen Gesetzesmaterialien existieren Anhaltspunkte für eine Auslegung noch in den Protokollen der Sachverständigenanhörung vom 6.Juni 1984.
Aus historischer Sicht ist allerdings die offensichtliche Parallele zur ersten Nummer der Anlage zu § 6 BDSG a.f. von Bedeutung. Das Bundesdatenschutzgesetz fordert in der Zugangskontrolle, daß Maßnahmen zu treffen sind, die Unbefugten den Zugang zur Datenverarbeitungsanlage erschweren.
Wie schon beim Tatbestandsmerkmal 'Zugang' aufgezeigt wurde, verwendete der Gesetzgeber in der Anlage zu § 6 BDSG a.F. die Worte 'unbefugt' und 'unberechtigt' synonym. Somit ist ein deutlicher linguistischer Bezug zwischen § 202a Abs.1 StGB und dem Datenschutzrecht vorhanden.
Der Gesetzgeber schuf die Zugangskontrolle mit dem Ziel, Mißbrauch schon im Vorfeld der personenbezogenen Daten auszuschließen. Hierzu sollen alle unbefugten Personen von vornherein von der Datenverarbeitungsanlage ferngehalten werden.[356]
Auf den ersten Blick spricht die historische Auslegung somit für den Umkehrschluß zwischen Bestimmung und Berechtigung. Die genaue Analyse der Zugangskontrolle zeigt allerdings, daß aus dem Bundesdatenschutzgesetz keine Anhaltspunkte für einen Umkehrschluß existieren.
Die datenschutzrechtliche Definition von befugtem Personal schließt alle Personen ein, die sich zur Ausführung der ihnen übertragenen Aufgaben der Datenverarbeitungsanlage nähern müssen. Hierzu zählen neben dem Bedienungspersonal auch Techniker und Reinigungskräfte.[357] Die Befugnis, sich im Bereich der Computer aufzuhalten, ist allerdings auf die Zeit beschränkt, die sie benötigen, um ihre Funktion auszuführen.[358]
Auf der Ebene des physikalischen Zugangs knüpfen die Datenschützer an die Berechtigung der Personen und nicht an die Bestimmung der Daten an. Die Zugangskontrolle setzt somit die Befugnis nicht in bezug zu den Daten.
Ein Umkehrschluß kann allenfalls dahingehend formuliert werden, daß sich die Befugnis auf die notwendigen Aufgaben im Zusammenhang mit der Datenverarbeitungsanlage bezieht.
Die Lenckners These zugrunde liegende Forderung, nur der, der autorisiert mit den Daten arbeitet, dürfe Zugang zu den Daten haben, läßt sich folglich nicht aus

---

356 Simitis/Dammann/Dammann, § 6 BDSG a.F. RdNr.65
357 Simitis/Dammann/Dammann, § 6 BDSG a.F. RdNr.72
358 Simitis/Dammann/Dammann, § 6 BDSG a.F. RdNr.72

dem sprachlichen Vorbild des Tatbestandsmerkmales 'unberechtigter Zugang' begründen.[359]

Aus § 6 BDSG a.F. und der dazugehörigen Anlage ist die datenschutzrechtliche Gesamtforderung abzuleiten, daß alle personenbezogenen Informationen weitestgehend zu schützen sind. Die Schutzmaßnahmen haben sich gegen jede Person zu richten, die sich den Daten nähert. Die Zugangskontrolle in Nummer 1 der Anlage umschreibt mit der Formulierung 'Unbefugten den Zugang ... zu verwehren' für die Teilebene des physikalischen Zuganges genau diese Forderung. Um einen möglichst lückenlosen Schutz zu realisieren, fordern die Datenschützer die Installation von Schutzvorkehrungen, die alle in Nummer 1 bis 10 der Anlage aufgeführten Kontrollen erfüllen. Aus datenschutzrechtlicher Sicht dient das Merkmal 'unbefugt' somit auf dessen Sicherungsebene der Durchsetzung eines möglichst weitgehenden Schutzes.
Soweit man die sprachliche Parallele zwischen § 202a Abs.1 StGB und Nummer 1 der Anlage zu § 6 BDSG a.F. als Anhaltspunkt für eine historische Auslegung heranzieht, bleibt festzuhalten, daß allenfalls der von Jähnke geforderte lückenlose Schutz partiell im datenschutzrechtlichen Tatbestandsmerkmal 'unbefugt' enthalten ist.

4.4.2.2.4. Teleologie

Sowohl praktische als auch daraus resultierende rechtstheoretische Überlegungen zeigen, daß Lenckners Umkehrschluß aus Bestimmung und Berechtigung nicht der gesetzlichen Intention entspricht.
Die schon angeführten Beispiele verdeutlichen, daß in der Praxis die Sicherungen gegen physikalischen Zugang vollständig ausscheiden. Selbst mechanische Schutzvorkehrungen, die nicht im Vorfeld des Computers sondern direkt am Gerät angebracht werden, sind nach Lenckners Auslegung nicht tatbestandsmäßig. Zum Beispiel muß ein Mechaniker eine Gehäusesicherung öffnen, wenn der Computer defekt ist. Hierdurch erlangt eine Person, für die die Informationen auf dem im Rechner enthaltenen Datenträger nicht bestimmt ist, ungehinderten Zugang. Gravierender noch als der Verlust aller mechanischen Sicherungen ist der Umstand, daß der Paßwortschutz auf Systemebene als tatbestandliche Sicherung entfällt. Diese Sicherungsmaßnahme ist weitaus effizienter als ein programmbe-

---

[359] Allenfalls aus der Speicherkontrolle (Nummer 3 der Anlage zu § 9 BDSG) kann diese Aussage abgeleitet werden. Sie bezieht sich allerdings nur auf die Ebene des logischen Zugriffes.

zogener Kennwortschutz, denn kann sich ein Eindringling schon auf der Systemebene frei bewegen, so ist ein Paßwortschutz leichter zu überwinden.[360]
Zudem steht dieses Ergebnis der teleologischen Auslegung des Tatbestandsmerkmales 'Zugang' entgegen. Indem das Gesetz den Begriff 'Zugang' im Gegensatz zum 'Zugriff' verwendet, betont es gerade die Eigenständigkeit der mechanischen Sicherung.

Demgegenüber konkretisiert der von Jähnke befürwortete lückenlose Schutz die vom Dateninhaber zu treffenden Maßnahmen.
Für die These vom lückenlosen Schutz spricht, daß es notwendig ist, den Verfügungsberechtigten am Schutz seiner Informationen zu beteiligen und hierdurch das bis heute unterentwickelte Problembewußtsein zu schärfen.
Allerdings sind aus teleologischen Erwägungen Einschränkungen vorzunehmen. Die Interpretation als gedanklich lückenloser Schutz darf nicht überdehnt werden und den Berechtigten dazu zwingen, jede nur erdenkliche Zugangsform zu berücksichtigen.
Spätestens auf der Ebene des logischen Zugriffes endet das Verständnis eines durchschnittlichen Benutzers. Man kann nicht von jedem Computerbesitzer, der nur externe Datenbanken wie juris via Computernetz nutzt, verlangen, daß er sich mit allen technischen Voraussetzungen auseinandersetzt und ihre Schwachstellen erkennt. Andernfalls würden nur EDV-Spezialisten von § 202a Abs.1 StGB erfaßt.
Aus dem von Jähnke selbst gewählten Beispiel des Zugriffes durch einen nichtberechtigten Mitarbeiter ist ersichtlich, daß er, Jähnke, mit den Worten 'gedanklich lückenlos' die von jedem erkennbaren und damit wahrscheinlichen Angriffe abdecken will.

Es läßt sich folglich dem Tatbestandsmerkmal ein Sinngehalt zuordnen. Somit ist die von Tröndle vorgenommene Gleichsetzung von Bestimmung der Daten und Berechtigung zum Zugang und der daraus resultierenden Bedeutungslosigkeit der Berechtigung aus teleologischer Sicht abzulehnen.

4.4.2.2.5. Ergebnis

Die von Lenckner aufgestellte These vom Umkehrschluß aus Bestimmung und Berechtigung ist weder historisch noch teleologisch begründbar. Allein die Auslegung von Jähnke ist in der Lage, das Tatbestandsmerkmal 'unberechtigt' sinnvoll auszufüllen, wobei die These aus teleologischen Gründen zu reduzieren ist. Die

---

360 Zu den einzelnen Unterschieden siehe Kapitel 5.1.1..

gedankliche Lückenlosigkeit darf nicht überdehnt werden. Der Dateninhaber hat nur gegen wahrscheinliche Zugangsformen Vorkehrungen zu treffen.

Demzufolge verweist die Interpretation des Tatbestandsmerkmales 'unberechtigt' auf die Sorgfaltspflicht des Berechtigten. Die Verpflichtung, sich gegenüber allen wahrscheinlichen Vorgehensweisen eines Täters zu schützen, ist schon Inhalt des Sicherungsbegriffes. Eine Sicherung ist keine verantwortungsvolle Schutzvorkehrung, wenn der Verfügungsberechtigte gleichzeitig andere Zugangswege völlig ungeschützt läßt. Erst die Berücksichtigung aller wahrscheinlichen Zugriffs- und Zugangsformen führt zu einer verantwortungsvollen Installation einer Sicherung. Somit führt das Wort 'unberechtigt' keinen neuen Aspekt in die Auslegung ein. Das Tatbestandsmerkmal 'unberechtigt' ist trotz seiner die Sorgfaltspflicht bestätigenden Auslegung zu streichen. Zum einen ist die Forderung nach einem nahezu lückenlosen Schutz schon im Sicherungsbegriff enthalten und stellt deshalb nur eine Wiederholung dar. Zum anderen - dies zeigen die Ausführungen von Tröndle und Lenckner sehr deutlich - ist aufgrund der fehlenden Anknüpfungspunkte in den Gesetzesmaterialien mit Fehlinterpretationen nicht zuletzt durch die Gerichte zu rechnen. Um diese potentielle Fehlerquelle eliminieren zu können, ist der Ausdruck 'unberechtigt' aus dem Wortlaut des § 202a Abs.1 StGB zu streichen.

4.4.3. Zusammenfassung

Der Zugangsbegriff ist ausgehend von der Definition der Informatiker weit auszulegen. Gründe für eine Einschränkung dieser Auslegung bestehen nicht. Bezüglich des Tatbestandsmerkmales 'unberechtigt' bleibt nur festzuhalten, daß es bei der nächsten Reform des Strafgesetzbuches zu streichen ist, denn die inhaltliche Aussage leitet sich schon aus dem Sicherungsbegriff ab.

4.5. Verschaffen

Die Tathandlung wird mit dem Wort 'Verschaffen' umschrieben. Der Täter muß sich oder einem anderen Daten verschaffen.
§ 202a Abs.1 StGB beschränkt sich nicht auf die eigennützige Handlung. Das Gesetz stellt darüber hinaus auch die fremdnützige Tat unter Strafe. Außerdem ist es möglich, daß der Täter sowohl sich als auch Dritten Daten verschafft. Erfolgt die Weitergabe nicht gleichzeitig, so ist die zweite Tat nur eine mitbestrafte Nachtat zum vorangegangenen eigenen Verschaffen.[361]

---

361 Schlüchter, 2. WiKG, S.67

Neben § 202a Abs.1 StGB verwenden auch § 202, § 259 und § 96 StGB den Begriff des Verschaffens.
In § 259 StGB bezieht sich die Tätigkeit auf eine Sache. Der strafrechtliche Sachbegriff ist auf einen körperlichen Gegenstand begrenzt.[362] Handlungsobjekte des § 202a Abs.1 StGB sind demgegenüber Daten, die - wie oben erörtert - Informationen verkörpern. Eine an § 259 StGB orientierte Auslegung kann dieses unkörperliche Element des Tatobjektes nicht ausreichend erfassen.[363] Zwar kann der Täter sich einen Datenträger verschaffen, doch sind damit bei § 202a Abs.1 StGB noch nicht alle Möglichkeiten des Eindringlings erschöpft. Bei der Auslegung ist folglich auf die bei § 259 StGB gewonnenen Erkenntnisse nicht zurückzugreifen.
In § 96 StGB ist der Anknüpfungspunkt für die Handlung ein Staatsgeheimnis. Unabhängig vom Streit, wo die Unterschiede zwischen den Geheimnissen in § 96 Abs.1 und § 96 Abs.2 StGB im Detail liegen, besteht Einigkeit darüber, daß ein Staatsgeheimnis sowohl unkörperlich erlangt als auch materialisiert auf einem Träger vom Täter verschafft werden kann.[364] In dem einen Fall muß der Täter Kenntnis vom Geheimnis erhalten, in dem anderen Fall reicht die Besitzerlangung am Informationsträger aus.
§ 96 StGB umfaßt somit sowohl körperliche als auch unkörperliche Tathandlungen.
Ausgehend von der Betrachtungsweise bei § 96 StGB läßt sich auch bei § 202a Abs.1 StGB zwischen einem Verschaffen von verkörperten und unkörperlichen Daten unterscheiden.

- materialisierte Informationen
Sind die Daten auf einem Datenträger gespeichert und erlangt der Täter die tatsächliche Verfügungsgewalt über den Träger, so hat er sich die Daten verschafft.[365] Ausreichend ist ebenfalls die Verfügungsgewalt über eine Kopie. Nicht notwendig ist, daß die Daten auch auf dem Datenträger des Täters nicht wahrnehmbar sind. Vielmehr genügt auch ein Ausdruck oder sonst eine verkörperte Darstellung der Informationen.[366]

---

362 Dreher/Tröndle, § 242 RdNr.2
363 Schlüchter, 2. WiKG, S.66
364 Schönke/Schröder/Stree, § 96 RdNr.4; Dreher/Tröndle, § 96 RdNr.2; Lackner, § 96 RdNr.2
365 Lackner, § 202a RdNr.2; Leipziger-Kommentar Jähnke, § 202a RdNr.6; Schönke/Schröder/Lenckner, § 202a RdNr.10; Schlüchter, 2. WiKG, S.66; Bühler, MDR 1987, S.448, S.453; Lenckner/Winkelbauer, CuR 1986, S.483, S.488; Haß, S.299, S.314; Maurach/Schroeder/Maiwald, StR BT-1, § 29 V RdNr.75
366 Leipziger-Kommentar Jähnke, § 202a RdNr.6

- immaterialisierte Informationen
Ein Verschaffen liegt ebenfalls dann vor, wenn - unabhängig von einem Zugriff auf die materielle Substanz des Datenträgers - der Täter Kenntnis von den Daten erhält. Die Wahrnehmung hat sich auf die Semantik der Daten zu beziehen. Die Kenntnis vom Inhalt ist also zugleich notwendig und hinreichend.[367]
Diese Form der Tathandlung erfolgt zumeist dadurch, daß der Täter sich die Daten auf einem Sichtgerät anzeigen läßt, die Informationen liest und "im Kopf hat" oder abschreibt.[368]
Einige Autoren sprechen von gesicherter Kenntnis und deuten dies als verwertbare Kenntnis.[369] Doch steht dieses zusätzliche Merkmal nicht in einem Widerspruch zu der am Anfang gemachten Aussage. Es betont vielmehr nur die Selbstverständlichkeit, daß Kenntnis von Informationen nur dann vorliegt, wenn der Täter sich auch an den Inhalt erinnern kann.

Das Verschaffen von materialisierten Daten im Gegensatz zu immaterialisierten Informationen unterscheidet sich dadurch, daß weder der Täter noch ein Dritter Kenntnis vom Inhalt der Daten haben muß.[370] Dieser Verzicht steht im systematischen Widerspruch zu § 202 StGB. Dort stellen gerade die Absätze 1 Nr.2 und 2 auf die Kenntnisnahme ab.
Doch zieht der Gesetzgeber mit dem Verzicht auf die Kenntnisnahme nur die Konsequenz aus dem Merkmal der mangelnden Wahrnehmbarkeit des Datums. Wollte man die Kenntnisnahme voraussetzen, so müßte zusätzlich bei jeder Tatbestandserfüllung ein Umformungsvorgang vorgenommen werden, damit der Täter von den Informationen Kenntnis erlangen kann. Auch bliebe gerade das für den Verfügungsberechtigten gefährliche Weiterverarbeiten und Nutzen der Resultate straflos, wenn der Täter keine Kenntnis von den Ursprungsdaten erhielte.[371]
Diese Gesetzeslücke wollte der Gesetzgeber vermeiden und verzichtete deshalb ausdrücklich auf das Merkmal der Kenntnisnahme.[372]

---

367 SK-Samson, § 202a RdNr.11; Lackner, § 202a RdNr.2; Schönke/Schröder/Lenckner, § 202a RdNr.10; Schlüchter, 2. WiKG, S.67; Bühler, MDR 1987, S.448, S.453; Lenckner/ Winkelbauer, CuR 1986, S.483, S.488; Haß, S.299, S.314; Maurach/Schroeder/Maiwald, StR BT-1, § 29 V RdNr.75
368 Bühler, MDR 1987, S.448, S.453. Falsch hingegen ist seine Einordnung des Abfotografierens. Mag der Täter meist auch den Bildschirm vorher lesen, so ist dies nicht zwingend notwendig. Das Foto ist vielmehr ein neuer Datenträger auf dem die Informationen fixiert werden, so daß diese Handlung zur zuerst dargestellten Gruppe zählt. Das Abschreiben des Monitors erfüllt beide Möglichkeiten des Verschaffens.
369 Leipziger-Kommentar Jähnke, § 202a RdNr.6; Dreher/Tröndle, § 96 RdNr.2
370 Schönke/Schröder/Lenckner, § 202a RdNr.10; SK-Samson, § 202a RdNr.11; Granderath, DB 1986 Beilage Nr.18, S.1, S.2; Haß, S.299, S.314
371 Lenckner/Winkelbauer, CuR 1986, S.483, S.488
372 BT - Drucksache 10/5058, S.29

Grundsätzlich ist das Verschaffen somit als Erlangen der tatsächlichen Herrschaft zu verstehen. Die Herrschaft kann sich in dem Besitz am Datenträger oder in der Kenntnis von den Daten äußern. Der Täter kann in den Besitz der Informationen entweder durch Diebstahl des Datenträgers, durch Kopieren der gespeicherten Daten auf ein eigenes Speichermedium oder durch Aufzeichnen eines Übertragungsvorganges gelangt sein.

Bei der Begriffsbestimmung treten Probleme auf, falls der Täter verschlüsselte Daten erlangt.[373]

Die Literatur beurteilt nur die Variante einheitlich, bei der der Täter zwar verschlüsselte Informationen erhält, er aber in der Lage ist, die Daten zu entschlüsseln.[374] Ohne Bedeutung ist, wie er die Codierung überwindet. Er kann sowohl den Schlüssel zum Dechiffrieren verwenden, als auch durch Analysieren des codierten Textes die Informationen herauslesen. Allein ausschlaggebend ist, daß die Informationen entschlüsselbar sind.

Ausreichend ist dabei, daß der Dritte, an den der Täter die Daten weitergibt, in der Lage ist, die Daten zu dekodieren.[375]

Fehlt es an der Entschlüsselbarkeit, so ist zwischen den beiden Begehungsmöglichkeiten zu unterscheiden.

Da bei unverkörperten Daten auf die Kenntnis des Inhaltes abgestellt wird, kann der Täter sich den Inhalt der Information nicht verschaffen, solange nur codierte Daten vorliegen.[376]

Ausgehend von der Umschreibung im Falle der verkörperten Daten, die nur auf den Besitz am Datenträger abstellt, ist es nur konsequent, daß zum Beispiel auch der Besitz an einer verschlüsselten Diskette für die Tatbestandserfüllung ausreicht.[377]

---

373 Zu den verschiedenen technischen Möglichkeiten der Datenverschlüsselung siehe Kapitel 5.2.1..
374 Schönke/Schröder/Lenckner, § 202a RdNr.10; Dreher/Tröndle, §202a RdNr.9
375 Leipziger-Kommentar Jähnke, § 202a RdNr.6
376 Dreher/Tröndle, § 202a RdNr.9; Leipziger-Kommentar Jähnke, § 202a RdNr.6; Lenckner/Winkelbauer, CuR 1986, S.483, S.488; Schönke/Schröder/Lenckner, § 202a RdNr.10. Hierbei handelt es sich nicht um eine Einschränkung, sondern nur um eine Konsequenz aus der hergeleiteten Auslegung.
377 Leipziger-Kommentar Jähnke, § 202a RdNr.6; Lenckner/Winkelbauer, CuR 1986, S.483, S.488. Abweichend von dieser Auslegung stellt Lenckner (Schönke/Schröder, § 202a RdNr.10) auch bei verschlüsselten Datenträgern darauf ab, daß der Täter Kenntnis vom Inhalt erlangen kann. Im obengenannten Beispiel verschafft sich der Täter die Daten erst, wenn er entweder im Besitz des Codierungsschlüssels ist oder aber die Information in sonst einer Weise entschlüsseln kann.

Somit werden codierte Daten unterschiedlich behandelt. Diese Unterscheidung läßt sich allerdings rechtfertigen, denn es liegen Gründe für eine differenzierte Behandlung vor.
Zwar spricht gegen eine Ungleichbehandlung, daß codierte Informationen für den Täter zunächst in beiden Fällen wertlos sind, doch der entscheidende Grund liegt in der späteren Verfügbarkeit. Auf einem Datenträger codierte Informationen sind solange ohne Nutzen, bis der Täter den Schlüssel erhält. Es bleibt aber noch nach Jahren die Möglichkeit bestehen, die Daten zu dechiffrieren.
Hat der Täter hingegen unverkörperte und verschlüsselte Informationen wahrgenommen, so mag er auch später noch in der Lage sein, sich an Teile zu erinnern. Doch wahrscheinlicher ist, daß er nichts mehr wiedergeben kann, da zur Erinnerung auch das Verständnis gehört. Sich an einen Text[378] zu erinnern, ohne ihn verstanden zu haben, ist ungleich schwerer. Schon nach kurzer Zeit reicht die Erinnerung nicht mehr aus, um einen codierten Teil der Information zu entschlüsseln, auch wenn der Täter in den Besitz des Dekodierungsverfahrens gelangen sollte.[379]
Aufgrund dieser unterschiedlichen Risikolage besteht ein ausreichender Grund, im Fall von codierten Informationen zu differenzieren.
Für das Verschaffen von fixierten Daten ist auch im Falle der Verschlüsselung ausreichend, daß der Täter den Datenträger in seine Verfügungsgewalt bringt.
Es ist deshalb bei der Auslegung des Tatbestandsmerkmals des 'Verschaffens' in § 202a Abs.1 StGB auf die bei § 96 StGB entwickelten Differenzierungen zu verweisen.

4.6. Der subjektive Tatbestand und die Irrtümer

Neben der Frage, welche Vorsatzform der Täter in § 202a Abs.1 StGB voraussetzt, wird im folgenden erörtert, wie sich Tatbestandsirrtümer des Täters auswirken.

---

378 Zu beachten ist dabei, daß es bei computergestützten Chiffriertechniken nicht unbedingt einmal zu einem Text kommen muß. Meistens werden neben Buchstaben alle möglichen Zeichen verwendet. Vergleiche hierzu die Beispiele bei Kapitel 5.2.1..
379 Nicht in diese Variante fällt der Fall, in der der Täter die codierte Information abschreibt. Die Daten sind dann auf einem Träger fixiert.

4.6.1. Der Vorsatz

In den meisten Fällen ist bei Vorsatzdelikten dolus eventualis ausreichend.[380] Der zumindest bedingte Vorsatz hat sich auf das Merkmal der Daten und die mit ihm verbundenen Voraussetzungen der mangelnden Wahrnehmbarkeit und der Bestimmung sowie der Tathandlung zu beziehen. Bezogen auf die Sicherung und den Zugang ist ebenso ausreichend, daß der Täter es für möglich hält, daß das vom Berechtigten aufgestellte Hindernis eine Sicherung darstellt. Er muß es für möglich halten, daß der Berechtigte mit der Sperre gleichrangig neben anderen Zielen auch den Schutz der Daten bewirken und daß er zudem ein effektives Hindernis für Unbefugte aufbauen will. Die Dokumentationsfunktion, die sich an den Täter wendet und ihm das Erhaltungsinteresse des Verfügungsberechtigten signalisiert, ergibt sich für den Täter aus der Kenntnis über das Merkmal des Sicherungszweckes. Seine Vorstellung braucht sich nur auf den sichernden Charakter der Maßnahme zu beziehen, ohne daß er die technischen Einzelheiten durchdringt.

Nicht ausreichend sind dagegen die Sicherungen, die vom Täter überhaupt nicht wahrzunehmen sind. Solche meist auf Systemebene installierten Sicherungen entziehen sich der Kenntnis des Täters. Unter diesen Voraussetzungen kann ihm jeglicher auf die Sicherung bezogener Vorsatz fehlen.[381]

Ein zusätzliches subjektives Element, das zu einer überschießenden Innentendenz führt, liegt nicht vor.[382] Eine Verwertungsabsicht können nur die Autoren verlangen, die die Tat im Bereich der Vermögensdelikte ansiedeln.[383] Ausgehend vom Rechtsgut als formeller Verfügungsbefugnis ist eine Verwertungsabsicht nicht notwendig und ergibt keinen Sinn.

4.6.2. Irrtümer und ihre Auswirkungen

§ 16 Abs.1 StGB erfaßt alle Irrtümer, die sich auf Merkmale des objektiven Tatbestandes beziehen. Am häufigsten dürfte allerdings ein Irrtum über die Bestimmung vorliegen.

Bei der Bestimmung handelt es sich nicht um ein Merkmal, das nur durch die sinnliche Wahrnehmung vom Täter erfaßt werden kann. Es handelt sich vielmehr

---

380 Auf den Streit, wie genau diese Vorsatzform zu definieren ist, soll nicht weiter eingegangen werden. Zusammenfassend und mit einer neuen These siehe: Herzberg, JuS 1986, S.249.
381 Der Einwand, der Täter müsse doch mit irgendeiner Sicherung gerechnet haben, dient zumeist allein dazu, Schutzbehauptungen abzuwehren. Er darf nicht mit der Erörterung der materiellrechtlichen Vorsatzfrage vermischt werden.
382 Granderath, DB 1986 Beilage Nr.18, S.1, S.2
383 Bühler, MDR 1987, S.448, S.453

um ein normatives Merkmal, bei dem zusätzlich zum Erkennen der Tatumstände eine Parallelwertung in der Laiensphäre treten muß.[384] Der Täter muß die rechtliche Bedeutung der Bestimmung zumindest laienhaft verstanden haben.
Bei den normativen Merkmalen kann es sowohl auf der rechtlichen Bewertungsebene als auch auf der Ebene, die die tatsächlichen Voraussetzungen umschreibt, zu Irrtümern im Sinne von § 16 Abs.1 StGB kommen.[385]
Ein Bewertungsfehler ist sehr selten. In einem solchen Fall kennt der Täter zwar alle Umstände, kommt aber nicht einmal zu einer laienhaften Bewertung des Begriffes 'Bestimmung'.
Demgegenüber sind falsche Vorstellungen, die sich auf den Sachverhalt beziehen, häufiger. Ein Täter unterliegt einem Irrtum gemäß § 16 Abs.1 StGB auch dann, wenn er glaubt, die Daten seien noch für ihn bestimmt, obwohl die Berechtigung bereits widerrufen wurde. In diesem Beispiel fehlt ihm die Kenntnis des vollständigen Sachverhaltes, ohne die er zu keiner korrekten Bewertung gelangen kann.[386]
Dagegen liegt kein Tatbestandsirrtum vor, wenn der Täter die ihm durch das Bestimmungsrecht gesetzten Grenzen erfaßt, aber an eine rechtlich nicht existierende Befugnis glaubt.[387] Ein Beispiel hierfür liegt vor, wenn der von den Daten Betroffene sich die 'eigenen' Daten ohne Berechtigung verschafft und glaubt, durch das Auskunftsrecht in § 19 BDSG dazu befugt zu sein. Da § 19 BDSG eine solch weitgehende Befugnis nicht enthält, macht der Betroffene sich schuldig. Die Strafbarkeit kann allenfalls wegen eines Verbotsirrtums gemäß § 17 StGB entfallen.
Ein ebenfalls normatives Merkmal ist der Datenbegriff.[388]
Probleme bereitet die Einordnung des Tatbestandsmerkmales der besonderen Sicherung. Mögen Sicherungen auf dem Gebiet der Computer auch nicht unbedingt körperlicher Natur oder wahrnehmbar sein, so ist doch der Ausdruck Sicherung ein Wort, daß auch ohne Normzusammenhang[389] eine der Bevölkerung bekannte Bedeutung hat. Die besondere Sicherung ist somit ein deskriptives Tatbestandsmerkmal.
Ein Irrtum gemäß § 16 Abs.1 StGB über das Vorliegen einer Sicherung kann also nur erfolgen, wenn der Täter die Sicherungseigenschaft einer Zugangssperre gar nicht erst erkennt.
Die Tathandlung ist ebenfalls nur ein beschreibender Begriff.

---

384 Jescheck, § 29 II. 3. a)
385 Dreher/Tröndle, § 16 RdNr.11
386 Leipziger-Kommentar Jähnke, § 202a RdNr.19; Schlüchter, 2. WiKG, S.68
387 Dreher/Tröndle, § 202a RdNr.10; Schlüchter, 2. WiKG, S.68
388 Jescheck, § 26 IV. 2.
389 Vgl. Blei, StR AT, § 23 II

4.6.3. Zusammenfassung

Für den subjektiven Tatbestand des § 202a Abs.1 StGB ist dolus eventualis ausreichend.
Bei der Beurteilung der Tatbestandsirrtümer ist zwischen den Begriffen Daten und Bestimmung als normative Tatbestandsmerkmale und der Sicherung sowie dem Verschaffen als deskriptive Merkmale zu unterscheiden.

4.7. Unbefugt

Der Gesetzgeber verwendet den Begriff 'unbefugt' an vielen Stellen. Dabei wird er zum Teil als Tatbestandsmerkmal oder als allgemeines Deliktsmerkmal der Rechtswidrigkeit interpretiert.
Entscheidend für die Abgrenzung ist, ob der Tatbestand auch ohne die fehlende Befugnis ein sozialschädliches Verhalten umschreibt.[390] Umschreibt der Tatbestand allein das Unrecht nicht ausreichend, so handelt es sich bei der Befugnis um ein Tatbestandsmerkmal. Andernfalls bleibt die Befugnis ein allgemeines Deliktsmerkmal.
Schlüchter[391] stellt zu Recht dar, daß der Tatbestand des Ausspähens von Daten auch ohne das Merkmal der Befugnis ein sozialschädliches Verhalten umschreibt. Das Verschaffen auch gesicherter Daten stellt für sich genommen noch eine sozialadäquate Handlung dar und beinhaltet deshalb keine Unrechtshandlung, doch verlangt § 202a Abs.1 StGB darüber hinaus, daß die Daten nicht für den Täter bestimmt sind. Unter diesen Voraussetzungen beschreibt der Tatbestand für sich schon ein nicht mehr gesellschaftskonformes Verhalten.[392]
Somit handelt es sich beim Merkmal 'unbefugt' um ein Element der Rechtswidrigkeit. Als allgemeines Deliktsmerkmal der Rechtswidrigkeit entfällt es bei Vorliegen von Rechtfertigungsgründen.

Umstritten ist, inwieweit die Regeln über die Einwilligung die Rechtswidrigkeit ausschließt.
Die ausdrückliche Einwilligung wird vom tatbestandlichen Einverständnis verdrängt, so daß schon der Tatbestand nicht erfüllt ist und für die ausdrückliche Einwilligung kein Raum bleibt.[393]

---

[390] Jescheck, § 25 I.
[391] Schlüchter, 2. WiKG, S.68
[392] BT - Drucksache 10/5058, S.29; Schönke/Schröder/Lenckner, § 202a RdNr.11; Granderath, DB 1986 Beilage Nr.18, S.1, S.2
[393] Leipziger-Kommentar Jähnke, § 202a RdNr.17; Schönke/Schröder/Lenckner, § 202a RdNr.11; Haß, S.299, S.315

Eine mutmaßliche Einwilligung wird zumeist angenommen, wenn der Täter Daten, die nicht für ihn, wohl aber für den Dritten bestimmt sind, dem Dritten verschafft.[394]
Beispielhaft nennt die Literatur die Konstellation, bei der der Empfänger von Daten, die für ihn bestimmt sind, einen Dritten beauftragt, diese Informationen für ihn abzurufen. Da der Empfänger bis zur Erlangung der Verfügungsgewalt nicht das Recht hat, die Bestimmung der Daten auf andere auszudehnen, bleiben die Daten für den Handelnden nicht bestimmt, so daß er, wenn die Informationen gesichert sind, den Tatbestand des § 202a Abs.1 StGB erfüllt.
Allerdings sind die für eine mutmaßliche Einwilligung notwendigen Voraussetzungen erfüllt, wenn nach Würdigung der Interessenlage anzunehmen ist, daß der Berechtigte seine Zustimmung erteilen würde und diese ausdrückliche Einwilligung aus Zeitgründen nicht erlangt werden kann.[395]
Sollten die Informationen nicht mit der Einschränkung 'persönlich' bezeichnet oder als 'geheim' klassifiziert sein, so wird mit der Zustimmung des Berechtigten zu rechnen sein, insbesondere da der Empfänger nach Erlangung der Daten diese dem Täter straflos verschaffen kann.
Zu Recht weist Jähnke[396] allerdings darauf hin, daß die geforderte Eilsituation in den wenigsten Fällen vorliegt, so daß die Voraussetzungen einer mutmaßlichen Einwilligung nicht gegeben sind.
War es im obengenannten Beispiel für den Empfänger nicht notwendig, die Informationen sofort zu erhalten, so liegt keine rechtfertigende Situation vor. Der Handelnde macht sich gemäß § 202a Abs.1 StGB strafbar, und der Empfänger ist wegen Anstiftung zu bestrafen.
Dieses nicht überzeugende Ergebnis läßt sich dadurch korrigieren, daß der Berechtigte, wenn er tatsächlich keine Einwände gegen seinen vermuteten Willen hat, in der Regel keinen Strafantrag stellen wird.

Aus diesen Gründen bleiben sowohl für die ausdrückliche als auch für die mutmaßliche Einwilligung kaum Raum.

---

[394] BT - Drucksache 10/5058, S.29; Lackner, § 202a RdNr.7; Schönke/Schröder/Lenckner, § 202a RdNr.11; Lenckner/Winkelbauer, CuR 1986, S.483, S.488; Möhrenschlager, wistra 1986, S.128, S.140
[395] Maurach/Zipf, StR AT-1, § 28 RdNr.10ff; Jescheck, § 34 VII. 1.; Dreher/Tröndle, vor § 32 RdNr.4
[396] Leipziger-Kommentar, § 202a RdNr.17

4.8. Zusammenfassung

Abweichend von den in den Gesetzesmaterialien und der Literatur ausgeführten Definitionen sind folgende Tatbestandsmerkmale des § 202a StGB grundsätzlich neu zu interpretieren:
- die Zustände des Speicherns und Übermittelns in Absatz 2,
- die besondere Sicherung und
- der Zugang.

Das Merkmal 'unberechtigt' ist aufgrund des fehlenden eigenständigen Bedeutungsgehaltes zu streichen.

Allein bei der Beschreibung der Tathandlung sowie den Tatbestandsmerkmalen 'Daten, die für ihn nicht bestimmt sind' und 'unbefugt' ist der Literatur in ihren Auslegungen zuzustimmen.

5. Paßwort und Kryptographie

Die Bedeutung von Paßwort und Kryptographie erkannte schon der Gesetzgeber und zählte diese beiden Sicherungsmethoden deshalb ausdrücklich in seinen Erläuterungen zum Sicherungsbegriff in § 202a Abs.1 StGB auf.[1]
Dem Wandel von Großrechenanlagen zur dezentralen Datenverarbeitung[2] mußten sich die Schutzvorkehrungen gegen illegale Datenerlangung anpassen.
In einem Rechenzentrum besteht durch bauliche Maßnahmen und strenge Personalkontrollen die Möglichkeit, nur die zuständigen Mitarbeiter für die Datenverarbeitung zuzulassen. Dritten bleibt der Zugriff auf die gespeicherten Informationen versperrt. Das Paßwort und die Kryptographie sind in diesem Modell nur ein Glied in einer Vielzahl von Maßnahmen zum Schutz der Daten.
Das dezentrale Arbeiten mit vernetzten Rechnern erlaubt demgegenüber das Abrufen von Informationen an jedem angeschlossenen Arbeitsplatz. Diese Systemkonfiguration schließt bauliche Maßnahmen und Zugangskontrollen faktisch als Sicherungsvorkehrungen aus. Um zu verhindern, daß bei diesen für eine Vielzahl von Personen frei zugänglichen Terminals Informationen von jedem Bediener abgerufen werden können, empfehlen Verantwortliche den Schutz durch Paßwort und Kryptographie.[3]
Das folgende Kapitel stellt deshalb diese sehr wichtigen Vorkehrungen in den Grundzügen ihrer technischen Abläufe dar. Hieran schließt sich jeweils eine Erörterung der rechtlichen Probleme an, denn - auch wenn beide Sicherungsmethoden von der Praxis präferiert werden - ihre rechtliche Bewertung im Lichte von § 202a Abs.1 StGB ist nicht unumstritten.

5.1. Das Paßwort

Der Vorteil des Paßwortes[4] liegt in seiner leichten Installation und Handhabung. Somit sprechen gerade Wirtschaftlichkeitserwägungen für den Einsatz von Paßwortabfragen, um Daten zu sichern. Aus diesem Grund ist das Kennwort die am meisten genutzte Schutzvorkehrung.
Viele Computerfreaks teilen diese Wertschätzung nicht. Sie beschrieben das Paßwort wie folgt:

---

1 BT - Drucksache 10/5058, S.28
2 Zur genaueren Beschreibung siehe Kapitel 2.4..
3 Arbeitskreis "Datenschutz" im SAVE, DuD 1986, S.349, S.352 und Arbeitskreis "Datenschutz und Datensicherung" im G.U.I.D.E., DuD 1986, S.238, S.241ff; Pohl, DuD 1987, S.80, S.80 und S.85
4 Synonyme für den Begriff Paßwort sind Kennworte, Zugangscodes oder schlicht Code.

"Fraglich ist vor allem, ob schon ein einfacher und normaler Passwortschutz die Daten besonders sichert. Da es kaum einen simpleren und primitiveren Schutz von Daten gibt als eine Passwortabfrage, kann man wohl kaum von einer besonderen Sicherung sprechen. Andererseits ist ein Passwort die derzeit technisch unkomplizierteste, wirtschaftlich vertretbarste und zugleich auch praktisch sinnvollste Schutzmassnahme. Außerdem hat der Besitzer der Daten durch einen Passwortschutz hinreichend deutlich gemacht, dass diese Daten nur befugten Personen zur Verfuegung stehen sollen, und dass es sich um die Abwehr von Unbefugten ernsthaft bemueht. Damit sind die Voraussetzungen erfüllt, die der Gesetzgeber erfuellt wissen wollte, um einen strafrechtlichen Schutz von Daten zu gewaehren."[5]

5.1.1. Die Technik

Ein Zugangscode setzt sich aus einer vorher festgelegten Anzahl von Symbolen zusammen. Das Paßwort kann theoretisch aus allen einem Computer zur Verfügung stehenden Zeichen zusammengesetzt werden. Bei dem als Standard zu bezeichnenden ASCII-Code[6] existieren 256 Zeichen.[7] Von den 256 Symbolen ist mindestens ein Zeichen mit dem Eingabeende (zumeist die RETURN-Taste) und eine Taste mit dem Abbruch der Eingabe (zumeist die ESCAPE-Taste) zu belegen. Bei einem nur vierstelligen Paßwort ergibt sich eine Zahl von 254^4 oder gut 4 Milliarden Kombinationen.[8] Unter den verbleibenden Zeichen befinden sich dann noch Sonderzeichen wie: Ø, ¦, ², n,·±,• oder °. Diese theoretische Zahl von Möglichkeiten schöpft die Praxis nicht aus, denn ein Paßwort soll einprägsam sein. Aus diesem Grund werden nur die auf der Tastatur direkt dargestellten Symbole verwendet. Bessere Paßwortabfragen nutzen Buchstaben, Zahlen und Standardsymbole wie "!" oder "/". Bei den Buchstaben wird zwischen Groß- und Kleinschreibung differenziert, so daß sich eine Zahl von etwa 80 Zeichen ergibt. Ein Kontrollprogramm bei der Vergabe von Codeworten verhindert zudem, daß primitive Begriffe wie "Otto" oder "Anna" verwendet wer-

---

5 Diese in Hackerkreisen kursierende Datei wurde dem Verfasser dieser Arbeit überspielt, ohne daß die Möglichkeit bestand, den Urheber der Datei ausfindig zu machen. Die weiteren Ausführungen lassen vermuten, daß es sich um einen zumindest juristisch vorgebildeten Verfasser handelt, der erhebliche Kenntnisse in der Informatik besitzt. Zudem müssen ihm zumindest ein Teil der Materialien zur Verfügung gestanden haben.
6 ASCII steht für American Standard Code for Information Interchange. Es handelt sich um eine von allen Computer- und Softwareherstellern anerkannte Zeichentabelle.
7 Daß das letzte Zeichen des ASCII-Codes die Nummer 255 trägt, resultiert aus der Tatsache, daß das erste Zeichen die Zahl 0 trägt.
8 Exakt sind es 4.162.314.256 Möglichkeiten.

den können.[9] Die Anzahl der Kombinationen beschränkt sich dann auf 80^4 oder exakt 40 Millionen. Die Praxis nutzt beim Einsatz eines vierstelligen Paßwortes demzufolge nur 1% der technisch möglichen Optionen. Aber auch diese reduzierte Paßwortgestaltung ist als kaum lösbar zu bezeichnen. Selbst wenn ein Eindringling in der Lage ist, jede Sekunde ein Paßwort auszuprobieren, wird er ca. ein Jahr und 110 Tage benötigen, bis er alle Möglichkeiten einmal eingegeben hat. Einfache Paßwortabfragen verwenden nur Buchstaben, ohne zwischen Groß- und Kleinschreibung zu differenzieren. Bei den verbleibenden 26 Zeichen ergibt sich eine Zahl von 26^4 oder 456.976 Kombinationen.

Die Paßwortabfrage geschieht über eine spezielle Eingabemaske, die nur angibt, wieviele Zeichen verlangt werden. Die getippten Symbole werden bei diesem Vorgang nicht angezeigt. Nach Abschluß der Eingabe wird diese mit dem intern gespeicherten Paßwort verglichen, und bei Identität erfolgt die Freigabe. Die in dieser Form funktionierende Kennwortabfrage kann auf System- und Programmebene installiert werden. Auf Systemebene verweigert der Rechner bei Eingabe eines falschen Paßwortes den Zutritt zum System, so daß ein unberechtigter Anwender mit dem Computer nicht arbeiten kann. Auf Programmebene wird dem Anwender nur der Start eines einzelnen Programms verwehrt. Die restliche ungeschützte Software kann aufgerufen werden, so daß bei dieser Konfiguration die Schwierigkeit entsteht, wie die zum Abgleich der Eingaben gespeicherten Paßworte zusätzlich zu schützen sind. Diese üblicherweise in einer eigenen Datei gespeicherten Kennworte sind vom System aus frei zugänglich. Um zu verhindern, daß ein Eindringling die Codeworte einfach aus der zusätzlichen Paßwortdatei herausliest, muß sie gesichert sein. Dies kann nur durch Kryptographie geschehen.

Das Paßwort ermöglicht über die generelle Zugangsbeschränkung hinaus weitere Funktionen. Werden an Mitarbeiter verschiedene Kennworte vergeben, so kann deren Zugriff mit einer Hierarchie verknüpft werden. Jeder Angestellte ist hierdurch auf die ihm zugewiesenen Daten beschränkt.[10] Das Paßwort erlaubt somit nur ein Arbeiten innerhalb des Tätigkeitsbereiches des Mitarbeiters.

---

9 Sehr gute Kontrollprogramme generieren selbst das Paßwort, so daß nur eine Kombination aus Buchstaben, Zahlen und Symbolen entsteht. Siehe hierzu Weck, S.163.

10 Auf diese Funktion wird nicht weiter eingegangen, denn sie hat auf die Bewertung des Paßwortschutzes als Sicherung keinen Einfluß. Für weitergehende Informationen siehe Weck, S.161.

5.1.2. Rechtliche Würdigung

Die Literatur führt in den Beispielen für eine besondere Zugangssicherung immer das Paßwort auf.[11] Dieses auch vom Gesetzgeber geteilte Vertrauen in die Tatbestandsmäßigkeit kann nicht für jeden Fall gelten, denn der Kennwortschutz greift nur, solange der Zugangscode unbekannt ist.
Die folgende Fallgestaltung verdeutlicht diese These:

> Ein Computer ist frei zugänglich. Das System führt bei jedem Start eine Paßwortabfrage durch. Der Betreiber verwendet ein Kennwortprogramm, das die Paßworte selbst generiert und dabei alle Symbole des ASCII-Codes nutzt. Zudem wird das Paßwort regelmäßig ausgetauscht.
> Ein Nichtberechtigter schaltet den Computer ein und gibt das ihm bekannte Kennwort "xyz1" ein. Nach der Eingabe läßt er sich das Inhaltsverzeichnis anzeigen.

Das Eintippen des Paßwortes "xyz1" ist für den Täter ebenso leicht wie das Abrufen des Inhaltsverzeichnisses mit dem Befehl "dir". Die objektive Eignung der Sicherung, die dem Täter ein Eindringen erschweren soll, entfällt für ihn vollständig, wenn er Kenntnis vom Paßwort hat.
Für die Tatbestandsmäßigkeit der Kennwortabfrage ist maßgebend, an welchem Personenkreis die Subsumtion des Tatbestandsmerkmales vorzunehmen ist. Vorstellbar sind drei Thesen.
Ein Lösungsansatz knüpft allein an den Täter an. Die Eignung einer Sicherung ist anhand der Kenntnis des Täters zu prüfen.[12] Für einen Täter, dem der Zugangscode bekannt ist, existiert kein Hindernis und deshalb keine Sicherung.
Diese Auslegung ist jedoch nicht durch den Wortlaut vorgeschrieben, denn § 202a Abs.1 StGB fordert nur, daß 'Daten gegen Zugang besonders gesichert sind'. Der Text setzt nicht voraus, daß 'die Daten gegenüber ihm (dem Täter) gegen Zugang besonders gesichert' sein müssen.
Ein zweiter Lösungsansatz bewertet demzufolge die Frage der Eignung unabhängig vom Täter.[13] Maßstab für die objektive Prüfung ist die Beurteilung anhand der Allgemeinheit. Für die Mehrheit bleibt die Paßwortabfrage ein erhebliches Hindernis, denn durch die Vielzahl der Kombinationen bleibt es ihr verwehrt, die Abfrage zu überwinden.[14] Da der Betreiber in der Fallgestaltung zudem alle

---

11 Dreher/Tröndle, § 202a RdNr.7; Kilian/Heussen/Gravenreuth, Abschn.106 RdNr.12; Lackner, § 202a RdNr.4; Schönke/Schröder/Lenckner, § 202a RdNr.8; SK-Samson, § 202a RdNr.10

12 Für eine subjektive, auf den Täter bezogene Bewertung des Sicherungsbegriffes bei § 243 Abs.1 S.2 Nr.2 StGB spricht sich das OLG Hamm (JR 1982, S.119, S.119) aus.

13 Für eine objektive, auf die Allgemeinheit bezogene Bewertung des Sicherungsbegriffes bei § 243 Abs.1 S.2 Nr.2 StGB spricht sich Schmid (JR 1982, S.119, S.119) aus.

14 Eine Umgehung des Paßwortschutzes setzt eine erhebliche Kenntnis auf dem Gebiet der EDV voraus und ist nur unter erheblichen Mühen möglich.

Sorgfaltspflichten erfüllt, bliebe die Handlung tatbestandsmäßig im Sinne von § 202a Abs.1 StGB.
Konsequenz dieser These ist, daß der einzelne Täter zur Erlangung der Daten keine Sicherung überwinden oder umgehen muß. Das Tatbestandsmerkmal der 'besonderen Sicherung' legt allerdings nicht allein dem Berechtigten Sorgfaltspflichten auf. Es dient auch zur Abgrenzung straflosen und strafbaren Unrechts, denn nicht jedes Verschaffen von Informationen wurde als strafwürdig angesehen. Bei der Bewertung des Unrechtsbewußtseins jedes Täters ist zwischen dem Verschaffen gesicherter und ungeschützter Daten zu unterscheiden. Erst wenn der Nichtberechtigte mit einer auch für ihn wirksamen Sicherung konfrontiert wird, ist von einem erhöhten Unrecht der zu bewertenden Tat zu sprechen. Eine anhand der Allgemeinheit vorgenommene objektive Prüfung der Eignung einer Sicherung führt somit zu einer einseitigen Reduzierung des Sicherungsbegriffes auf eine abstrakte Sorgfaltspflicht, ohne die im Tatbestand enthaltene Einschränkung des persönlichen Unrechtes zu berücksichtigen.
Als dritter Lösungsansatz ist eine gemischte Theorie denkbar, die für den Fall, daß der Zugangscode einem Täter bekannt ist, nur unter bestimmten Voraussetzungen den Paßwortschutz bejaht.
Die Fallgestaltung hat Ähnlichkeiten mit dem Nachschlüsseldiebstahl des § 243 Abs.1 S.2 Nr.1 StGB. Der Nachschlüssel ermöglicht dem Täter, eine Schutzvorrichtung ohne Hindernis zu öffnen. Diese Handlung wird vom Unrechtsgehalt in § 243 StGB dem Verschaffen einer besonders gesicherten Sache unter der Voraussetzung gleichgestellt[15], daß der verwendete Schlüssel vom Berechtigten nicht gewidmet ist.
Dieses Kriterium ist für § 202a Abs.1 StGB ungeeignet, da der Lösungsansatz an die Körperlichkeit des Schlüssels anknüpft. Der Nichtberechtigte bei § 243 Abs.1 S.2 Nr.1 StGB, der in den Besitz eines gewidmeten Schlüssels gelangt ist, kann zwischen der Weitergabe eines Nachschlüssels und der Weitergabe des Originales auswählen. Bei einem unkörperlichen Paßwort ist diese Differenzierung nicht möglich.[16]
Möglich ist es desweiteren, danach zu differenzieren, ob der Täter zur Erlangung des Paßwortes ein strafbares Unrecht verwirklicht.[17] Gegenüber der Eingabe eines straflos erlangten Kennwortes verbleibt ein erhöhtes Unrecht.

---

15 Vergleiche die Strafschärfungsgründe in Nummer 1 und 2.
16 Jedes Mitteilen eines Zugangscodes wäre mit der Weitergabe eines nicht gewidmeten Schlüssels gleichzusetzen, denn das "Original" verbleibt immer bei der ersten Person. Dies führt im Ergebnis zum zweiten Lösungsansatz und ist schon aus diesem Grund abzulehnen.
17 Für die differenzierte Bewertung des Sicherungsbegriffes bei § 243 Abs.1 S.2 Nr.2 StGB sprach sich das BayObLG (NJW 1987, S.665, S.666) für die Fälle des Geldautomatenmißbrauches aus.

Diese Differenzierung ist für die Praxis ungeeignet. Die Mehrheit der Fälle bleibt ungelöst, denn die Person, die sich das Paßwort durch eine Straftat verschafft, stellt es zumeist Dritten zur Verfügung, die den Zugangscode wiederum anderen zukommen lassen. Alle Personen, die in einer solchen Kette das Paßwort erlangen, bleiben straffrei. Für den Strafprozeß entsteht bei diesem Lösungsansatz die Schwierigkeit, dem wegen Ausspähens von Daten Angeklagten zwei Straftaten nachweisen zu müssen. Schon der Beweis für die angeklagte Tat ist schwer zu erbringen, wenn der Täter nicht geständig ist.[18] Der Nachweis einer Vortat[19], die in einer großen Zahl von verschiedenen strafbaren Handlungen liegen kann, führt diese Theorie in der Praxis ad absurdum.

Der dritte Lösungsansatz ist rechtstheoretisch denkbar, doch ist er weder auf alle Fälle anwendbar, noch ist er praktisch umsetzbar.

Es bleibt somit bei der Lösung, daß die objektive Eignung einer Zugangssicherung in der Person des Täters zu prüfen ist.

5.1.3. Ergebnis

Der Paßwortschutz ist nur dann eine Zugangssicherung im Sinne von § 202a Abs.1 StGB, wenn der Eindringling keine Kenntnis von dem Zugangscode hat.

Um sich zumindest den tatsächlichen Schutz zu erhalten, ist es für den Verfügungsberechtigten notwendig, die Kennworte regelmäßig zu wechseln. Hierdurch kann der Berechtigte zumindest einer Verbreitung des "geknackten" Paßwortes vorbeugen.

Bei § 202a Abs.1 StGB könnte der Täter sich durch den Diebstahl eines Zettels oder eines Datenträgers, auf denen sich Paßworte befinden, in den Besitz von Paßworten bringen. Häufiger dürfte das Kennwort durch Straftaten im Sinne von §§ 201, 202 und 202a StGB erlangt werden. Ein gesprochenes Wort wird mitgehört, eine gesicherte Niederschrift des Paßwortes wird zur Kenntnis genommen oder ein in einem geschützten Computer gespeicherter Zugangscode wird vom Täter erlangt.
Werden ungesicherte Niederschriften zur Kenntnis genommen, so verbleibt unter Umständen ein Hausfriedensbruch. Demgegenüber scheidet der Betrug als Vortat aus, denn durch die Täuschung wird dem Täter überlicherweise nicht nur das Paßwort überlassen sondern auch die Zugangsberechtigung erteilt, so daß die Informationen im Zeitpunkt des Zugriffs für den Täter bestimmt sind.
18   Siehe Kapitel 9.3..
19   Wurde das Paßwort durch Ausspähen bei einer Person erlangt, die selbst keinen Strafantrag gestellt hat und auch nicht stellen will, würde eine Straftat gegen den Willen des Opfers zwangsläufig zum Verhandlungsgegenstand mit der Konsequenz, daß hierüber unter Umständen Beweis erhoben werden müßte. Hierdurch wird das Recht des Opfers, von seinem Strafantrag keinen Gebrauch zumachen, ignoriert.

Neue Sicherheitskonzepte nutzen die Kennwortabfrage deshalb nur noch in Verbindung mit anderen körperlichen Sicherheitsvorkehrungen wie Magnetkarten, deren Verlust vom Berechtigten sofort wahrgenommen werden kann. Das Ergebnis, das den Präferenzen der Wirtschaft entgegensteht, ist unabhängig von der konkreten Auslegung des Tatbestandsmerkmals 'besonders gesichert'. Die in der Literatur vertretenen Deutungsversuche führen zur gleichen Schlußfolgerung. Selbst die Auffassungen, die nur geringe Anforderungen an die objektive Eignung der Sicherung stellen, müssen einen Paßwortschutz, dessen Zugangscode dem Täter bekannt ist, als "papierne" Sicherung bezeichnen. Nur wer die Wirksamkeit einer Schutzvorkehrung nicht gegenüber dem Täter, sondern abstrakt gegenüber der Allgemeinheit bewertet, kann zur generellen Tatbestandsmäßigkeit einer Paßwortabfrage kommen.

5.2. Die Kryptographie

Das Wort Kryptographie[20] stammt aus dem Griechischen. Krypto steht für geheim oder verborgen.
Heute führt die Notwendigkeit, Daten schnell von einem Punkt zu einem anderen übermitteln zu müssen, zwangsläufig zur elektronischen Datenfernübertragung. Bei diesen Datentransfers werden die Informationen zum Schutz vor illegaler Kenntnisnahme verschlüsselt. Ein weiterer - in der Literatur oft nicht beachteter - Anwendungsbereich der Kryptographie sind gespeicherte Daten, bei denen die äußeren Vorgaben mechanische Sicherungen verbieten und der Paßwortschutz als nicht ausreichend erachtet wird.

5.2.1. Die Technik

Bei der Datenverschlüsselung existieren unterschiedlich komplizierte Verfahren.[21] An dem Beispielsatz
" Diese Zeile soll verschlüsselt werden. "
wird das Ergebnis einer einfachen und einer sehr modernen Datenverschlüsselung dargestellt. Primitive Verfahren verschieben nur die Zeichen innerhalb der Symboltabelle. Bei einer Verschiebung von 16 Zeichen im ASCII-Code entsteht folgendes Ergebnis:
" Tyuâu juy|u â▢|| åuéâsx|æââu|ä çuétu~> ".

---

20 Synonyme für den Begriff Kryptographie sind Datenverschlüsselung, Chiffre oder Codierung.
21 Einen vollständigen Überblick über die verschiedenen Chiffriertechniken bietet Weck S.288ff.

In dieser Codierung ändert sich weder die Anzahl der Zeichen noch deren statistische Verteilung, so daß wesentliche linguistische Kriterien des Ursprungstextes erhalten bleiben.[22]
Demgegenüber beinhaltet ein modernes Kryptographieprogramm einen komplexen Tauschalgorithmus, der als Vorgabe zusätzlich noch ein 'Codewort' benötigt.[23] Das Programm verschiebt nicht nur die ursprünglichen Symbole innerhalb der Zeichentabelle, sondern verknüpft jedes Zeichen zusätzlich mit der Vorgabe. Der Beispielsatz lautet nach Verwendung eines kommerziellen Verschlüsselungsprogrammes und dem siebenstelligen Wort "Technik" wie folgt:

"PCT5Åì)Åäi_xëî_ö>__ · _ÁYßç▣É±\^)Òe¶O_×·L▣
ªz{iO▢D¡~-▣0_▣»_:)▣_«(´È_oåÍªDgw▣
·ÍåqÀÇØ]_!J_▣í_]_JRÛ,ü▣;▣]éG▣'_ßô "[24]

Es werden somit nicht nur Zeichen vertauscht, sondern die Länge des Textes ändert sich durch die Verschlüsselung. Eine Dekodierung ist nur möglich, wenn sowohl der Tauschalgorithmus als auch die Vorgabe bekannt sind.

5.2.2. Rechtliche Würdigung

Allein die Verschiebung von Zeichen ist keine ausreichende Sicherung von Daten. Ein in dieser Form verschlüsselter Text - mag er auch nicht verständlich erscheinen - kann mit Hilfe eines Computers in wenigen Sekunden dekodiert werden, denn schon aufgrund der statistischen Verteilung der Buchstaben sind die meisten Texte leicht zu entschlüsseln. Der Verfügungsberechtigte kommt somit seiner Sorgfaltsverpflichtung nicht nach.

Auch wenn der Berechtigte eine komplexe Codiersoftware verwendet, ist streitig, ob das Ergebnis unter die Tatbestandsmerkmale der besonderen Zugangssicherung zu subsumieren ist.
Die erste Schwierigkeit knüpft an die Problematik des Paßwortes an, denn auch bei der Kryptographie kann ein Täter in den Besitz des Codewortes gelangen. Doch kann die Person, die verschlüsselte Daten erlangt hat, allein mit dem Codierschlüssel die Informationen nicht dechiffrieren. Sie muß darüber hinaus im

---

22 Weck, S.163 und 286f
23 Weck, S.163 und 283
24 Das Zeichen " ▣ " steht für mehrere Symbole des Computers, die ein Drucker nicht darstellen kann. Es handelt sich um Zeichen, die der Drucker als Steuerzeichen interpretiert und an Stelle eines Zeichen eine interne Funktion ausführt. An Stelle von " ▣ " muß sich der Leser ein anderes grafisch nicht darstellbares Zeichen vorstellen.
Hieraus resultiert der nützliche Nebeneffekt, daß diese Texte nur unvollständig ausgedruckt werden können.

Besitz des Tauschalgorithmusses sein. Allein aus den übermittelten Daten läßt sich das verwendete Codierprogramm nicht erkennen.
Die Datenverschlüsselung ist also nicht schon deshalb eine untaugliche Sicherung, weil die Vorgabe bekannt ist. Anders ist dagegen der Fall zu bewerten, bei dem es sich um gespeicherte Daten handelt und sich das Verschlüsselungsprogramm auf demselben Datenträger befindet, denn zur Dekodierung fehlt dem Nichtberechtigten dann nur noch das Codewort.
Das zweite Problem resultiert aus der Eigenart der Datenfernübertragung. Sie erfolgt in Leitungsnetzen oder mit Hilfe von Richtfunkstrecken. Die verzweigten Netze sind - und dies gilt insbesondere für das posteigene Leitungssystem - nur gering oder gar nicht gegen Abhörversuche geschützt. Daten, die per Funk übertragen werden, sind mit einer Antenne ohne Hindernis zu empfangen. Nicht verschlüsselte Daten stehen somit jedem, der Funkübertragungen aufzeichnet, sofort zur Verfügung. Dieser Bedrohung kann nur begegnet werden, indem die Informationen verschlüsselt übermittelt werden. Ein Zugriff auf die versandten Signale bleibt jedoch trotz Kryptographie ohne Behinderung möglich.
Die Literatur[25] folgert aus dieser Tatsache, daß keine Sicherung gegen Zugang gemäß § 202a Abs.1 StGB vorliegt. Die Autoren begründen ihre Auslegung damit, daß die Datenverschlüsselung nur den Bedeutungsgehalt der Daten vor Kenntnisnahme schützt, dies aber reiche bei § 202a Abs.1 StGB gerade nicht aus.[26]
Ausgehend von diesem Ansatz versucht die gesamte Literatur dieses - für die Praxis verheerende - Ergebnis zu korrigieren. Sie verweisen auf den gesetzgeberischen Willen, der die Kryptographie als eine Form der Sicherung ausdrücklich aufführte.[27] Die Praktiker argumentieren, daß keine andere Schutzvorkehrung bei der Datenfernübertragung existiere.[28] Zudem spreche die ratio legis des § 202a Abs.1 StGB gegen dieses Ergebnis, denn die Kryptographie verwehrt dem Täter den Zugang zu den Originalsyntax.[29] Dieses Argument verkennt allerdings, daß die beim Sender verbleibenden Informationen gar nicht das Tatobjekt darstellen. Angriffsziel sind allein die übermittelten Daten. Aus diesem Grund versteigt sich Leicht[30] sogar zu der Aussage, die Norm sei überflüssig, wenn nicht die Kryptographie zu den tauglichen Zugangssicherungen gezählt werde.

---

25 Dreher/Tröndle, § 202a RdNr.7; Leicht, IuR 1987, S.45, S.51; Lenckner/Winkelbauer, CuR 1986, S.483, S.487; Leipziger-Kommentar Jähnke, § 202a RdNr.16; Schönke/Schröder/Lenckner, § 202a RdNr.8
26 Leicht, IuR 1987, S.45, S.51; Lenckner/Winkelbauer, CuR 1986, S.483, S.487; Leipziger-Kommentar Jähnke, § 202a RdNr.16
27 BT - Drucksache 10/5058, S.28 und 29
28 Schönke/Schröder/Lenckner, § 202a RdNr.8; Dreher/Tröndle (§ 202a RdNr.7) spricht von der wirksamsten und üblichsten Schutzvorkehrung.
29 Dreher/Tröndle, § 202a RdNr.7; Lenckner/Winkelbauer, CuR 1986, S.483, S.487
30 Leicht, IuR 1987, S.45, S.51

Die von der Literatur erhobenen Einwände können ihre eigene Ausgangsthese nicht korrigieren, denn ihre Argumentation führt über den Wortlaut hinaus und ist deshalb als Analogie zurückzuweisen.
Das Erlangen von verschlüsselten Daten durch Abhören von Datenleitungen ist demnach straffrei. Der Täter kann sich allerdings immer noch strafbar machen, denn der Datenbegriff setzt sich aus der Semantik und der Syntax zusammen. Durch das Abhören von Datenleitungen oder Richtfunkstrecken hat er nur den ungesicherten Zugang zur veränderten Syntax erlangt. Die Kryptographie verwehrt dem illegalen Dateninhaber auch weiterhin den Zugang zur Ebene der Semantik.
Die Ausgangsthese der Literatur, daß ausschließlich die Syntax vor Zugang zu schützen ist, findet im Gesetz keinen Rückhalt.
Vielmehr geht der Wortlaut vom Zugang zum Tatobjekt aus.[31] Tatobjekt ist das Datum in seiner Zusammensetzung aus Semantik und Syntax.[32] Somit folgt aus dem Wortlaut gerade keine Reduzierung des Zugangsbegriffes. Ebenso subsumierte der gesetzgeberische Wille die Datenverschlüsselung ausdrücklich unter die Tatbestandsmerkmale des § 202a Abs.1 StGB und brachte damit zum Ausdruck, daß es ihm ebenfalls um den Schutz der Information als Einheit ging.[33]
Allein die systematische Auslegung könnte die Differenzierung zwischen Semantik und Syntax rechtfertigen. § 202 Abs.2 StGB spricht ausdrücklich von einer Sicherung gegen Kenntnisnahme und stellt damit auf die Wahrnehmung der Semantik ab. § 202a Abs.1 StGB nimmt hingegen auf den Zugang Bezug. Doch ist konkret zu unterscheiden zwischen der Beschreibung der Tathandlung und dem Bezugspunkt für die Sicherung. § 202 Abs.2 StGB stellt auf das Kenntnisverschaffen ab, wohingegen nach § 202a Abs.1 StGB jedes Verschaffen ausreicht.[34]
Nur hinsichtlich der Sicherung verwendet § 202a Abs.1 StGB abweichend von § 202 Abs.2 StGB das Wort 'Zugang' an Stelle von 'Kenntnisnahme'. Bei der Tathandlung wurde auf das zusätzliche Merkmal der Kenntnisnahme verzichtet, um keine großen Strafbarkeitslücken entstehen zu lassen, denn ein Kopieren von Daten kann ohne Kenntnisnahme geschehen. Sinn dieser Abweichung ist es, einen umfassenderen Schutz zu gewährleisten. Allein aus diesem Grund verzichtete der Gesetzgeber auf das Wort 'Kenntnisnahme' im Text von § 202a Abs.1 StGB.
Hieraus den Umkehrschluß zu ziehen, daß das Wort 'Zugang' als Alternative zur Kenntnisnahme zu werten sei, widerspricht dem Sinn des § 202a Abs.1 StGB. Der Tatbestand schützt den Dateninhaber vor unberechtigten Dritten, die sich dessen Informationen verschaffen wollen. Für den Rechtsgutsträger steht bei einer Preisgabe seiner Informationen immer die Semantik der Daten im Vorder-

---

31 Siehe Kapitel 4.4.1.1..
32 Siehe Kapitel 4.1.1..
33 BT - Drucksache 10/5058, S.28 und 29
34 Siehe Kapitel 4.5..

grund. Allein die Preisgabe von unverständlichen Symbolen, die in ihrer äußeren Darstellung keine nachvollziehbare Aussage beinhalten, bleibt aus Sicht des Opfers sekundär. Schutzobjekt bleibt deshalb die Information als Einheit aus Inhalt und Darstellung. Auch wenn es sich bei dem Rechtsgut um die formelle Verfügungsbefugnis handelt, geht es doch nicht vorrangig um den Schutz der Datendarstellung, sondern primär um den Schutz des Dateninhaltes.
Die Ausgangsthese der Literatur basiert deshalb auf zwei Fehlern. Zum einen ist beim Schutz durch Datenverschlüsselung nicht auf den Zeitpunkt des Zugangs zur Syntax abzustellen, sondern auf den Moment der Entschlüsselung. Zum anderen ist der Zugang zu einer Information sowohl auf der darstellenden als auch auf der inhaltlichen Ebene möglich. Die Kryptographie verändert gerade die ursprüngliche Semantik, obgleich die übermittelten Daten für die Person, die sie dekodieren kann, auch weiterhin die gleiche Aussage beinhalten.
Die Datenverschlüsselung ist deshalb eine Zugangssicherung im Sinne von § 202a Abs.1 StGB.

5.2.3. Ergebnis

An der grundsätzlichen Tatbestandsmäßigkeit eines Chiffrierverfahrens bei der Datenfernübertragung bestehen keine Zweifel. Die in der Literatur geäußerten Bedenken basieren auf einem Denkfehler. Maßgebender Zeitpunkt für eine strafbare Handlung ist der Moment der Dechiffrierung. Allein die Erlangung von kodierten Informationen ist dagegen straffrei.
Indem der Anwender ein modernes Codierprogramm, das eine individuelle Vorgabe voraussetzt, verwendet, steht ihm eine sehr sichere Schutzmaßnahme zur Verfügung. Solange man die Vorgabe regelmäßig auswechselt, erfüllt der Anwender auch die ihm obliegende Sorgfaltspflicht.

5.3. Zusammenfassung

Das Paßwort ist eine tatbestandsmäßige Zugangssicherung, solange der Täter den Zugangscode durch Experimentieren ermittelt oder die Paßwortabfrage umgeht. An einer Zugangssicherung fehlt es demgegenüber, wenn das Paßwort dem Täter bekannt ist.
Auch wenn zur Zeit keine verläßlichen Statistiken über die Begehungsmodalitäten existieren, so kursieren doch in den Kreisen der potentiellen Täter Listen mit aktuellen Paßworten von Computern der Großindustrie. In der Mehrzahl der Fälle wird das Kennwort dem Täter bekannt gewesen sein. Eine Verurteilung wegen Ausspähens von Daten scheidet somit aus.

Die Datenverschlüsselung zählt dagegen zu den zulässigen Sicherungsmethoden, denn zum einen ermöglicht nicht allein der Besitz des Codierschlüssels die Entschlüsselung des Textes. Zum anderen verhindert die Kryptographie den Zugang zum Informationsgehalt. Eine an diesem Element des Datenbegriffes ansetzende Schutzvorkehrung ist ausgehend vom Rechtsgut ausreichend und deshalb eine Zugangssicherung im Sinne von § 202a Abs.1 StGB.

Die Kryptographie wird vermutlich in den nächsten Jahren den Paßwortschutz als wichtigste Sicherung verdrängen. Der Grund liegt in der Optimierung der Rechnerleistung. In der Vergangenheit bestand das Problem, daß der Computer während der Codier- und Dekodierphase für den Anwender nicht verfügbar war. Dieser oft minutenlange Zeitverlust schreckte viele Betreiber ab, die Kryptographie einzusetzen. Die heutige Leistungsfähigkeit, die schon im Bereich der privat genutzten PC zu finden ist, ist derart gestiegen, daß die Datenverschlüsselung ohne Zeitverlust parallel erfolgen kann. Der Computer steht ohne Unterbrechung zur Verfügung, obgleich die verarbeiteten Daten erst während des konkreten Zugriffes dekodiert und im Moment des Ablegens schon wieder codiert werden.

6. Übertragung des Ergebnisses auf § 202 Absatz 2 StGB und § 243 Absatz 1 Satz 2 Nummer 2 StGB

Die zu dem Tatbestandsmerkmal 'besonders gesichert' entwickelte Definition enthält keine computerspezifischen Bezüge. Dieser Umstand ermöglicht es, die bei § 202a Abs.1 StGB gewonnene Auslegung auf die Verletzung des Briefgeheimnisses und den besonders schweren Fall des Diebstahles zu übertragen.
Aus dem identischen Wortlaut aller drei Vorschriften lassen sich für die grammatikalische Interpretation das objektive Element des Sicherungsgrades und die subjektive Komponente des Sicherungszweckes ableiten. Ausschlaggebend für die einheitliche und einschränkende Begriffsbestimmung ist deshalb, ob die teleologischen Erwägungen übertragbar sind und nicht historische oder systematische Überlegungen eine andere Deutung erzwingen.

6.1. § 202 Abs.2 StGB

Eine ausreichende oder gar gewachsene Auslegung existiert bei § 202 Abs.2 StGB bis heute nicht.[1]
Da die historische Interpretation ebenfalls keine Anhaltspunkte eröffnet[2], ist maßgebend, daß sich die Gesetzeszwecke entsprechen.
Für eine einheitliche Auslegung spricht aus teleologischer Sicht, daß beide Normen dasselbe Rechtsgut - die formelle Verfügungsbefugnis - schützen und die Tatobjekte vergleichbar sind. Beide Tatbestände knüpfen an die Information als Tatobjekt an. Differenziert wird allein aufgrund der Wahrnehmbarkeit der Daten. § 202 StGB schützt nicht nur Schriftstücke, wie sich aus Abs. 1 und 2 des § 202 StGB ergibt. Über § 202 Abs.3 StGB werden auch Abbildungen geschützt, so daß jede Form der visuellen Informationsträger zu den tauglichen Tatobjekten zählt.
Die bei § 202a Abs.1 StGB tragende Erwägung, die an das Erhaltungsinteresse des Berechtigten anknüpft, ist auf § 202 Abs.2 StGB übertragbar, denn viele Dokumente sind ohne Willen des Berechtigten einzusehen. Oftmals ermöglicht die Signalfunktion der Sicherung einem potentiellen Leser erst, das Erhaltungsinteresse des Rechtsgutsträgers zu erkennen. Die subjektive Komponente des Sicherungszweckes bringt diese gesteigerte Intention nur zum Ausdruck, wenn die Zweckbestimmung zumindest gleichrangig neben anderen Zielen die Erhaltung der ausschließlichen Verfügungsbefugnis beinhaltet. Für die Praxis bereitet diese

---
1 Siehe Kapitel 4.3.1.2..
2 Die Formulierung in § 202 Abs.2 StGB wurde in Anlehnung an § 243 Abs.1 S.2 Nr.2 StGB gewählt (so nachzulesen bei: Blei, StR BT, § 32 II). Wie schon aufgezeigt, ist dieser Verweis ohne inhaltliche Konkretisierung.

inhaltliche Reduzierung des Sicherungsbegriffes im Gegensatz zu § 202a Abs.1 StGB keine Probleme. Wird bei nicht wahrnehmbaren Informationen die Datensicherung oftmals mit der Überlegung eingeführt, die Informationen könnten durch Fehlbedienungen verloren gehen, tritt dieser Gedanke beim 'Ausspähen von Schriftstücken und Abbildungen' in den Hintergrund.
Die Übertragung der Sorgfaltsfunktion als einschränkendes Merkmal der objektiven Eignung des Sicherungsbegriffes setzt voraus, daß auch bei § 202 Abs.2 StGB die Notwendigkeit existiert, den Rechtsgutsträger bei dem Schutz der Tatobjekte in die Pflicht zu nehmen. Die Erwägung, der Berechtigte werde nur geschützt, wenn er sich um den Schutz seiner Dokumente ernsthaft bemüht, ist aufgrund der Gleichartigkeit der rechtlichen Situation zu bejahen. Ohne die Errichtung von Sicherungsmaßnahmen verwehrt das Strafrecht dem Betroffenen jeglichen Schutz. Ohne daß der Rechtsgutsträger mitwirkt, sind deshalb die tatbestandlichen Voraussetzungen nicht zu verwirklichen. Der Berechtigte kommt mit der Errichtung nur primitiver Maßnahmen seiner Eigenverantwortung für das Tatobjekt nicht nach. Erst durch ein sorgfältiges und dauerndes Bemühen um den Schutz seiner Dokumente erfüllt der Rechtsgutsträger das ihm obliegende Mitwirkungsgebot. In der Praxis entstehen durch die Einschränkung der objektiven Komponente kaum Strafbarkeitslücken, da die Rechtsgutsträger bei Dokumenten und Zeichnungen schon seit langer Zeit gegenüber jeder Art der Bedrohung sensibel sind.
Somit bestehen aus teleologischer Sicht keine Einwände gegen eine einheitliche Auslegung des Tatbestandsmerkmales 'besonders gesichert'.

Gegen eine Übernahme könnte allein die Systematik sprechen. In § 202 Abs.1 StGB wird ein verschlossener Brief als ausreichende Schutzvorkehrung akzeptiert. Somit wird im ersten Absatz des § 202 StGB dem Verfügungsberechtigten der strafrechtliche Schutz zuteil, obgleich er nur eine der primitivsten und am leichtesten zu überwindende Vorkehrungen gegen die Kenntnisnahme durch Dritte trifft.
Diese im offensichtlichen Widerspruch zur entwickelten restriktiven Auslegung des Tatbestandsmerkmales 'besonders gesichert' stehende Wertung findet ihre Begründung in der eigenständigen Bedeutung des Briefgeheimnisses. Das Briefgeheimnis ist schon aus der geschichtlichen Entwicklung heraus eine notwendige Voraussetzung gewesen, um zwei räumlich getrennte Menschen ungestört kommunizieren zu lassen. Dieser rechtlich so bedeutende Bereich bedarf aufgrund des ihm entgegengebrachten Vertrauens einer weitgehenden Sicherung durch das Strafrecht. Diese - seit 1949 aus Art. 10 GG ableitbare - Aussage findet ihre Berechtigung auch in den technischen Grenzen des Briefgeheimnisses.
Praktische Erwägungen zwangen früher wie auch heute dazu, Papierumschläge zu verwenden, um Dokumente vor der Kenntnisnahme durch Dritte zu sichern.

Raum für die bei § 202a Abs.1 StGB angestellten Sorgfaltserwägungen bestehen nicht, denn es existieren keine Alternativen zum verschlossenen Briefumschlag.[3] Aus diesen technisch eingeschränkten Sicherungsmöglichkeiten und der Forderung, das Briefgeheimnis zu schützen, ist erkennbar, weshalb der Strafrechtsschutz trotz des Einsatzes primitivster Vorkehrungen zu bejahen ist.
Somit handelt es sich bei § 202 Abs.1 StGB um eine aus speziellen technischen und rechtlichen Gründen gebotene Sonderregelung, die keine Rückschlüsse auf das Tatbestandsmerkmal 'besonders gesichert' in § 202 Abs.2 StGB zuläßt. Aus Sicht der systematischen Auslegung ist deshalb eine Korrektur der einschränkenden teleologischen Interpretation nicht geboten.

Im Verhältnis von § 202a Abs.1 StGB und § 202 Abs.2 StGB kann bei der Definition des Merkmales 'besonders gesichert' auf das Baukastenprinzip verwiesen werden.

6.2. § 243 Absatz 1 Satz 2 Nummer 2 StGB

Im Bereich des besonders schweren Falles des Diebstahls sind die Differenzen zu § 202a Abs.1 StGB erheblich größer. Eine Übertragung der entwickelten Thesen ist damit schwieriger.
Das den Regelbeispielen zugrundeliegende Rechtsgut des § 243 StGB ist das in § 242 Abs.1 StGB geschützte Eigentum. Da der Eigentumserwerb einer gestohlenen Sache mit Ausnahme von § 935 Abs.2 BGB ausgeschlossen ist, steht nicht der Schutz vor dem Eigentümerwechsel im Vordergrund der Überlegungen zum Rechtsgut, sondern die in § 903 BGB statuierte Möglichkeit, andere von der Sache auszuschließen.[4] Geschützt wird somit das Recht des Betroffenen, frei über das Tatobjekt zu verfügen. Insoweit ist das Rechtsgut des Diebstahls mit dem des Ausspähens von Daten vergleichbar.[5]
Aus diesen grundsätzlichen Erwägungen zur teleologischen Auslegung ergeben sich deshalb keine Hinderungsgründe, den Terminus 'besonders gesichert' entsprechend zu deuten.

---

3 Demgegenüber ist der Erhaltungswille ausreichend erkennbar. Die einem verschlossenen Briefumschlag innewohnende Signalfunktion kann aufgrund ihrer jahrhundertelangen Tradition als deutliches Zeichen dafür interpretiert werden, daß Unberechtigte keine Kenntnis von dem Schriftstück nehmen dürfen.
4 Schönke/Schröder/Eser, § 242 RdNr.1 und SK-Samson, vor § 242 RdNr.6
5 Die bei § 202a Abs.1 StGB noch vorzunehmende Differenzierung zwischen materieller und formeller Verfügungsbefugnis (siehe Kapitel 3.2.2. und 3.2.3.) existiert beim Diebstahl nicht.

Ausgehend von dem speziellen Straferhöhungsgrund in § 243 Abs.1 S.2 Nr.2 StGB, bei dem die besondere Zuordnung von Tatobjekt und Rechtsgutsträger durchbrochen wird, ist die Dokumentationsfunktion, die dem Täter das gesteigerte Erhaltungsinteresse des Eigentümers vor Augen führt, ein wesentliches Merkmal der Interpretation.

Dieser Lösungsansatz wurde sowohl von der Rechtsprechung als auch von der Literatur erkannt, ohne daß aber Konsequenzen hieraus gezogen wurden. Vielmehr sollte für die subjektive Zweckbestimmung der Sicherung faktisch jede nachrangige Motivation ausreichen, es sei denn, die Maßnahme diente ausschließlich anderen Zwecken. Mit dieser Ausführung wird - wie oben bereits gezeigt - allerdings kein Erhaltungswille in ausreichendem Maße dokumentiert. Erst wenn das Motiv, das Tatobjekt zu sichern, mit anderen Beweggründen gleichrangig ist, macht es ein Sicherungsinteresse des Berechtigten deutlich und erfüllt deshalb die Dokumentationsfunktion. Der Begriff 'besonders' ist deshalb als Reduzierung der subjektiven Zweckbestimmung auszulegen. Die auch in § 243 Abs.1 S.2 Nr.2 StGB enthaltene Dokumentation des Erhaltungsinteresses rechtfertigt demzufolge, den Sicherungszweck in gleicher Weise wie bei § 202a Abs.1 StGB einzuschränken.

Demgegenüber sind die Überlegungen der Sorgfaltsfunktion nicht ohne weiteres übertragbar, denn im Gegensatz zu § 202 Abs.2 StGB und § 202a Abs.1 StGB wird beim Diebstahl jeder Angriff auf eine Sache als strafbewährtes Unrecht angesehen. Der Diebstahl einer gesicherten Sache erhöht nur die Strafandrohung, ist aber nicht materiellrechtliche Voraussetzung für die Strafverfolgung.

Maßgebend ist deshalb, ob die Straferhöhung sich in der Person des Täters oder der des Rechtsgutsträgers begründet.

Vorausgesetzt, die erhöhte kriminelle Energie des Diebes ist der Strafschärfungsgrund, dann ist der Täter Anknüpfungspunkt für die weiteren Überlegungen. Für die Sorgfaltspflicht des Betroffenen bestände kein Raum mehr. Das Abstellen auf die erhöhte kriminelle Energie[6] kann allerdings nicht überzeugen, denn nicht jeder Diebstahl einer gesicherten Sache läßt auf eine gesteigerte Unrechtsmotivation schließen. Die Indizwirkung dieses Regelbeispiels hätte deshalb nur eine geringe Aussagekraft. Zudem ist die Formulierung von der erhöhten kriminellen Energie nichts anderes als ein Abstellen auf die allgemeine Steigerung von Unrecht und Schuld auf Seiten des Täters. Diese Definition ist aufgrund des exemplarischen Charakters der Regelbeispiele allerdings nicht ausreichend konkretisiert.

Richtigerweise ist allein das Durchbrechen der besonderen Zuordnung von Tatobjekt und Rechtsgutsträger der Straferhöhungsgrund in § 243 Abs.1 S.2 Nr.2 StGB. Maßgeblicher Anknüpfungspunkt dieser Betrachtung ist neben dem Dieb-

---

6 Dieses Merkmal darf nicht mit einem Krafteinsatz gleichgesetzt werden. Siehe Kapitel 4.3.1.1.2..

stahlsobjekt der Bestohlene. Ausgehend von dieser Begründung ist das Verhalten des Betroffenen gegenüber dem Tatobjekt das allein entscheidende Kriterium der Strafschärfung.
Der Erhaltungswille allein rechtfertigt noch keine erhöhte Strafandrohung. Die Bemühungen des Betroffenen, die Sachen zu sichern, können sich dann aber als ausschlaggebender Grund für eine Erhöhung des Strafrahmens nicht auf reine Formalien beschränken. Vielmehr ist ein verantwortliches Vorgehen des Rechtsgutsträgers erforderlich. Somit ist auch die Sorgfaltsfunktion ein Element der teleologischen Auslegung des Terminus 'besonders gesichert' in § 243 Abs.1 S.2 Nr.2 StGB. Die bei § 202a Abs.1 StGB entwickelten Überlegungen zur Reduzierung des Sicherungsgrades einer Vorkehrung lassen sich deshalb auch auf § 243 Abs.1 S.2 Nr.2 StGB übertragen.
Entgegen der bisherigen Auslegungspraxis in der Rechtsprechung und Literatur kann diese sehr restriktive Deutung zu einer konkreteren Abgrenzung zwischen dem einfachen und dem besonders schweren Fall des Diebstahls führen. Zumindest für die Rechtsprechung hat das OLG Schleswig[7] mit seiner Entscheidung über den Diebstahl von Autoradios im Jahre 1983 aufgezeigt, daß die Gerichte eine restriktive Auslegung akzeptieren können. Es bleibt zu hoffen, daß dieser - im Resultat zuzustimmenden - Entscheidung die für eine Subsumtion notwendige auslegungsfähige Definition folgt und das Urteil nicht nur eine Einzelerscheinung bleibt.

6.3. Zusammenfassung

Die bei § 202a Abs.1 StGB entwickelte Auslegung des Begriffes 'besonders gesichert' ist somit auch für die Interpretation der § 243 Abs.1 S.2 Nr.2 StGB und § 202 Abs.2 StGB geeignet. Das Tatbestandsmerkmal ist demzufolge im gesamten Strafrecht einheitlich zu definieren.

---

7 OLG Schleswig, NJW 1984, S.67. Sachverhalt und die tragenden Entscheidungsgründe sind in Kapitel 4.3.1.1.2. wiedergegeben.

7. Abgrenzung zu § 17 UWG

Neben § 202a StGB verfolgt auch § 17 UWG eine ähnliche Schutzrichtung. Der aus einem Nebenstrafgesetz stammende Tatbestand orientiert sich zwar an wettbewerbsrechtlichen Situationen, doch bezieht sich die Norm auf den Schutz von Daten. Die Einbindung dieser Normen in die Nebenstrafgesetze wirft allerdings Probleme auf.

Nach einer kurzen Zusammenfassung der Tatbestände werden im folgenden Parallelen und Unterschiede zu § 202a Abs.1 StGB aufgezeigt.

Der Gesetzgeber novellierte mit dem 2. WiKG auch § 17 UWG. Dabei wurden zusätzliche Begehungsmöglichkeiten aufgenommen und der Strafrahmen erhöht. Die Neufassung erfolgte - ebenso wie bei § 202a StGB - auf Initiative der Sachverständigenanhörung im Rechtsausschuß vom 6. Juni 1984.[1]

Vor der Änderung schützte § 17 UWG a.F. nur vor unbefugter Mitteilung an Dritte und - dem praktisch wichtigsten Fall - vor Verwertungstaten. Nachdem der Gesetzgeber das 2. WiKG verabschiedete, ist auch das Ausspähen von Geheimnissen strafbar.

Ohne daß es ausdrückliche Erwähnung in § 17 UWG findet entfällt die Strafbarkeit, wenn kein marktwirtschaftliches Konkurrenzverhältnis vorliegt. Konkurrenz ist grundsätzlich auch gegenüber einem Monopolisten möglich, nicht aber im Bereich der öffentlich-rechtlichen Verwaltung[2], so daß § 17 UWG diesen staatlichen Bereich nicht erfaßt.

Rechtsgut ist das materielle Geheimhaltungsinteresse des Unternehmensinhabers.[3]

Der neugefaßte § 17 UWG lautet jetzt:

§ 17 [Verrat von Geschäfts- oder Betriebsgeheimnissen]
(1) Mit Freiheitsstrafe bis zu drei Jahren oder mit Geldstrafe wird bestraft, wer als Angestellter, Arbeiter oder Lehrling eines Geschäftsbetriebs ein Geschäfts- oder Betriebsgeheimnis, das ihm vermöge des Dienstverhältnisses anvertraut worden oder zugänglich geworden ist, während der Geltungsdauer des Dienstverhältnisses unbefugt an

---

1 Siehe Kapitel 2.4.
2 Zu beachten ist aber, daß öffentliche Einrichtungen in Konkurrenz zueinander stehen können, so zum Beispiel bei der Entwicklung von Programmen zur Erledigung spezifisch behördlicher Aufgaben. In diesem Fall stehen auch die öffentlichen Träger in einem Konkurrenzverhältnis zu anderen Programmentwicklern.
3 BT - Drucksache 10/5058, S.41; Haß, S.299, S.315.
Zusätzlich zum Geheimhaltungsrecht soll das Rechtsgut auch das Interesse der Allgemeinheit an der Aufrechterhaltung eines geordneten Leistungswettbewerbs umfassen. So Rupp, Computersoftware, S.66; Baumbach/Hefermehl, § 17 UWG RdNr.6.
Zu einer solchen Definition des Rechtsgutes kann nur kommen, wer die Zielsetzung des Wettbewerbsrechts weniger im Konkurrentenschutz als im Konsumentenschutz sieht.

jemand zu Zwecken des Wettbewerbs, aus Eigennutz, zugunsten eines Dritten oder in der Absicht, dem Inhaber des Geschäftsbetriebs Schaden zuzufügen, mitteilt.
(2) Ebenso wird bestraft, wer zu Zwecken des Wettbewerbs, aus Eigennutz, zugunsten eines Dritten oder in der Absicht, dem Inhaber des Geschäftsbetriebs Schaden zuzufügen,
1. sich ein Geschäfts- oder Betriebsgeheimnis durch
   a) Anwendung technischer Mittel,
   b) Herstellung einer verkörperten Wiedergabe des Geheimnisses oder
   c) Wegnahme einer Sache, in der das Geheimnis verkörpert ist,
   unbefugt verschafft oder sichert oder
2. ein Geschäfts- oder Betriebsgeheimnis, das er durch eine der in Absatz 1 bezeichneten Mitteilungen oder durch eine eigene oder fremde Handlung nach Nummer 1 erlangt oder sich sonst unbefugt verschafft oder gesichert hat, unbefugt verwertet oder jemandem mitteilt.
(3) Der Versuch ist strafbar.
(4) In besonders schweren Fällen ist die Strafe Freiheitsstrafe bis zu fünf Jahren oder Geldstrafe. Ein besonders schwerer Fall liegt in der Regel vor, wenn der Täter bei der Mitteilung weiß, daß das Geheimnis im Ausland verwertet werden soll, oder er es selbst im Ausland verwertet.

7.1. Der Tatbestand

Das Tatobjekt ist für alle Begehungsweisen gleich. Zwar differenziert der Gesetzestext zwischen Betriebs- und Geschäftsgeheimnissen, doch behandelt das Gesetz beide Fälle gleich.[4] Der Gesetzgeber wollte nur klarstellen, daß sowohl die kaufmännische Sphäre als auch das technische Wissen zum Geheimnis gehören. Ein Geheimnis liegt dann vor, wenn sowohl nach dem Willen als auch nach dem Interesse des Berechtigten eine Information an andere Personen nicht weitergegeben werden soll und nur ein kleiner Personenkreis das Geheimnis kennt.[5]

Weiterhin ist die subjektive Tatseite mit ihrer überschießenden Innentendenz für alle Tatvarianten identisch.
Für Eigennutz sind alle denkbaren Vorteile ausreichend, die der Täter anstreben kann. Die Schädigungsabsicht ist nur erfüllt, wenn es Ziel des Erklärenden ist, dem Firmeninhaber einen Schaden zuzufügen.[6]
Das 2. WiKG nahm in die Reihe der subjektiven Tatvoraussetzungen das Merkmal 'zugunsten eines Dritten' neu auf. Erfaßt werden sollen ideologisch motivierte Täter, die zum Beispiel im Interesse eines anderen Staates handeln.[7] Wird ein Eigennutz schon bei immateriellen Vorteilen angenommen, so bleibt für das Han-

---

4   Rupp, Computersoftware, S.66
5   Haß, S.299, S.316; Baumbach/Hefermehl, § 17 UWG RdNr.5, 6
6   Baumbach/Hefermehl, § 17 UWG RdNr.20, 21
7   BT - Drucksache 10/5058, S.40

deln zugunsten Dritter wenig Raum, da die Weitergabe an Dritte meist in irgendeiner Weise honoriert wird.
Letztes für alle Begehungsweisen geltendes Merkmal ist die fehlende Befugnis. Fraglich ist allerdings, ob der Begriff einheitlich verwendet wird. Für die Einordnung als Merkmal der Rechtswidrigkeit und nicht als Tatbestandsmerkmal ist entscheidend, daß der Tatbestand das Unrecht abschließend beschreibt.[8] Der Gesetzgeber bezeichnet die Begriffe des unbefugten Verschaffens in Nummer 1 und 2 als Tatbestandsmerkmale.[9] Hatte der Täter sich die Geheimnisse in korrekter Weise mit Billigung des Rechtsgutsträgers verschafft, so liegt in einer solchen Handlung kein sozialschädliches Verhalten. Vielmehr wird der Betreffende beispielsweise oft angehalten sein, befugtermaßen eine verkörperte Wiedergabe anzufertigen.[10] Somit umschreibt erst die fehlende Befugnis das Unrecht. Demgegenüber setzt Absatz 2 Nummer 2 das unbefugte Verschaffen als Tatbestandsmerkmal voraus und beschreibt deshalb schon eine strafwürdige Handlung, so daß im unbefugten Verwerten und Mitteilen im Sinne von Absatz 2 Nummer 2 ein Hinweis auf die Rechtswidrigkeit zu sehen ist.
Problematischer ist die Einordnung des Merkmals des unbefugten Mitteilens in Absatz 1. Mag auch das Handeln mit Schädigungsabsicht, aus Eigennutz oder zu Wettbewerbszwecken ein sozialinadäquates Verhalten darstellen, so umschreibt allein die Mitteilung zugunsten eines Dritten kein Unrecht. Jede, auch befugte, Weitergabe ist als Handeln zugunsten eines Dritten zu werten. Umgekehrt ist auch nicht zu erwarten, daß der Handelnde immer nur mit lauteren Vorsätzen tätig wird. Allein aus dem Vorliegen subjektiver Elemente ist deshalb nicht auf ein sozialschädliches Verhalten zu schließen. Somit beschreibt diese Tatvariante ein in vielen Fällen nicht zu beanstandendes Verhalten. Die Sozialschädlichkeit beginnt erst dort, wo das Verhalten sich zu Lasten des Berechtigten auswirkt. Dies tritt aber erst ein, wenn gegen dessen Willen das Geheimnis an einen Dritten mitgeteilt wird.[11]
Somit ist bei dem Ausdruck 'unbefugt' in einem verwirrenden Wechsel zwischen Tatbestandsmerkmal und Hinweis auf die Rechtswidrigkeit zu differenzieren.

Die Aufzählung der möglichen Täter in Absatz 1 des § 17 UWG stellt nur klar, daß jeder Beschäftigte sich strafbar machen kann.[12] Hierdurch wird schon eine

---

8   Jescheck, § 25 I.
9   BT - Drucksache 10/5058, S.40; dem folgend: Haß, S.299, S.321; Rupp, Computersoftware, S.77
10 Rupp, Computersoftware, S.77
11 So ist wohl auch Rupp (Computersoftware, S.77) zu verstehen. A.A. ohne Begründung: Haß, S.299, S.321; Möhrenschlager, wistra 1986, S.128, S.139; Granderath, DB 1986 Beilage Nr.18, S.1, S.11
12 Baumbach/Hefermehl, § 17 UWG RdNr.10

wesentliche Einschränkung des Absatzes 1 deutlich. Potentieller Täter kann nur ein mit dem Unternehmen vertraglich verbundener Mitarbeiter sein.
Tathandlung im ersten Absatz ist das Mitteilen. Ausreichend hierfür ist, daß der Täter das Geheimnis in jeder beliebigen Weise bekannt gibt, so daß ein Dritter die Informationen wenigstens zum Teil verwenden kann. Der Täter selbst braucht das Geheimnis nicht zu verstehen. Allein ausschlaggebend ist, daß er sich erinnert und es weitergeben kann.[13] Die Erlangung eines körperlichen Informationsträgers reicht dagegen nicht.[14]
Weiterhin ist der Geltungsbereich des Absatzes 1 auf die Zeit begrenzt, in der der Mitarbeiter in einem Dienstverhältnis zum Dateninhaber steht. Entscheidend für die zeitliche Abgrenzung ist das Rechtsverhältnis, nicht die tatsächliche Tätigkeitsdauer.[15]
Aus diesem Dienstverhältnis muß dem Beschäftigten das Geheimnis anvertraut oder zugänglich sein. Ein rein zufälliges Kenntniserlangen reicht nicht aus.[16]

Das 2. WiKG nahm in den zweiten Absatz das Ausspähen von Geheimnissen neu auf. Vor der Novellierung war erst das Verwerten, nicht schon das Ausspähen, strafbar.
Bei den Begehungsvarianten des Absatzes 2 kann im Gegensatz zu Absatz 1 jede Person Täter sein.[17]
Bezüglich Tathandlung und Tatmodalitäten ist zwischen Nummer 1 lit. a) - c) und Nummer 2 zu unterscheiden. In Absatz 2 Nummer 1 wird die Handlungsweise als Verschaffen oder Sichern bezeichnet.
Da der Gesetzgeber entgegen seinem ersten Entwurf ausdrücklich auf das Tatbestandsmerkmal des Kenntnisverschaffens verzichtete[18], ist das Wort 'Verschaffen' in gleicher Weise wie bei § 202a Abs.1 StGB auszulegen.[19]
Mit dem Merkmal des Sicherns werden auch die Tätigkeiten erfaßt, bei denen der Täter zwar schon grundsätzlich Kenntnis vom Geheimnis hat, diese Kenntnis aber vertiefen will.[20]
Absatz 2 Nummer 1 schützt das Geheimnis nur vor bestimmten in lit. a) - c) genannten Vorgehensweisen.

---

13 Baumbach/Hefermehl, § 17 UWG RdNr.17
14 Rupp, Computersoftware, S.70
15 Baumbach/Hefermehl, § 17 UWG RdNr.13
16 Baumbach/Hefermehl, § 17 UWG RdNr.11
17 Zielinski, S.115, S.118
18 BT - Drucksache 10/5058, S.40
19 Etter (CuR 1989, S.115, S.120) hält das Wort Verschaffen in § 17 Abs.2 Nr. 2 2.Variante UWG für nicht bestimmt genug, so daß diese Variante seines Erachtens verfassungswidrig ist. In Anbetracht der eindeutigen Auslegung bei § 202a Abs.1 StGB besteht hierzu allerdings kein Anlaß.
20 Baumbach/Hefermehl, § 17 UWG RdNr.25

So muß sich der Täter gemäß lit. a) eines technischen Mittels bedienen. Hierzu zählt gerade der Einsatz von Computern, um gespeicherte Daten abzurufen.[21] Zu beachten ist, daß computerspezifisch gespeicherte Daten immer mit Hilfe der Technik sichtbar gemacht werden müssen.[22] Der Geschäftsinhaber, der seine Geheimnisse mit einem Computer verwaltet, ist somit ohne Ausnahme vor dem Ausspähen im Sinne von § 17 Abs.2 Nummer 1 UWG geschützt, denn es kommt dabei automatisch zum Einsatz technischer Hilfsmittel.
Lit. b) erfüllt, wer das Geheimnis gegenständlich festhält. Zu dieser Perpetuierung des Geheimnisses zählen neben dem Fotografieren und Fotokopieren auch die Ausdrucke eines Computers.
Die letzte mögliche Vorgehensweise beschreibt lit. c) als Wegnahme einer verkörperten Darstellung des Geheimnisses. Eine Parallele zu § 242 Abs.1 StGB besteht nur insoweit, als die Handlungen übereinstimmen. Eine Zueignungsabsicht kann dem Täter fehlen. Deshalb ist die Strafbarkeit auch dann gegeben, wenn der Täter die an sich genommene Sache nach kurzer Zeit wieder zurückbringt.[23]
Der Gesetzgeber wollte durch die Nummer 1 die Strafbarkeit vorverlegen. Um im Gegenzug eine Ausuferung des Tatbestandes zu verhindern, beschränkte er den Gesetzestext auf die häufigsten und gefährlichsten Tatmodalitäten.

Absatz 2 Nummer 2 knüpft an das Verwerten des Geheimnisses an. Diese schon im alten Recht vorhandene Tathandlung wurde nur aktualisiert und in bezug zu den neuen Begehungsweisen in Absatz 2 Nummer 1 gesetzt.
Zusätzlich zur Erlangung des Geheimnisses muß eine Verwertungshandlung vorliegen. Der Täter kann das Geheimnis im Sinne von Absatz 1 oder Absatz 2 Nummer 1 erhalten haben, darüber hinaus reicht jedes andere Verschaffen aus, wenn er nur anschließend die Informationen verwertet. Für das Verwerten reicht jede wirtschaftliche Nutzung der Information.[24] Diese Erweiterung der Strafbarkeit rechtfertigt sich damit, daß die Verwertung von Informationen das Rechtsgut am schwersten verletzt.
Eine weitere Handlungsalternative der Nummer 2 ist das bloße Mitteilen an einen Dritten. Zu Recht wird darauf hingewiesen, daß diese weite Formulierung nicht im Einklang mit Absatz 1 steht.[25] Nach Absatz 1 wird nur derjenige bestraft, der unbefugt Informationen während des Bestehens seines Arbeitsverhältnisses an andere mitteilt. Absatz 2 Nummer 2 hebt diese Reduzierung der Strafbarkeit wie-

---

21 BT - Drucksache 10/5058, S.40
22 Zielinski, S.115, S.119
23 Rupp, Computersoftware, S.81; Haß, S.299, S.320
24 Baumbach/Hefermehl, § 17 UWG RdNr.37
25 Schlüchter, 2. WiKG, S.133; Haß, S.299, S.320

der auf.[26] Eine an sich auf Beschäftigte beschränkte Handlung nach § 17 Abs.1 UWG wird durch § 17 Absatz 2 Nummer 2 UWG zu einem Jedermannsdelikt. Da beide Normen den gleichen Strafrahmen haben, handelt es sich in § 17 Abs.1 UWG auch nicht um eine Qualifizierung oder eine Priviligierung. Dies ist eine im Hinblick auf Art. 103 GG verfassungsrechtlich bedenkliche Konstellation. Will man § 17 Abs.2 Nr.2 UWG nicht für verfassungswidrig erklären[27], so ist die Tatbestandsvariante des Mitteilens in Absatz 2 Nummer 2 entgegen dem Wortlaut nur in den Grenzen des Absatzes 1 - also für den Beschäftigten - strafbar. Insoweit hat eine teleologische Reduktion zu erfolgen.

Diese Einschränkung läßt sich nicht auf das im selben Absatz behandelte 'Verwerten' durch den Täter übertragen, da Absatz 1 nicht an das 'Verwerten' anknüpft. Die zwei Tathandlungen des 'Verwertens' und des 'Mitteilens' in § 17 Abs.2 UWG sind somit unterschiedlich zu behandeln.

Dieses im ersten Moment ungewöhnlich anmutende Ergebnis ist die einzige Möglichkeit, die in Absatz 1 enthaltene Wertung auf Absatz 2 Nummer 2 zu übertragen.

§ 17 Abs.3 UWG stellt auch den Versuch unter Strafe. Der Versuch knüpft dabei an alle Handlungsvarianten an. Nicht nur der Versuch des 'Verwertens' oder 'Weitergebens' von Geheimnissen ist strafbar[28], sondern auch das unmittelbare Ansetzen zum 'Verschaffen' oder 'Sichern' wird kriminalisiert. Diese Vorverlegung der strafbaren Handlungen in das Vorfeld bloßer Rechtsgutsgefährdungen wird vereinzelt kritisiert.[29]

7.2. Vergleich mit § 202a StGB

Schon bei den verschiedenen Tatobjekten wird deutlich, daß § 17 UWG und § 202a StGB - obwohl beide Normen Informationen schützen sollen - unterschiedliche Schutzbereiche ansprechen.
Bedarf es bei § 17 UWG noch eines unternehmerischen Geheimnisses, so erfaßt § 202a StGB jede Information, solange sie vom Berechtigten gesichert wird und in einer nur für einen Computer wahrnehmbaren Weise vorliegt.
Büßt ein Geheimnis durch Bekanntgabe den Schutz gemäß § 17 UWG ein, so können die Informationen weiterhin dem Schutz des § 202a Abs.1 StGB unterliegen, wenn es sich nur um gesicherte und gleichzeitig nichtwahrnehmbare Daten handelt.

---

26 Haß, S.299, S.320
27 Schlüchter, 2. WiKG, S.133; Haß, S.299, S.320
28 So noch der Entwurf, § 17 UWG. Siehe BT - Drucksache 10/5058, S.41
29 Zielinski, S.115, S.119

Nach § 202a Abs.1 StGB dürfen die Informationen nicht für den Täter bestimmt sein. Dieses Merkmal kann nicht mit der Befugnis in § 17 UWG gleichgestellt werden, da die Bestimmung ein Merkmal ist, das sich auf das Tatobjekt bezieht. Demgegenüber knüpft das Tatbestandsmerkmal 'unbefugt' in § 17 UWG an die Handlung an. Somit kann ein Täter nicht gemäß § 202a Abs.1 StGB bestraft werden - mag er auch ein Spion sein und einen Verrat begehen -, wenn die Information für ihn bestimmt ist. Derselbe Täter kann sich aber nach § 17 UWG strafbar machen, obwohl die Daten für ihn bestimmt im Sinne von § 202a Abs.1 StGB sind. Bei der UWG-Norm ist allein entscheidend, ob die Weitergabe an einen Dritten gegen den Willen des Berechtigten erfolgt. Dadurch, daß die Befugnis nur an die Handlung und nicht an das Tatobjekt anknüpft, wird § 17 UWG zur Schutznorm gegen die Spionage. § 202a Abs.1 StGB kann dagegen nur vor Spionagehandlungen Außenstehender schützen.[30]
Bei den einzelnen Tatvarianten ist zwischen den Handlungen zu unterscheiden. § 17 Abs.2 Nr.1 UWG stellt ebenso wie § 202a Abs.1 StGB auf das Verschaffen ab. Doch will § 17 UWG nicht jedes Verschaffen pönalisieren. Die Beschränkung auf die gefährlichsten Vorgehensweisen in lit. a) - c) verhindert ein Ausufern des Tatbestandes. Eine solche Reduktion der Tathandlung ist bei § 202a Abs.1 StGB nicht notwendig, da die Einschränkung des Tatbestandes schon auf der Ebene des Tatobjektes erfolgt. Entscheidende Bedeutung kommt dabei der besonderen Sicherung zu, mit der der Berechtigte zum einen sein Geheimhaltungsinteresse manifestiert und zum anderen zum sorgfältigen Umgang mit den Informationen gezwungen wird.
Das in § 17 Abs.1 UWG genannte 'Mitteilen' läßt sich mit einem Drittverschaffen vergleichen. Zu beachten ist lediglich, daß das Mitteilen nur bei Kenntnisnahme der Informationen durch den Täter und durch den Dritten vorliegt. Die Besitzerlangung ist im Gegensatz zu § 202a Abs.1 StGB für eine Bestrafung nach der UWG-Norm nicht ausreichend.
Das in § 17 Abs.2 Nr.2 UWG beschriebene 'Verwerten' geht weit über das 'Verschaffen' hinaus. Nur die Personen, die in § 202a Abs.1 StGB das Vermögen als Rechtsgut geschützt sehen, können das Verschaffen und das Verwerten gleichstellen.
Die Aufzählung von subjektiven Elementen bei § 17 UWG betont nochmals die Einordnung als Wirtschaftsstraftat. § 202a Abs.1 StGB kann auf ergänzende subjektive Tatbestandsmerkmale verzichten, da kein Grund besteht, die Motivation des Täters nicht einzuschränken. § 202a Abs.1 StGB soll auch den allein aus Neugierde handelnden Täter erfassen; eine Motivation, auf die bei den Strafbarkeitserwägungen der Wirtschaftsspionage verzichtet werden kann.
§ 17 UWG bestraft entgegen § 202a StGB auch den Versuch. Die Versuchsstrafbarkeit bezieht sich auf alle Handlungsvarianten, eben auch auf das Verschaffen.

---

30 Lenckner/Winkelbauer, CuR 1986, S.483, S.488

§ 17 Abs.3 UWG stellt diese dem Verrat vorgelagerte Gefährdung ebenfalls unter Strafe. Schon im Stadium der Vollendung ist das Verschaffen die schwächste Form der möglichen Rechtsgutsverletzungen. Für den Versuch bleibt festzuhalten, daß das bloße Ansetzen zum Verschaffen die geringste Gefährdung des Rechtsgutes darstellt.
Unter Berücksichtigung der ablehnenden Ausführungen des Gesetzgebers zu der Frage, ob auch der Versuch bei § 202a StGB strafbar sein soll, ist eine Differenzierung zwischen § 202a StGB und § 17 Abs.2 Nr.1 nicht verständlich. In beiden Fällen liegt eine Überkriminalisierung vor. Auch gilt für beide Normen, daß zwischen dem Schaden und der bloßen Gefährdung eine große Lücke klafft.
Somit ist die Regelung der Versuchsstrafbarkeit bei § 17 UWG im Lichte des gleichzeitig geschaffenen § 202a StGB nicht zu begründen.

7.3. Zusammenfassung

Obwohl das 2. WiKG den § 17 UWG erheblich änderte, ist in der novellierten UWG-Norm kein Gesetz gegen die Computerkriminalität zu sehen.
Die Tathandlung 'Verschaffen' wurde aufgenommen, da eine Mitteilung gemäß § 17 Abs.1 UWG immer eine Kenntnisnahme voraussetzt und diese Einschränkung aufgrund der modernen Technik allein nicht mehr zeitgemäß erschien. Die neue Handlungsvariante eröffnet somit die Möglichkeit, die Computerspionage besser zu erfassen, doch ist dies nur eine von vielen möglichen Vorgehensweisen.
Zu klären bleibt, ob § 202a Abs.1 StGB nicht allein den strafrechtlichen Schutz von § 17 Abs.2 Nummer 1 UWG hätte übernehmen können.
Hierfür spricht zum einen, daß die beiden Strafrahmen übereinstimmen, und zum anderen, daß das Problem der Versuchsstrafbarkeit bei § 17 UWG dadurch gelöst wäre. Dagegen spricht allerdings, daß nur durch eine Regelung in § 17 UWG an das Regelbeispiel in § 17 Abs.4 UWG angeknüpft werden kann. Aus der Sicht der Wirtschaft ist allerdings entscheidend, daß durch die Begrenzung des Tatobjektes in § 202a Abs.1 StGB auf nicht wahrnehmbare, für den Täter nicht bestimmte und gesicherte Daten zu viele Angriffsobjekte aus dem Schutzbereich herausfallen.
Der in § 17 Abs.2 Nr.1 UWG neu formulierte Strafrechtsschutz ist folglich nicht durch § 202a Abs.1 StGB zu ersetzen.

Doch zeigt sich bei § 17 UWG, daß diese zusätzlich formulierten Strafvorschriften in den Nebengesetzen durch ihre Verflechtungen mit den restlichen Normen Probleme haben, die strafrechtlichen Normenanforderungen, insbesondere Normenklarheit zu erfüllen.
Hieraus resultieren die Einwände gegen § 17 UWG.

Dagegen ist § 202a StGB eine klarer formulierte Norm. Resultat der Normenklarheit ist, daß - auch wenn unterschiedliche Auslegungen existieren - die Verfassungsmäßigkeit von § 202a StGB außer Frage steht.
Diese eindeutige Normaussage wird in der Praxis dazu beitragen, daß - soweit es die Begrenzung auf Computerkriminalität zuläßt - § 202a StGB den Tatbestand des § 17 UWG verdrängen wird.
Zu beachten bleibt, daß die Informationen gesichert sein müssen. Diese Voraussetzung liegt allerdings in der freien Entscheidung des Verfügungsberechtigten. Der Strafrechtsschutz des § 202a Abs.1 StGB hängt somit zumindest für computermäßig erfaßte Daten allein von der Bereitschaft des Berechtigten ab, die Informationen ausreichend zu sichern.
Es steht dem Betroffenen somit frei, die entstandene Strafbarkeitslücke aufgrund der unzureichenden Formulierung des § 17 UWG zumindest gegenüber Außenstehenden selber zu schließen, indem er die Informationen sorgfältig und zielgerichtet sichert und so die Voraussetzung für eine Anwendung von § 202a Abs.1 StGB schafft.

8. In der Praxis relevante Beispiele

Zu den praktischen Beispielen zählen Gerichtsentscheidungen, die auf § 202a Abs.1 StGB beruhen oder hätten beruhen müssen. Daneben sollen auch in der Literatur erörterte Fallkonstellationen dargestellt werden. Diese Fälle werden unter besonderer Berücksichtigung der Tatbestandsmerkmale 'besondere Sicherung' und 'Zugang' untersucht. Zumindest die Literatur befaßt sich außerdem mit der in der Praxis sehr häufig vorkommenden Spielart des 'Hackens'.

8.1. Hacker

In Verbindung mit dem Tatbestandsmerkmal des Verschaffens wird oft das Problem der Hacker erörtert.[1] Bevor diese Problematik dargestellt wird, ist eine Begriffsbestimmung notwendig.[2]

Presse und die Literatur bezeichnen eine Vielzahl von Tätigkeiten als 'Hacken'.[3] Richtigerweise sind 'Hacken', 'Crashen', 'Cracken' und sonstige Handlungen zu unterscheiden.
- Das eigentliche 'Hacken' beschreibt einen Vorgang, bei dem ein Computerbesitzer versucht, die Zugangssperren eines anderen Rechners, der an ein Datennetz angeschlossen ist, zu überwinden.[4] Sein Ziel ist allein, den Nachweis zu führen, daß er in der Lage ist, in andere Rechner einzudringen.[5] Dabei kommt es innerhalb der Hackerszene zu "sportlichen Vergleichen". Ihre Informationen über Zugangsmöglichkeiten veröffentlichen sie in eigenen Büchern und Zeitschriften.[6]
- Nicht ganz so einheitlich wird der Begriff der 'Crasher' definiert.
In Abgrenzung zu den Hackern endet die Handlung der Crasher nicht beim "Öffnen" eines Computers. Dieser Gruppe kommt es vielmehr darauf an, durch Löschen von Daten oder andere Tätigkeiten dem Benutzer Schäden zuzufügen.[7]

---

1 Einen Überblick gibt Heine: Die Hacker. Ebenfalls interessant ist die Hacker Bibel des CCC.
2 Zum Ursprung des Wortes Hacken siehe Bschorr, S.12
3 Statt vieler: Kohlmann/Löffeler, BFuP 1990, S.188, S.196 und S.198
4 Eine ausführliche Beschreibung der Vorgehensweise findet sich bei Hauptmann (iur-PC 1989, S.215, S.215f) Er definiert Hacken als unberechtigtes Eindringen und Umsehen in EDV-Systemen.
5 Kilian/Heussen/Gravenreuth, Abschn.106 RdNr.15; Gravenreuth, NStZ 1989, S.201, S.204
6 Zu nennen sind die Hacker Bibel und die Datenschleuder.
7 Bschorr, S.13; Kilian/Heussen/Gravenreuth, Abschn.106 RdNr.16

- Wieder eine andere Gruppe überwindet die Sperren, um sich Daten zu verschaffen und zum Teil auch Dritten zugänglich zu machen. Hierunter fallen auch Jugendliche, die auf diese Weise kostenlos an Spielprogramme heranzukommen versuchen. Soweit sich die Personen auf das Raubkopieren beschränken, werden sie 'Cracker' genannt.[8]

Aus dieser Unterscheidung ergibt sich, daß die von der Presse gebrauchte pauschale Bezeichnung 'Hacker' oftmals nicht korrekt ist.[9]
Die Crasher machen sich seit Inkrafttreten des 2. WiKG gemäß § 303a oder § 303b StGB strafbar. Die dritte Gruppe verwirklicht unproblematisch den Tatbestand des Ausspähens von Daten.
Zu prüfen ist, ob sich auch die Hacker im obengenannten Sinne strafbar machen. In Frage kommt allein eine Strafbarkeit gemäß § 202a Abs.1 StGB.
Das Interesse der Hacker gilt gerade den Daten, die vor dem Zugriff Fremder gesichert werden. Aus diesem Grund sind die Voraussetzungen des Datenbegriffes und der Zugangssicherung erfüllt. Ebenso sind die Daten nicht für den Täter bestimmt.
Entscheidend ist, ob sich der Hacker die Informationen verschafft. Geht man von dem oben gezeichneten Idealbild aus, so wird er den fremden Rechner sofort nach Überwindung oder Umgehung der Sicherung wieder verlassen. Doch die Realität sieht anders aus. Der Hacker wird, um überhaupt die Gewißheit zu haben, daß er auch wirklich in den fremden Rechner eingedrungen ist, sich zumindest das System oder das Inhaltsverzeichnis anzeigen lassen.[10] Sowohl die Systemdaten als auch die Informationen des Inhaltsverzeichnisses sind taugliche Tatobjekte[11], da das Rechtsgut gerade nicht nur auf verwertbare oder geheime Daten abstellt. Dem Hacker wird durch die Sicherung auch dokumentiert, daß der Rechtsgutsträger diese Daten schützen will.
Durch deren Kenntnisnahme verschafft sich der Eindringling diese Informationen.

---

8 Gravenreuth, NStZ 1989, S.201, S.206
9 Dies gilt insbesondere für die Anfang 1989 erwähnte Gruppe von 'Hackern', die in Computer der westlichen Industrienationen eindrang, um für östliche Geheimdienste Informationen zu erlangen. In einem anderen Beispiel aus dem gleichen Jahr wird ein junger Mann als Hacker bezeichnet, obwohl er sich Daten nicht nur überspielt hatte, sondern auch kommerziell vertrieb (o.V., DSWR 1989, S.120, S.120).
10 Kilian/Heussen/Gravenreuth, Abschn.106 RdNr.22; Hauptmann, iur-PC 1989, S.215, S.215
11 Falsch in diesem Zusammenhang ist das Abstellen auf das Code-Wort (so aber: Bühler, MDR 1987, S.448, S.453; Schönke/Schröder/Lenckner, § 202a RdNr.10), da das Code-Wort zu den Daten gehört, die die Sicherung darstellen und nicht zu denen, die gesichert werden sollen. Code-Worte sind oft auch frei zugänglich und selbst nicht gesichert.

Somit erfüllt das Hacken nach einfacher Subsumtion den Tatbestand des
§ 202a Abs.1 StGB. Zum selben Ergebnis kommen auch Möhrenschlager und
Gola.[12]

Dieser eindeutigen Tatbestandserfüllung steht auch der ausdrückliche gesetzgeberische Wille entgegen:[13]
> "Insbesondere sollen sog. 'Hacker', die sich mit dem bloßen Eindringen begnügen, also sich keine Daten unbefugt verschaffen, von Strafe verschont bleiben."[14]

Aus diesen Ausführungen ist zu entnehmen, daß der Rechtsausschuß des Bundestages die Hacker im Sinne der oben genannten Definition versteht.
Um dieser Wertung Rechnung zu tragen, schränken Zielinski[15] und Hauptmann[16] das Verschaffen von Daten ein. Nicht allein die bloße Verfügungsbefugnis soll ausreichen, sondern nur eine gesicherte Verfügungsmacht. Bis zu einer Speicherung von fremden Daten auf eigenen Datenträgern bliebe der Hacker danach straflos.[17] Um das sofortige Nutzen von Informationen, die nicht gespeichert werden, auch unter Strafe stellen zu können, ergänzt Zielinski seine Definition. Ein Verschaffen liegt immer dann vor, wenn eine dauerhafte Speicherung oder ein Nutzen der Daten vorgenommen wird.[18]
Dieser Auslegung ist zu Recht vorzuwerfen, daß ein Verschaffen inhaltlich keine Nutzung voraussetzt.[19] Außerdem scheidet die Kenntnisnahme der Informationen als eine Form des Verschaffens aus, da sich andernfalls wiederum eine Strafbarkeit der Hacker ergäbe. Das Rechtsgut - das formelle Geheimhaltungsinteresse - ist allerdings in gleicher Weise verletzt, ob der Täter die Daten abspeichert oder nur von den Informationen Kenntnis erhält. Aus diesem Grund kann nicht einfach auf die Kenntnisnahme als eine Form des Verschaffens verzichtet werden.
Somit kommt die These von Zielinski und Hauptmann zu keiner Lösung, die sowohl dem Rechtsgut als auch dem gesetzgeberischen Willen gerecht wird.

---

12 Möhrenschlager, wistra 1986, S.128, S.139; Gola, NJW 1987, S.1675, S.1679. Ihnen standen offensichtlich die Gesetzesmaterialien nicht zur Verfügung.
13 Ohne das Problem zu sehen, folgen dem Gesetzgeber Haß (S.299, S.315), Leicht (IuR 1987, S.45, S.45), Schlüchter (2. WiKG, S.59), Lackner (§ 202a RdNr.5) und anfänglich auch Tiedemann (JZ 1986, S.865, S.870), der allerdings das Problem jetzt erkannt hat (JuS 1989, S.689, S.694). Tröndle (Dreher/Tröndle, § 202a RdNr.2 und 9) bleibt einerseits bei der Aussage, Hacken sei straflos (RdNr.2), andererseits führt er aus, das Ansehen von Daten sei straflos, soweit es mit dem Zugriff auf das System verbunden ist, strafbar aber das Ansehen von Daten, die *im* System gespeichert sind (RdNr.9).
14 BT - Drucksache 10/5058, S.28
15 Zielinski, S.115, S.120
16 Hauptmann, iur-PC 1989, S.215, S.217
17 Hauptmann, iur-PC 1989, S.215, S.218
18 Zielinski, S.115, S.120
19 Leipziger-Kommentar Jähnke, § 202a RdNr.6

Das Problem des Hackens wird, wie der gescheiterte Definitionsversuch zeigt, nicht dadurch gelöst, daß man die Begriffsbestimmung einschränkt.[20]

Der Gesetzgeber beläßt es nicht bei der schlichten Feststellung, Hacker seien straflos. Er begründet darüber hinaus seine Entscheidung in einer für das 2. WiKG erstaunlich umfangreichen Form.
"Für eine Kriminalisierung ist zwar darauf hingewiesen worden, daß mit dem erfolgreichen Eindringen in fremde Datenbanken Integritätsinteressen von Betreibern und Benutzern gefährdet werden können und eine zu starke Systembelastung eintreten kann. Insoweit stellt aber ein solches Verhalten erst eine Gefährdung dar, die für den Ausschuß als Ansatzpunkt für einen neuen Straftatbestand in diesem Bereich nicht ausreicht."[21]
Der Gesetzgeber war im Sommer 1986 aufgrund dieser Argumentation deshalb der Auffassung, daß das Hacken nicht pönalisiert werden dürfe.
Doch findet der subjektiv-historische Wille seine Grenzen in der von Jescheck als Andeutungstheorie bezeichneten Auslegungsmethodik. Diese von Rechtsprechung[22] und Literatur[23] gleichermaßen entwickelten und vom Primat der teleologischen Auslegung ausgehende Einschränkung der historischen Auslegung berücksichtigt den Willen des Gesetzgebers nur insoweit, "als er in dem Gesetz selbst einen hinreichend bestimmten Ausdruck gefunden hat".[24] Diese Grenze gilt unabhängig vom Alter der zu bewertenden Norm.
Legt man zugrunde, daß sich das Hacken eindeutig unter den Tatbestand des § 202a Abs.1 StGB subsumieren ließ und daß die Autoren, denen die Materialien fehlten, ebenfalls von einer Norm gegen die Hacker sprachen, schränkt der Wortlaut des Tatbestandes die Normaussage nicht ein.[25]
Dieser eindeutige Wortlaut ist auch einer Selbsteinschätzung aus der Hackerszene zu entnehmen. In einer Textdatei[26] mit der Überschrift "Tarife fuers Hacken (1)" heißt es:

"Wer also den Passwortschutz eines Systems knackt und sich dann in dem System umsieht, das heisst Daten liest oder downloaded, hat den § 202a StGB fest gebucht. Wer

---

20 Schönke/Schröder/Lenckner, § 202a RdNr.10; Lenckner/Winkelbauer, CuR 1986, S.483, S.488; Bühler, MDR 1987, S.448, S.453; Weber, WM 1986, S.1133, S.1135
21 BT - Drucksache 10/5058, S.28
22 BVerfGE 1, S.299, S.312; 10, S.234, S.244; 11, S.126, S.130; BGHSt 1, S.74, S.76; 11, S.52, S.53
23 Bender, JZ 1957, S.593, S.594; Bockelmann/Volk, StR-AT, S.21; Jescheck, § 17 IV 2.; Leipziger-Kommentar Tröndle, § 1 RdNr.47
24 BVerfGE 11, S.126, S.130
25 Aufgrund dieser Zweifel lehnen Zielinski (S.115, S.120) und Welp (IuR 1987, S.353, S.354) die Lösung des Gesetzgebers ab.
26 Diese in Hackerkreisen kursierende Datei wurde dem Verfasser dieser Arbeit überspielt, ohne daß die Möglichkeit bestand, den Urheber der Datei ausfindig zu machen. Die rechtlichen Ausführungen lassen vermuten, daß es sich um einen zumindest juristisch vorgebildeten Verfasser handelt, der erhebliche Kenntnisse in der Informatik besitzt.

erwischt wird, koennte sich allerdings darauf berufen, er habe nur das Passwort geknackt, sich dann aber sofort wieder ausgeloggt, ohne sich im System weiter umgesehen zu haben. Das ist zwar kaum wahrscheinlich, das Gegenteil duerfte aber schwer zu beweisen sein. ... Festzuhalten bleibt, dass wer in eine durch Passwortabfrage gesicherte Mailbox, Datenbank oder ein sonstiges Rechnersystem (vorsaetzlich) unbefugt eindringt, mit einer Strafe wegen Ausspaehens von Daten zu rechnen hat."
Der gesetzgeberische Wille reduziert deshalb für sich genommen den eindeutigen Wortlaut nicht. Allein die historische Auslegung grenzt das Hacken nicht aus der Tathandlung aus.

Ausführungen einiger Autoren, die der gesetzgeberischen Entscheidung zustimmen, lassen vermuten, daß sie ebenfalls aus teleologischen Gesichtspunkten zu einer Straflosigkeit der Hacker kommen wollen.[27] Hierbei werden weitgehend die Argumente des Gesetzgebers übernommen, es handele sich nur um einen Gefährdungszustand, der eine Überkriminalisierung nicht rechtfertige. Zuzubilligen ist dem Gesetzgeber, daß nur hochwertige Rechtsgüter auch vor Gefährdungen geschützt werden sollen. Hierzu zählen die Rechtsgüter des 15. Abschnitts des StGB nicht.[28] Unter dem Aspekt, daß § 202a StGB die formelle Verfügungsbefugnis schützt, kann jedoch nicht nur von einer Gefährdung gesprochen werden. Mit dem Anzeigen der Informationen, mögen sie geheimhaltungswürdig sein oder nicht, ist das Rechtsgut des § 202a Abs.1 StGB verletzt.[29] Die vom Gesetzgeber aufgestellte These ist nur dann korrekt, wenn von dem Idealbild eines Hackers ausgegangen wird, der gleich nach Überwinden der Sicherung seinen Computer abschaltet. Doch kann umgekehrt nicht davon ausgegangen werden, daß der Gesetzgeber nur das Idealbild eines Hackers vor Augen hatte, da der Rechtsausschuß von den Sachverständigen umfangreich über das Problem informiert wurde.[30]
Gegen das Argument, die § 303a und § 303b StGB würden vor zu starken Störungen schützen[31], ist zu Recht angeführt worden, daß es den Hackern oft am Vorsatz mangelt oder dieser Schädigungsvorsatz zumindest nicht nachweisbar ist.[32] Praktiker merken zudem an, daß sie schon froh sind, nachweisen zu können, daß ein Täter überhaupt eingedrungen ist. Eine so differenzierte Unterteilung, welche Daten der Täter sich dabei verschafft hat, ist dann nicht mehr nach-

---

27 Dreher/Tröndle, § 202a RdNr.2; Weber, WM 1986, S.1133, S.1135. So ausdrücklich im Wege einer teleologischen Reduktion: Hauptmann (iur-PC 1989, S.215, S.217).
28 Lenckner/Winkelbauer, CuR 1986, S.483, S.488
29 Lenckner/Winkelbauer, CuR 1986, S.483, S.488; Weber, WM 1986, S.1133, S.1135; Welp, IuR 1987, S.353, S.354
30 Sieber, BT-Anhörung vom 6.6.1984, Anlagen S.268f
31 BT - Drucksache 10/5058, S.28
32 Granderath, DB 1986 Beilage Nr.18, S.1, S.2

prüfbar.[33] Faktisch müssen beim Täter schon Daten des Betroffenen gefunden werden, um die Schutzbehauptung, 'Hacker zu sein', zu widerlegen.
Die befürchtete Überkriminalisierung[34] ist dagegen eine nachvollziehbare Wertung. Durch den Ausschluß der wirklichen Hacker wird eine Gruppe entkriminalisiert, die zumeist mehr aus Interesse und sportlichem Ehrgeiz Sicherungssysteme zu überwinden versucht. Das Erlangen von Daten ist bei ihnen eher zwangsläufige Folge denn angestrebtes Ziel, so daß die Schwere des Unrechtsvorwurfes sicherlich verhältnismäßig gering ist.[35] Eine Strafbarkeit hat allerdings nicht die Ausmaße, die der Gesetzgeber befürchtete. Zum einen ist ein Hacker, der sich nur kurzzeitig in einem fremden Rechner aufhält, kaum ausfindig zu machen.[36] Zum anderen ist § 202a Abs.1 StGB ein reines Antragsdelikt, so daß eine befürchtete Vielzahl von Bestrafungen gerade jugendlicher Täter nicht zu erwarten ist.[37] Im kommerziellen Bereich wird allein schon der Imageverlust beim Opfer dazu führen, daß nur gravierende Fälle zur Anzeige gebracht werden.

Die pauschale Behauptung, mit der Anzeige von Inhaltsverzeichnissen und Systemangaben sei das Rechtsgut nur geringfügig verletzt, verkennt die tatsächliche und rechtliche Lage. In der Wirklichkeit stellt zum Beispiel für viele Betriebe schon der Aufbau ihres Systems sowie der im Inhaltsverzeichnis zu erkennende Datenbestand und dessen Umfang ein Betriebsgeheimnis dar, denn schon diese Informationen erlauben einen Rückschluß auf die zukünftigen Firmenentscheidungen. Demgegenüber kann eine einzelne Information aus einer untergeordneten Datenbank ohne wesentliche Aussagekraft sein.
Aus rechtlicher Sicht ergäbe sich eine "Zwei-Klassen-Gesellschaft" innerhalb der Daten, die aus dem Sinn und Zweck der Norm nicht abzuleiten ist. Das Rechtsgut, Dritte unabhängig von der Bedeutung der Tatobjekte auszuschließen, wird durch diese vom Berechtigten nicht getragene willkürliche Teilung sogar ins Gegenteil verkehrt.
Aus teleologischer Sicht sind somit keine Gründe ersichtlich, die eine Einschränkung des Wortes 'Verschaffen' rechtfertigen. Nach den Grundsätzen der Andeutungstheorie ist deshalb der geäußerte gesetzgeberische Wille unbeachtlich.

---

33 Weber, WM 1986, S.1133, S.1135; Lenckner/Winkelbauer, CuR 1986, S.483, S.488; Granderath, DB 1986 Beilage Nr.18, S.1, S.2
34 BT - Drucksache 10/5058, S.28
35 Sieber, BT-Anhörung vom 6.6.1984, Anlagen S.268
36 Die Probleme, die beim Entdecken eines Hackers auftreten, beschreiben Goldmann und Stenger sehr gut (CuR 1989, S.543, S.545). Siehe auch Kapitel 9.3.1..
37 Dies ist zwar eine These, kann aber durch erste Erfahrungen in Ländern, die das Hacken als Straftat bezeichnen, bestätigt werden.

Demzufolge ist das Hacken - entgegen der fast einhelligen Auffassung in der Literatur - eine strafbare Handlung im Sinne von § 202a Abs.1 StGB.

8.2. Mißbrauch von Datenbanken am Beispiel von 'juris'

Bei juris handelt es sich um eine von jedem Ort aus anwählbare Rechtsprechungs- und Literaturdatenbank, die neben den wichtigen Entscheidungen aller bundesdeutschen Gerichtshöfe auch juristische Fachliteratur beinhaltet. Die Abfrage kann sowohl über das speziell für Computereinsatz geschaffene DATEX-P-Netz der Bundespost als auch über die einfachen Fernsprechleitungen mit Hilfe eines Modems geschehen. Die Rufnummern beider Systeme sind allgemein bekannt. Der Zugriff zu den Informationen eröffnet sich dem Benutzer nach Eingabe eines ihm von der Betreibergesellschaft mitgeteilten Paßwortes. Das Kennwort, zu dessen Geheimhaltung sich der Teilnehmer verpflichtet, erhält er nach Abschluß eines Benutzungsvertrages mit der juris-GmbH.

Ohne einen Teilnehmervertrag verwirklicht jeder, der in das juris-System eindringt, den Tatbestand des § 202a Abs.1 StGB, denn er verschafft sich Daten, die nicht für ihn bestimmt und die durch die Paßwortabfrage ausreichend gesichert[38] sind.
Mit Vertragsabschluß akzeptiert der Teilnehmer unter anderem folgende Allgemeine Geschäftsbedingungen[39]:

3. Rechte und Pflichten des Dialogteilnehmers
3.1. Der Dialogteilnehmer hat das Recht, in juris-Datenbanken zu recherchieren.
3.2. ...
7. Vertragsverletzung
    Verletzt der Dialogteilnehmer Bestimmungen des Vertrages, so ist juris berechtigt, den Zugriff zu den Datenbanken zu sperren. Schadensersatzansprüche bleiben davon unberührt.
Die Preisliste verweist zudem auf die AGB, in der es heißt:

2. Zahlungsbedingungen
2.1. und 2.2. ...

---

38 Bei juris ist die Hauptfunktion der Paßwortabfrage, die Kenntnisnahme durch einen Nichtberechtigten auszuschließen. Da das System von außen nur Abfragen in einem vorbestimmten Schema zuläßt, ist die Gefahr, daß Daten verändert oder sogar gelöscht werden, fast ausgeschlossen. Der Schutz des Programmes und des Datenbestandes vor Manipulationen ist deshalb zweitrangig. Die Sorgfalt der Betreibergesellschaft läßt sich schon daran ablesen, daß die Firma eine dauernde Paßwortpflege betreibt, d.h., daß Kennworte nicht mehr zugelassener Teilnehmer umgehend gesperrt werden.
39 Der neuste zur Verfügung stehende Stand ist Dezember 1986.

2.3. Bei Zahlungsverzug ist juris berechtigt, den Bezug weiterer juris-Leistungen zu sperren. ...

Aus Ziffer 3.1. ist abzuleiten, daß nicht nur der Vertragspartner, sondern darüber hinaus jeder Dialogteilnehmer juris befugtermaßen nutzen darf. Die in der Datenbank enthaltenen Informationen sind somit für jeden Benutzer bestimmt, der mittels eines gültigen Paßwortes das Dialogsystem startet.[40] Durch die Berechtigung aller Dialogteilnehmer entfällt für sie das Tatbestandsmerkmal des 'Nicht-bestimmt-sein' der Informationen.

Aus Ziffer 7. der AGB und Punkt 2.3. der Preisliste ergibt sich für den Fall der Beendigung des Vertragsverhältnisses, daß das Paßwort gelöscht wird. Die als Sperrung bezeichnete Handlung beinhaltet die willentliche Entziehung der Berechtigung.

Die Verbindung des subjektiven Elementes der Bestimmung mit der nach außen erkennbaren Sperrung stellt sicher, daß dem Benutzer nicht die Berechtigung entzogen werden kann, ohne daß juris ihm diese Tatsache signalisiert. Wird das Paßwort des Teilnehmers zurückgewiesen, so ist für ihn erkennbar, daß er nicht mehr berechtigt ist, in juris zu recherchieren. Dringt der ehemalige Benutzer dennoch in die Datenbank ein, so kann er grundsätzlich den Tatbestand des Ausspähens von Daten verwirklichen.[41]

Hieraus folgt für das Tatbestandsmerkmal der Bestimmung der Daten, daß diese Voraussetzung bei der kommerziellen Nutzung von Datenbanken maßgeblich von den Allgemeinen Geschäftsbedingungen geprägt wird.

8.3. Spielautomatenmißbrauch

Ein Anwendungsfeld für § 202a Abs.1 StGB ist das systematische Leerspielen von Glücksspielautomaten. Mit dieser Frage haben sich seit 1987 mehrere Amtsgerichte[42] und im Rechtsmittelverfahren auch Landgerichte[43] und ein Oberlandesgericht[44] befassen müssen.

Bei Spielautomaten sorgt ein Computerprogramm dafür, daß mindestens 60 %[45] des Einsatzes als Gewinn an die Spieler wieder ausgeschüttet werden. Datenträ-

---

40 Diese weitgehende Formulierung hat ihren Grund in dem Umstand, daß gerade größere Anwaltskanzleien zu den Nutzern von juris gehören, bei denen jedem Mitglied das Recherchieren ermöglicht werden muß.
41 Zur Frage, wann ein Erlangen von paßwortgeschützten Daten den Tatbestand von § 202a Abs.1 StGB erfüllt, siehe Kapitel 5.1.2..
42 AG Aschaffenburg, CuR 1988, S.1030; AG Neunkirchen/Saar, CuR 1988, S.1028
43 LG Memmingen, CuR 1988, S.1026; LG Duisburg, CuR 1988, S.1027; LG Stuttgart, NJW 1991, S.441
44 BayObLG, NJW 1991, S.438
45 Der Mindestwert ist gesetzlich in § 13 Nr.8 Spielautomaten-VO festgelegt.

ger des Steuerungsalgorithmusses ist ein besonderer Chip, der in der Lage ist, Informationen dauerhaft zu speichern.[46] Dieser Typ von Bausteinen wird EPROM[47] genannt. Der Programmchip befindet sich in einem Sockel auf der Platine des Gerätes, so daß es möglich ist, den EPROM im Laufe der Einsatzzeit zu wechseln und auf diese Weise den Spielablauf zu verändern. Das gesamte Gerät ist durch ein massives Gehäuse gegen Fremdeingriffe geschützt.[48]
Im Gegensatz zu den meisten Spielern sind die Personen, die die Automaten systematisch leerspielen, im Besitz der Spielprogramme und können so immer den aktuellen Spielstand ermitteln. Sie sind deshalb in der Lage, anhand von wenigen Spielversuchen herauszufinden, ob sich ein Glücksspielautomat kurz vor einer größeren Gewinnausschüttung befindet. Durch Betätigen einer Risikotaste kann der Gewinn noch erhöht werden.[49]
Bei der strafrechtlichen Würdigung ist zwischen zwei Handlungsabschnitten zu differenzieren. Zum einen stellt sich die Frage nach der Strafbarkeit der informierten Spieler, zum anderen kann schon in der Datenbeschaffung ein strafbares Verhalten gesehen werden. Zwischen den Personen, die die Daten beschaffen und den Spielern besteht zumeist keine Identität. Vielmehr erwerben die Spieler entweder Ausdrucke oder Disketten mit den Angaben über den genauen Spielablauf, ohne die Verkäufer zu kennen.[50]

Die Spieler verschaffen sich zwar für sie nicht bestimmte Daten, diese sind aber zumindest als Ausdrucke wahrnehmbar und in keinem Fall mehr gegen fremden Zugriff gesichert. Sie sind vielmehr für den Anwender aufgearbeitet. Das Erlangen und spätere Verwenden der Daten ist deshalb gemäß § 202a Abs.1 StGB nicht strafbar.[51]

Bei den Personen, die sich die Daten beschaffen, ist nach den Umständen zu unterscheiden. Sind die Täter als Mitarbeiter des Automatenherstellers berechtigt gewesen, mit den Spielprogrammen zu arbeiten, so sind die Daten für den Täter bestimmt gewesen, und eine Bestrafung gemäß § 202a Abs.1 StGB ist ausgeschlossen.[52]
Hat sich der Täter stattdessen den Spielautomaten als Außenstehender gekauft, so erlangt er Eigentum an dem Gerät gemäß §§ 929ff BGB. Hierdurch erwirbt er aber allenfalls ein Nutzungsrecht an dem Spielprogramm, das Eigentum an der

---

46 Westphal, CuR 1987, S.515, S.515
47 Erasable Programable Read Only Memory
48 Westphal, CuR 1987, S.515, S.515; Schlüchter, NStZ 1988, S.53, S.54
49 Etter, CuR 1988, S.1021, S.1023; Westphal, CuR 1987, S.515, S.515
50 AG Neunkirchen/Saar, CuR 1988, S.1028, S.1029; Westphal, CuR 1987, S.515, S.516
51 LG Duisburg, CuR 1988, S.1027, S.1028
52 Schlüchter, NStZ 1988, S.53, S.56; Westphal, CuR 1987, S.515, S.517

geistigen Leistung verbleibt dagegen beim Hersteller.[53] Dieser hat als Verfügungsberechtigter wiederum kein Interesse, daß die Daten dem Gerätekäufer oder möglichen Spielern bekannt werden. Somit bleiben die Informationen auch nach dem Kauf nicht für den Erwerber bestimmt.[54]

Entscheidend ist deshalb, ob die Daten besonders gesichert sind. Allein der Sockel, in dem das EPROM eingesetzt ist, stellt keine Sicherung dar, sondern er ist allein eine Halterung, die bei Erschütterungen den sicheren Betriebsablauf gewährleisten soll.

Als Sicherung kann nur das Gehäuse dienen. Auch in diesem Punkt ist allerdings zu differenzieren. Bei einigen Glücksspielautomaten ist der Münzspeicher im Inneren angebracht. Das Gehäuse wird mit einem Schlüssel geöffnet, so daß der nicht ausgeschüttete Gewinn entnommen werden kann. Zu diesem Zweck wird dem Erwerber des Gerätes ein Schlüssel übergeben. Bei dieser Bauart stellt das Gehäuse kein geeignetes Hindernis dar, denn durch den Besitz des Schlüssels ist die Sicherung für den Geräteeigentümer sehr leicht zu überwinden.

Ist demgegenüber eine eigene Vorrichtung zur Entnahme des Geldes vorhanden und ist das Gerät fest vernietet oder verschweißt und nicht nur verschraubt, so stellt sich das Gehäuse als massives und sehr effektives Hindernis dar. Das Automatengehäuse ist deshalb als Sicherung geeignet. Die Gehäuse werden zumeist noch mit einer Plombe versehen.[55]

Zusätzlich dient das Gehäuse für die Automatenhersteller nicht nur der Betriebssicherheit. Da der Produzent keine Kontrolle mehr über den Programmalgorithmus hat, wenn er das Gerät veräußert, diese Informationen gleichwohl aber die Basis für den Erfolg seiner Geräte sind, ist für ihn der Schutz der Programmdaten mindestens ebenso wichtig wie die Funktionssicherheit eines einzelnen Glücksspielautomaten.

Deshalb liegt von Seiten des Automatenherstellers eine ausreichende Zweckbestimmung vor. Es verbleibt die Frage, in welcher Weise der neue Eigentümer des Gerätes - und damit auch der Sicherung - die Zweckbestimmung aufheben kann. Wäre dies in vollem Umfang zulässig, so kann in diesem Beispiel der Erwerber den Sicherungszweck des Gehäuses aufheben und ohne Verstoß gegen § 202a Abs.1 StGB das Spielprogramm erlangen.[56] Wäre andererseits nur eine einmalige Zweckbestimmung durch den ersten Eigentümer möglich, würden spätere Berechtigte in ihrer Handlungsfreiheit übermäßig eingeengt.

---

53 Etter, CuR 1988, S.1021, S.1024; Schlüchter, NStZ 1988, S.53, S.55
54 Etter, CuR 1988, S.1021, S.1024. Zur Problematik des Nutzungsrechtes siehe Kapitel 8.4..
55 Etter, CuR 1988, S.1021, S.1024; Westphal, CuR 1987, S.515, S.516
56 Zu Unrecht nimmt das LG Duisburg (CuR 1988, S.1027, S.1028) an, der Eigentumserwerb am Glücksspielautomaten beinhalte das Recht, eine Sicherung straflos zu öffnen.

Für die Zweckbestimmung sind deshalb die Regeln anwendbar, die auch für das Tatbestandsmerkmal 'Bestimmung' gelten. Maßgebend ist somit, ob der nachfolgende Eigentümer der Sicherung vom Vorgänger ermächtigt wurde, die Sicherung aufzuheben. Da die Regelung in den meisten Fällen nicht ausdrücklich erklärt wird, ist dies an den Umständen des Einzelfalles zu prüfen. Als Auslegungskriterium dient die Frage, ob sich der erste Eigentümer auch gegenüber dem Benutzer seiner Daten und Programme weiterhin schützen will oder ob eine weitere Geheimhaltung nur den Interessen des Erwerbers dient und deshalb allein in dessen Ermessen gestellt wird.

Für den Geldspielautomaten gilt deshalb, daß die Automatenhersteller auch nach der Veräußerung essentielle Interessen daran haben, den Algorithmus geheimzuhalten. Sie werden folglich den Erwerber von Glücksspielautomaten nicht dazu ermächtigen, die Zweckbestimmung des Gehäuses als Sicherung aufzuheben.[57]

Als letzte Möglichkeit, sich den Programmalgorithmus des EPROM zu beschaffen, kann der Täter von außen über ein Datennetz in den Computer des Herstellers eindringen. Vorausgesetzt der Hersteller hat seine Datenbank ausreichend gesichert, ist der Tatbestand des § 202a Abs.1 StGB erfüllt.[58]

Eine Strafbarkeit gemäß § 202a Abs.1 StGB beschränkt sich also auf Personen, die sich die Programmdaten aus dem EPROM verschaffen.[59] Dies liegt nur vor, wenn eine vom Hersteller nicht autorisierte Person bei bestimmten Gerätetypen das Spielprogramm erlangt.

---

57 Um Unsicherheiten auszuschließen, ist den Produzenten zu empfehlen, in ihre schriftlichen Kaufverträge neben dem Satz: "Der Erwerber ist nicht berechtigt, das Gehäuse zu öffnen." zusätzlich noch folgende Formulierung aufzunehmen: "Der Sicherungszweck des Gehäuses kann durch den Erwerber nicht aufgehoben werden. Die Programmdaten sind nicht für ihn bestimmt.".

58 Schlüchter (NStZ 1988, S.53, S.54) weist zu Recht auf diese Begehungsweise hin. Dagegen meint Etter (CuR 1988, S.1021, S.1022), daß neben dem Ausbau und Lesen des EPROM und der betrieblichen Kenntnis zur Zeit keine technischen Möglichkeiten vorstellbar sind, um an die Informationen zu gelangen. Weitere computerspezifische Vorgehensweisen sind allerdings nicht vorhanden.

59 Auf eine Strafbarkeit aller Beteiligten gemäß §§ 263a, 265, 242 StGB, § 106 UrhG und § 17 UWG kann aus Platzgründen nicht eingegangen werden. Eine ausführliche Erörterung mit unterschiedlichen Ergebnissen zu diesen Straftatbeständen ist bei Etter (CuR 1988, S.1021), Schlüchter (NStZ 1988, S.53) und Westphal (CuR 1987, S.515) nachzulesen.

8.4. Raubkopien

Die Frage nach der Anwendbarkeit von § 202a Abs.1 StGB auf das Raubkopieren von Computerprogrammen resultiert aus urheberrechtlichen Problemen, denn der Strafrechtsschutz gemäß § 106 UrhG findet nicht auf jedes Programm Anwendung.
Die Literatur[60] forderte schon zu Beginn der siebziger Jahre, daß Software als Schöpfung im Sinne des Urheberrechts anerkannt werde. Der Gesetzgeber trug dieser Forderung durch eine Änderung des Urhebergesetzes im Sommer 1985 Rechnung.[61] 'Programme für die Datenverarbeitung' wurden in den Katalog des § 2 Abs.1 Ziffer 1 UrhG eingefügt. Schon zuvor war es zu einer Reihe befürwortender obergerichtlicher Entscheidungen gekommen.[62]
Fast zeitgleich mit der Gesetzesnovelle entschied der Bundesgerichtshof in seinem Urteil vom 9. Mai 1985, daß Computerprogramme grundsätzlich auch nach dem alten Urheberrecht geschützt wurden.[63] Diese Aussage beschränkte der BGH jedoch nur auf die Software, die eine hinreichende schöpferische Gestaltungshöhe aufweist.[64] Von einem Urheberrechtsschutz kann somit nach Auffassung der Literatur bei den Programmen ausgegangen werden, die "deutlich über dem Durchschnitt der schöpferischen Leistung" liegen.[65]
Von den in der BGH-Entscheidung genannten Kriterien ausgehend, haben sich als Voraussetzung für die schöpferische Leistung des Gesamtwerkes 'Programm' die Entwicklungs- und Bewertungsstufen Problemanalyse, Datenflußplan, Programmablaufplan und Quellcode entwickelt.[66]
Auch wenn Untergerichte die vom BGH aufgestellte strenge Auslegung nicht in vollem Umfang nachvollzogen,[67] so fallen trotzdem eine Vielzahl von Program-

---

60 Gamm, WRP 1969, S.96, S.98f und später Sieber, BB 1981, S.1547, S.1550f m.w.N.
61 Gesetz vom 24. Juni 1985 (BGBl. Teil 1, S.1137)
62 BAG, NJW 1984, S.1579, S.1580; OLG Karlsruhe, BB 1983, S.986, S.987; OLG Frankfurt, GRUR 1983, S.753, S.754; OLG Nürnberg, BB 1984, 1252, S.1252
63 BGH, CuR 1985, S.22, S.29
64 BGH, CuR 1985, S.22, S.31. Das Merkmal der Schöpfungshöhe ist auf Kritik in der Literatur gestoßen, da es sich bei diesem Begriff um ein systemfremdes Erfordernis handelt (Lehmann, NJW 1988, S.2419, S.2420).
65 Lehmann, NJW 1988, S.2419, S.2420
66 In welchem Verhältnis die Einzelschritte zueinander stehen, ist nur zum Teil geklärt. Am Beispiel von Spielprogrammen, deren Schöpfungshöhe oftmals pauschal verneint wird, versuchen Lehmann und Schneider (NJW 1990, S.3181, S.3183) diese Begriffe weiter zu ordnen. Soweit der Urheberschutz gemäß § 2 UrhG abgelehnt wird, wird bei Spielprogrammen auf den Laufbildschutz nach §§ 94 und 95 UrhG zurückgegriffen (Lehmann, NJW 1988, S.2419, S.2420).
67 Zusammenstellung der Rechtsprechung bei Gravenreuth, CuR 1987, S.161, S.161ff. Exemplarisch nur: LG München, CuR 1986, S.384, S.384.

men nicht unter den Schutz des Urheberrechts. Die Literatur spricht von der "kleinen Münze" des Urhebergesetzes, die ungeschützt bleibt.[68]
Der zivilrechtliche Schutz des Gesetzes gegen den unlauteren Wettbewerb gemäß § 1 UWG ist ebenfalls nicht geeignet, Software vor Raubkopien zu schützen, denn diese Norm setzt ein Wettbewerbsverhältnis zwischen dem Softwarevertreiber und dem illegal Handelnden voraus. Hieran fehlt es zumindest bei Kopien für den privaten Bereich.[69] Der strafrechtliche Schutz des UWG setzt in § 17 Abs.1 UWG voraus, daß die Tat von einem Beschäftigten des Softwarevertreibers begangen wird. Allein § 17 Abs.2 Nummer 1 und 2 UWG schützt mit seinen Varianten Programme vor illegaler Vervielfachung. Tatbestandsmerkmal aller Handlungsvarianten des § 17 UWG ist das Vorliegen eines materiellen Betriebs- oder Geschäftsgeheimnisses.[70] Computerprogramme können solche Geheimnisse verkörpern.[71] Sobald allerdings die Information einer größeren Zahl von Personen - auch durch Verrat - zugänglich wird, fällt das Programm aus dem Schutzbereich des UWG heraus.[72] Zumindest bei Standardprogrammen existiert eine flächendeckende Versorgung mit Raubkopien,[73] so daß die Voraussetzungen des § 17 UWG nicht mehr vorliegen und deshalb die Masse der Software-Piraterie mit den Normen des UWG nicht zu erfassen sind.
Da aber die explosionsartige Vervielfältigung von Raubkopien deutlich die Notwendigkeit einer intensiven Straf- und Zivilrechtspflege[74] aufzeigt, wollen einige Autoren[75] den Tatbestand des § 202a Abs.1 StGB auf das Raubkopieren anwenden, obgleich das 'Ausspähen von Daten' ausweislich der Gesetzesmaterialien nicht zum Anwendungsbereich gehören sollte.[76]

---

68 Lehmann, NJW 1988, S.2419, S.2420
69 Harte-Bavendamm, CuR 1986, S.615, S.616; Lehmann, NJW 1988, S.2419, S.2423
70 Siehe Kapitel 7.1..
71 BT - Drucksache 10/5058, S.40; Baumbach/Hefermehl, § 17 RdNr.9. Zu beachten bleibt, daß nicht die Programme selbst, sondern die darin enthaltenen Informationen die Geheimnisse darstellen. Dies kann der interne Datenflußplan sein.
72 Baumbach/Hefermehl, § 17 UWG RdNr.3
73 Gravenreuth, CuR 1989, S.627, S.628
74 Auch bei der zivilrechtlichen Verfolgung von Ansprüchen dient § 202a Abs.1 StGB i.V.m. § 823 Abs.2 BGB als Anspruchsgrundlage. (Zielinski, S.115, S.122).
75 Bejahend: Haft, StR-BT, § 12 I.; Lackner, § 202a RdNr.3; Zielinski, S.115, S.120. Mit Einschränkungen bejahend: Haß, S.299, S.313; Leicht, IuR 1987, S.45, S.50; Lenckner/Winkelbauer, CuR 1986, S.483, S.486; Schönke/Schröder/Lenckner, § 202a RdNr.6. Theoretisch bejahend, aber für die Praxis ablehnend: Kuhlmann, CuR 1989, S.177, S.185. Ablehnend: Dreher/Tröndle, § 202a RdNr.7; Leipziger-Kommentar Jähnke, § 202a RdNr.9; SK-Samson, § 202a RdNr.12; Welp, IuR 1987, S.353, S.354
76 Sowohl in den offiziellen Materialien zum 2. WiKG als auch in den Unterlagen über die Sachverständigenanhörung finden sich keine Hinweise auf eine Verbindung von § 202a Abs.1 StGB und Raubkopien. Soweit vom Schutz von Programmen gesprochen wurde, bezogen sich diese Ausführungen auf § 17 UWG.

Doch schützt § 202a Abs.1 StGB nicht automatisch jedes Datenverarbeitungsprogramm oder dessen Datenmaterial vor illegalem Kopieren. Maßgebend ist das Vorliegen einer Zugangssicherung. Vor der Subsumtion dieses Tatbestandsmerkmales ist zum besseren Verständnis das Prinzip der gängigen Kopiersicherungen darzustellen.[77]
Die Technik eines Kopierschutzes kann in einer Vielzahl von verschiedenen Formen erfolgen[78], sie basiert allerdings fast immer auf demselben Prinzip. Das von einem Computer zuerst geladene System ist das Betriebssystem. Es wird auch kurz DOS[79] genannt. Dieses während des Betriebes dauernd im Rechner aktive System ermöglicht erst den Zugriff auf die auf Diskette oder Festplatte gespeicherten Informationen, denn das DOS-System enthält die Adressenstruktur dieser Speichermedien. Bei Disketten für den PC-Einsatz werden unter dem Betriebssystem MS-DOS 40 oder 80 konzentrische Ringe[80] geschrieben (formatiert). Jede Spur ist in 9 Sektoren unterteilt. Somit ist jeder Punkt durch seine Sektorennummer und die Nummer der Spur adressierbar (Abb.1).
Kopiergeschützte Disketten weichen von diesem Grundprinzip ab. Die Diskettenorganisation wird in der einen oder anderen Weise modifiziert, so daß das normale DOS die Informationen nicht oder nicht vollständig lesen kann. Die einfachste Methode ist die Einführung einer zusätzlichen Spur, die das normale Betriebssystem nicht kennt und deshalb weder sucht noch findet. Zum Teil wird auch die Spurführung verändert, so daß Teile der Spur nur auf einem schmaleren Ring geschrieben werden (Abb.2: äußere Spur). Zudem werden absichtlich Teile einer Spur nicht formatiert (Abb.2: innere Spur), so daß beim Laden der Diskette eine Fehlermeldung erfolgen muß.[81] Spielprogramme sind zumeist mit einem eigenen Betriebssystem ausgestattet, das nur den Start und den Ablauf des Programms durchführt.[82] Weitere Operationen, insbesondere der Rückgriff auf andere Software, sind nicht möglich. Die Diskettenstruktur weicht so erheblich ab, daß ein normales Betriebssystem nicht in der Lage ist, die Diskette auch nur zum Teil zu lesen.[83] Komplexere Programme beinhalten Unterroutinen, die das schon

---

77 Diese Darstellung kann nur in kurzer und vereinfachter Form erfolgen.
78 Zur Vielzahl von möglichen Kopiersicherungen, die nicht alle EDV-spezifisch sind, siehe statt vieler Hildebrandt (S.35, S.36f).
79 Disk Operating System
80 Die Anzahl hängt von der Kapazität der Disketten ab. Disketten mit niedriger Datendichte verwenden 40 Spuren, Disketten mit hoher Kapazität sind mit 80 Spuren formatiert. Die äußerste Spur hat die Nummer 0 die Innerste die Zahl 39 bzw. 79.
81 Kilian/Heussen/Gravenreuth, Abschn.106 RdNr.12
82 Hier muß der Rechner neu gestartet werden, um das modifizierte Betriebssystems an Stelle des Standardsystems zu laden.
83 Dies wird sowohl durch Spuränderungen als auch durch ein modifiziertes Inhaltsverzeichnis (Directory) erreicht. Das normale DOS findet an der üblichen Stelle nur eine unverständliche Verweisung. Es kann die Einzelinformation deshalb nicht adressieren.

installierte Betriebssystem - zumeist unbemerkt - in der erforderlichen Weise verändern, so daß die nur gering abweichende Organisationsstruktur gelesen werden kann. Gleichzeitig ist der Zugriff auf andere Dateien problemlos möglich.[84] Dies gilt auch und gerade für Disassembler[85], die das Kopieren geschützter Disketten ermöglichen.
Die Spurverteilung auf einer Diskette stellt sich wie folgt dar:

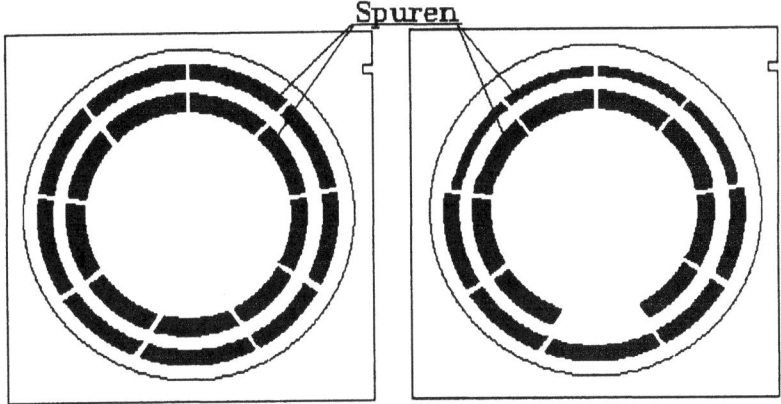

Abb.1: ohne Kopierschutz   Abb.2: mit Kopierschutz durch teilweise geänderte Spur

Ein einfaches Kopierprogramm ist nicht in der Lage, diese modifizierten Daten korrekt zu transferieren, denn es korrigiert automatisch alle Abweichungen zum Standardformat. Diese Modifikationen werden vom kopiergeschützten Programm gesucht, und ohne eine entsprechende Fehlermeldung wird das Programm nicht freigegeben. Erst spezielle Kopierprogramme ermöglichen die Vervielfältigung dieser Disketten.
Dabei werden zwei Wege beschritten. Der Kopierschutz kann auf der Diskette durch Disassembler erkannt und beseitigt werden, so daß danach jedes Betriebssystem in der Lage ist, die Diskette zu verarbeiten und zu kopieren. Die bei diesem Vorgang entstehende Kopie enthält keinen Kopierschutz mehr. Die zweite Möglichkeit ist die Anwendung eines Analogkopierers. Dieses Programm ist in der Lage, eine exakte 1 : 1 Kopie des Originals mit allen seinen Abweichungen zum Standardformat vorzunehmen. Auf der wie das Original zu startenden Kopie bleibt der Kopierschutz der Originaldiskette in unveränderter Form erhalten.[86]

---

84 Kuhlmann, CuR 1989, S.177, S.178
85 Dieser Programmtyp erlaubt die Darstellung einzelner Sektoren eines Datenträgers auf dem Monitor. Außerdem können auf diese Weise Einzelinformationen gelesen, gespeichert und auch modifiziert werden.
86 Kuhlmann, CuR 1989, S.177, S.178

Durch die Vervielfältigung einer kopiergeschützten Diskette werden nicht wahrnehmbare Daten im Sinne von § 202a Abs.2 StGB übertragen.
Die Informationen sind für den Täter auch nicht bestimmt. Ein Teil der Literatur nimmt zwar an, die Daten seien für den Erwerber der Diskette und des Programms bestimmt, denn das mit dem Kauf erworbene Nutzungsrecht beinhalte die Bestimmung,[87] doch diese Auslegung des Nutzungsrechtes verkennt den Unterschied zwischen Nutzung und Bestimmung. Das erworbene Recht erlaubt dem Käufer nur den Zugriff auf das Ergebnis der Gesamtinformation 'Programm'. In jedem Programm sind darüber hinaus noch eine Vielzahl weiterer - für den Hersteller zum Teil sehr schützenswürdiger - Aussagen enthalten. Hierzu zählen so komplexe Informationen wie der Programmablauf und der Datenflußplan. Diese Aussagen, die auch eigenständige Informationen darstellen, soll der Erwerber nach dem Willen des Herstellers[88] nicht erlangen. Sie bleiben somit nicht für ihn bestimmt.
Somit sind auch für den Erwerber eines Programms die im Programm enthaltenen Informationen nicht bestimmt.[89]

Nicht jede Person macht sich schon durch die Entgegennahme einer Raubkopie strafbar. Ist der Kopierschutz beim Vervielfältigen beseitigt worden, so sind die Daten ungesichert und jede weitere Kopie gemäß § 202a Abs.1 StGB straflos.
Die Frage, ob die Kopiersicherung eine Zugangssicherung im Sinne von § 202a Abs.1 StGB darstellt, ist pauschal nicht zu beantworten.
Zuvor ist grundsätzlich festzuhalten, daß mit jedem Start eine Vervielfältigung des Programms in den Rechner erfolgt.[90] Im Computer sind die Informationen frei zugänglich. Es besteht zum Teil der Irrglaube, daß die im Kopierschutz enthaltenen Daten auf dem Datenträger bleiben, ohne in den Arbeitsspeicher des Rechners geladen zu werden. Keine Information wirkt allein deshalb, weil sie sich auf dem Datenträger befindet. Erst durch das Laden in den Computer wird

---

87 Dreher/Tröndle, § 202a RdNr.7; Leipziger-Kommentar Jähnke, § 202a RdNr.9. Zu Recht a.A.: Haß, S.299, S.313; Kuhlmann, CuR 1989, S.177, S.185; Lackner, § 202a RdNr.3; Leicht, IuR 1987, S.45, S.50; Lenckner/Winkelbauer, CuR 1986, S.483, S.486; Schönke/Schröder/Lenckner, § 202a RdNr.6; Zielinski, S.115, S.120
88 Der Wille des Herstellers ergibt sich schon aus der Tatsache, daß, wenn diese Informationen nicht geschützt würden, jeder Käufer mit der in der Bestimmung enthaltenen Erlaubnis zur Erlangung die Daten für eigene Programme verwenden könnte. Gerade diese im Hintergrund ablaufenden Prozesse sind oftmals die für den Hersteller wichtigen Betriebsgeheimnisse.
89 Diese Aussage entspricht auch der Wertung des Urheberrechts, die in § 53 Abs.4 Satz 2 UrhG die ansonsten nach § 53 Abs.1 UrhG zulässige Kopie für den persönlichen Gebrauch des Erwerbers bei Computerprogrammen verbietet.
90 Lehmann, NJW 1988, S.2419, S.2420; Rupp, Computersoftware, S.109; ders., GRUR 1986, S.147, S.148

sie bei der Datenverarbeitung berücksichtigt und kann den Datenablauf beeinflussen.[91]

Zudem erfaßt § 202a Abs.1 StGB nicht alle Daten auf einer kopiergeschützten Diskette. Außer den zu schützenden Programmdaten sind auch die Informationen auf dem Datenträger enthalten, die Teil der Sicherung sind. Hierbei handelt es sich nicht um gesicherte Daten, denn sie sind nicht der zu schützende Gegenstand, sondern Teil der Sicherung. Tatbestandlich kann demzufolge nur ein Zugriff auf die besonders gesicherten - nicht aber auf die schützenden - Daten sein.

Maßgebend ist, ob der Anwender nach dem Start des geschützten Programms weiterhin in der Lage ist, Fremdprogramme aufzurufen. Dies ist möglich, wenn das Standardbetriebssystem im Computer verbleibt, so daß der Dritte mit Hilfe eines Spezialprogramms sowohl vom Arbeitsspeicher als auch von der Diskette Bit für Bit Kenntnis erlangen kann. Die Kopiersicherung verhindert somit nicht die Einwirkungsmöglichkeit auf die Daten, so daß der Zugang zu den Informationen im Verhältnis zu ungeschützten Disketten nicht erschwert wird.[92]

Erst der Einsatz eines Betriebssystems, das das Laden von Hilfsprogrammen ausschließt, stellt sicher, daß der Zugang sowohl zu den Daten im Arbeitsspeicher als auch auf der Diskette erschwert wird.[93] Nur ein eigenes Betriebssystem gewährleistet bis heute dieses Ergebnis. Das Programmieren eines speziellen DOS ist so aufwendig und komplex, daß solche Handlungen Ausdruck eines gesteigerten Sorgfaltsbewußtseins und damit einer qualifizierten Vorkehrung sind. An dieser Funktion fehlt es nur, wenn der Softwarehersteller für alle seine Programme das gleiche Betriebssystem verwendet. Wird hingegen mit jedem neuen Programm ein neuerlich modifiziertes DOS mitgeliefert, so bestehen an der Tatbestandsmäßigkeit der besonderen Zugangssicherung keine Zweifel.

Die Bedeutung des Kopierschutzes nimmt allerdings ab. Hersteller von Standardsoftware für den kommerziellen Einsatz verzichten bei ihren neueren Versionen immer häufiger auf den Kopierschutz, denn diese Programme setzen einen Fest-

---

91 Am Beispiel des absichtlich fehlerhaften Sektors kann dies verdeutlicht werden. Allein seine Existenz ist keine Sicherung. Erst durch die Fehlermeldung, die vom geladenen Programm interpretiert wird, erkennt die Software das Vorliegen einer Originaldiskette und gibt den weiteren Programmablauf frei. Die Information "Fehler auf Sektor X, Spur Y" wird also Bestandteil der laufenden Datenverarbeitung im Arbeitsspeicher des Computers.
92 Haß, S.299, S.313; Leicht, IuR 1987, S.45, S.50; Lenckner/Winkelbauer, CuR 1986, S.483, S.486; Kuhlmann, CuR 1989, S.177, S.185; Schönke/Schröder/Lenckner, § 202a RdNr.6
93 Haß, S.299, S.313; Leicht, IuR 1987, S.45, S.50; Lenckner/Winkelbauer, CuR 1986, S.483, S.486; Kuhlmann, CuR 1989, S.177, S.185; Schönke/Schröder/Lenckner, § 202a RdNr.6

plattenbetrieb voraus.[94] Dies ist nur dann anwenderfreundlich, wenn sich das Programm problemlos von der Diskette auf der Festplatte kopiert läßt. Ein Kopierschutz steht diesem technischen Erfordernis entgegen.

Somit wird die von einigen Autoren angestrebte Ergänzung des Urheberrechtsschutzes von Software gegen Raubkopien durch § 202a Abs.1 StGB nur für wenige Programme realisiert. Dies sind faktisch nur Spielprogramme. Einfachere Programme, die die Schöpfungshöhe nicht erfüllen, bleiben in der Praxis zumeist auch durch § 202a Abs.1 StGB ungeschützt.

8.5. Trojanische Pferde

Ein *Trojanisches Pferd* ist in Hackerkreisen die geläufige Bezeichnung für ein kurzes Programm, das dazu dient, Paßwörter zu ermitteln.[95] Bei einem mit Paßwortschutz versehenen Programm[96] erfolgt vor der Zulassung des Benutzers eine Abfrage des Codewortes. Um das Paßwort bei der Eingabe vor der Kenntnisnahme durch Anwesende zu schützen, wird der eingegebene Code nicht auf dem Monitor angezeigt. Der Benutzer hat deshalb keine visuelle Kontrolle seiner Eingabe.
Diesen Umstand macht sich das Trojanische Pferd zunutze. Der Nichtberechtigte ruft das Programm, in das er eindringen will, einmal auf. Daraufhin erscheint die Paßwortabfrage auf seinem Monitor. Der potentielle Eindringling zeichnet entweder das Monitorbild ab oder kopiert es mit Hilfe spezieller Programme, die in der Lage sind, Monitordarstellungen Bild für Bild zu speichern. Nach der Eingabe eines beliebigen Paßwortes, das zur Ablehnung des Nichtberechtigten führt, kopiert er in gleicher Weise die Mitteilung, der Zugang müsse wegen eines falschen Paßwortes verweigert werden.
Der potentielle Eindringling schreibt sodann ein Programm, dessen Monitordarstellungen genau der Paßwortabfrage und der Zugangsverweigerung entsprechen. Dieses dem Grunde nach nur aus zwei Bildern bestehende Programm wird Trojanisches Pferd genannt. Der Programmierer installiert dieses kurze Programm in der Form, daß es bei jedem Aufruf des geschützten Programms vorher gestartet wird. Dabei erscheint dem normalen Benutzer zwar die ihm bekannte Paßwortab-

---

94 Kilian/Heussen/Gravenreuth, Abschn.106 RdNr.10
95 Hierzu vergleiche die Ausführungen von Dierstein (NJW-CoR Heft 4/1990, S.8), der allerdings diese Programme Namensvettern nennt.
96 Die in diesem Unterabschnitt gemachten Ausführungen am Beispiel eines paßwortgeschützten Programmes lassen sich ohne Einschränkungen auch auf ein gesichertes Betriebssystem übertragen. Zur Vereinfachung soll das Trojanische Pferd nur an einem Programm erklärt werden.

frage, diese ist in Wirklichkeit aber das im Trojanischen Pferd gespeicherte Abbild. Das von ihm eingegebene Codewort wird vom Trojanischen Pferd gespeichert, und es erfolgt daraufhin die ebenfalls bekannte Fehlermeldung. Da der Benutzer das von ihm eingegebene Paßwort am Monitor nicht kontrollieren kann, wird er eher eine falsche Eingabe vermuten als ein Trojanisches Pferd. Das illegal hinzugefügte Programm schaltet sich nach diesem Vorgang ab und ruft das vom Benutzer angewählte Programm auf. Bei dem zweiten Versuch mit seinem Paßwort wird der Benutzer dann das gewünschte Programm starten können, ohne zu wissen, daß er sein Paßwort preisgegeben hat. Der potentielle Eindringling kann sich nach einiger Zeit mit seinem eigenen - in dem Trojanischen Pferd installierten - Code alle aufgezeichneten Paßwörter übermitteln lassen. Mit den erlangten Kennworten kann er dann das paßwortgeschützte Programm 'offiziell' aufrufen und nutzen.[97]

Insoweit nutzt der Programmierer - vergleichbar mit Odysseus - eine List, um an sein Ziel zu gelangen, anstatt in unzähligen Versuchen das Paßwort experimentell zu ermitteln.

Bei der rechtlichen Bewertung[98] kann nicht auf das zu den Raubkopien Ausgeführte verwiesen werden, obgleich sich die Situation im ersten Moment scheinbar ähnlich verhält. Auch bei einem Ausspähen von Paßworten kann zwischen den geschützten Daten, die dem Tatbestand des § 202a Abs.1 StGB unterliegen, und den schützenden Daten, die nicht den Tatbestand erfüllen, unterschieden werden. Die Frage, ob § 202a Abs.1 StGB die vom Programm zum Abgleich gespeicherten Paßwörter schützt, kann dahinstehen, denn diese Diskussion knüpft an das falsche Tatobjekt an. Durch das Installieren des Trojanischen Pferdes verschafft sich der Nichtberechtigte gerade nicht das im Programm abgelegte Paßwort. Sein Angriffsziel ist der vom Benutzer eingegebene Code, der in diesem Zustand die Voraussetzungen des Datenbegriffes in § 202a Abs.2 StGB erfüllt. Nur diese Information verschafft sich der Täter. Das vom Benutzer kommende Paßwort ist nicht gesichert, deshalb greift der Tatbestand des Ausspähens von Daten nicht ein.[99]

Das Installieren eines Trojanischen Pferdes und das Abrufen hierdurch illegal aufgezeichneter Paßworte ist deshalb straflos im Sinne von § 202a Abs.1 StGB.

---

97 Kilian/Heussen/Gravenreuth, Abschn.106 RdNr.21
98 Eine rechtliche Bewertung dieses Phänomens gibt es bisher nicht. Bühler (MDR 1987, S.448, S.453) und mit Einschränkungen ihm folgend Lenckner (Schönke/Schröder, § 202a RdNr.10) halten das Verschaffen von Paßworten mit Hilfe eines Programmes - damit meinen sie wahrscheinlich ein Trojanisches Pferd - für strafbar, ohne sich Überlegungen zum genauen Hergang einer solchen Tat zu machen.
99 Von einer Umgehung der Sicherung kann ebenfalls nicht gesprochen werden, denn diese Begehungsalternative setzt das Vorliegen einer Sicherung voraus. Bei dem Paßwort des Benutzers fehlt es aber an einem Schutz. Die Sicherung im Programm kann nicht herangezogen werden, denn sie bezieht sich auf ein anderes Tatobjekt.

Auch wenn der Täter das erlangte Paßworte verwendet, begeht er kein Ausspähen von Daten.[100]

8.6. Zusammenfassung

Obgleich die Literatur schon umfangreiche Arbeiten zu § 202a Abs.1 StGB veröffentlichte, ist der gesamte Anwendungsbereich bis heute noch nicht exakt und korrekt erfaßt. Dies mag zum Teil an der Unkörperlichkeit des Tatobjektes liegen.
'Hacken' ist entgegen der einmütigen Auffassung im Schrifttum eine strafbare Handlung. Hieran ändert auch der vom Gesetzgeber geäußerte Wille nichts. Die Paßworterlangung mit Hilfe von Trojanischen Pferden ist demgegenüber straflos.
Das Eindringen in die Datenbank juris ist außerhalb der vertraglichen Nutzung so gestaltet, daß auch dem ehemaligen Benutzer die Strafbarkeit seines Handelns aufgezeigt wird.
Ebenso wie beim Mißbrauch von Spielautomaten ist bei der rechtlichen Bewertung von Raubkopien genau zu differenzieren. Die technischen Gegebenheiten verbieten pauschale Urteile auf diesen Gebieten.

---

100 Siehe Kapitel 5.1.2..

9. § 202a StGB und das Straf- und Strafprozeßrecht

In diesem Abschnitt werden neben den materiellrechtlichen Fragen der Täterschaft und Teilnahme und dem Problem der Straftaten mit Auslandsberührungen auch prozessuale Fragen erörtert.

9.1. Täterschaft und Teilnahme

Täter eines Ausspähens von Daten gemäß § 202a Abs.1 StGB kann mit Ausnahme des Rechtsgutsträgers jedermann sein. Dem Rechtsgutsträger gleichgestellt sind die Personen, denen die Berechtigung zur Einsicht und Nutzung von fremden Daten übertragen worden ist.

Hat ein Vertreter des Verfügungsbefugten das Recht, Dritten die Informationen zugänglich zu machen, so bleibt auch der Dritte straflos nach § 202a Abs.1 StGB. Wirken demgegenüber Vertreter und Dritter kollusiv zu Lasten des Rechtsgutsträgers zusammen, so ist die Handlung nicht von der Vertretungsmacht gedeckt. Der Dritte kann sich also strafbar machen, wenn er sich gesicherte Daten verschafft. Zu dieser Straftat kann der Vertreter sowohl Hilfe leisten als auch anstiften.[1]

Zu einer Straflosigkeit des Teilnehmers kommen nur diejenigen Autoren, die der Auffassung folgen, daß das Rechtsgut gegenüber dem bestimmungsgemäßen Teilnehmer nicht geschützt wird.[2] Sie verkennen aber, daß sich das eigene Unrecht des Teilnehmers in der Rechtsgutsverletzung des Haupttäters verwirklicht. Darüber hinaus kann eine Strafmilderung beim Teilnehmer gemäß § 28 Abs.1 StGB nur dann Anwendung finden, wenn es sich bei dem Tatbestandsmerkmal der Bestimmung um ein täterbezogenes Merkmal handelt.

Anknüpfungspunkt für die 'Bestimmung' im Sinne des § 202a Abs.1 StGB sind die Daten. Der Begriff bezieht sich auf das Tatobjekt, er umschreibt also kein besonderes persönliches Merkmal der Tat.[3] Die Bestimmung, wer fremde Daten befugt nutzen kann, begründet erst das Unrecht in § 202a Abs.1 StGB.[4] Schlüchter weist außerdem darauf hin, daß der Vertrauensbruch als strafmildernder Umstand zu honorieren wäre, wollte man § 28 Abs.1 StGB auf die Bestimmung anwenden.[5] Eine solche Wertung ist abzulehnen.

---

1   Leipziger-Kommentar Jähnke, § 202a RdNr.18; Dreher/Tröndle, § 202 RdNr.14; Schlüchter, 2. WiKG, S.64
2   SK-Samson, § 202 RdNr.16; ders., im SK vor § 26 RdNr.17 und 24; Stratenwerth, RdNr.860
3   Leipziger-Kommentar Jähnke, § 202a RdNr.18; Schlüchter, 2. WiKG, S.64
4   SK-Samson, § 202 RdNr.16
5   Schlüchter, 2. WiKG, S.64

Es handelt sich somit bei der Verfügungsbefugnis um ein tatbezogenes Tatbestandsmerkmal, so daß § 28 Abs.1 StGB keine Anwendung findet. Die Teilnahme des nutzungsberechtigten Vertreters stellt sich damit als strafbare Handlung dar. Bei dieser Konstellation bleibt allerdings zu beachten, daß die besonderen Sicherungen von Daten für den Vertreter des Berechtigten oftmals kein Hindernis darstellt. Verrät der Vertreter zum Beispiel dem Täter sein Paßwort, fehlt es an einer wirksamen Sicherung gegenüber dem Eindringling. Aus diesem Grund kommt es in der Praxis nur selten zu einer strafbaren Haupttat, die Voraussetzung für die Teilnahme ist.
Zudem scheidet eine Beihilfe aus rechtlichen Gründen mangels Haupttat aus, wenn ein nichtberechtigter Dritter einer Person hilft, für die die Daten bestimmt sind.[6]
Zusammenfassend ist festzuhalten, daß sowohl Täterschaft als auch Teilnahme an Delikten nach § 202a Abs.1 StGB auch bei solchen Personen, für die die Daten bestimmt sind, möglich sind.

Zum Problem der sukzessiven Mittäterschaft bleibt festzustellen, daß bis zur Erlangung der Informationen - also auch noch nach Überwindung oder Umgehung der Sicherung - eine Mittäterschaft möglich ist, denn erst im Verschaffen der Daten liegt die Tathandlung. Erst nachdem der Täter sich Daten verschafft hat, ist die Tat sowohl beendet als auch vollendet.[7]

9.2. § 202a StGB und Auslandsberührungen

Im Gegensatz zu den klassischen Delikten, bei denen Auslandsberührungen eher die Ausnahme sind, werden aufgrund der globalen Datennetze vielfach von der Bundesrepublik ausgehende Straftaten gemäß § 202a Abs.1 StGB weltweit begangen. Für diese Distanzdelikte legt § 9 StGB den Tatort fest und regelt die Voraussetzungen, unter denen die Handlungen nach deutschem Strafrecht zu beurteilen sind. Das in § 9 StGB normierte Urbanitätsprinzip stellt sowohl auf den Ort der Handlung als auch auf den Ort des Erfolgseintrittes ab.[8] Dieses doppelte Anknüpfen begründet sich damit, daß kein einseitiges Schwergewicht zwischen dem Erfolg und der Handlung erkennbar ist.[9]
Noch kein Fall von Distanzdelikten im Sinne von § 9 StGB liegt vor, wenn sich der Täter von der Bundesrepublik aus Daten einer ausländischen Datenbank verschafft. In diesem Beispiel liegen sowohl der Handlungsort als auch der Erfolgs-

---

6 Dreher/Tröndle, § 202 RdNr.14
7 OLG Celle, CuR 1990, S.276, S.277
8 Jakobs, 5.Abschn, RdNr.21; Lackner, § 9 RdNr.1
9 Schönke/Schröder/Eser, § 9 RdNr.3

ort im Inland. Der Erfolg, nämlich die Kenntnisnahme oder Besitznahme der Daten, finden am Ort des Täters statt.
Erst wenn der Täter die Daten einer im Ausland befindlichen Person verschafft, liegt ein Distanzdelikt vor. Solche Konstellationen sind durchaus keine Lehrbuchfälle. Gerade im Bereich der 'Knacker'[10] arbeiten oft Täter aus verschiedenen Ländern zusammen und versuchen gemeinschaftlich in fremde Computer einzudringen.
Somit sind Distanzdelikte im Bereich der Computerkriminalität durchaus ein großes Problem.[11]

Die strafrechtliche Literatur beurteilt den Sonderfall unterschiedlich, bei dem das Rechtsgut im Ausland nicht geschützt wird.
Einige Autoren verweisen auf den Wortlaut des Gesetzes, wonach allein schon die nach deutschem Recht strafbare Handlung ausreiche. Darüber hinaus mache § 9 Abs.2 S.2 StGB für die Teilnahme ausdrücklich deutlich, daß auf eine Strafbarkeit der Haupttat nach ausländischem Recht verzichtet werden könne, wenn nur die Haupttat nach deutschem Recht unter Strafe gestellt sei.[12] Diese Auffassung gibt im Ergebnis den Grundsatz der Akzessorietät der Teilnahme gegenüber der Haupttat auf.[13]
Nach anderer Ansicht wird das Resultat der wörtlichen Auslegung in zwei Fällen für unbillig erachtet, so daß in diesen Fällen der Wortlaut zu reduzieren ist.
Eine Strafbarkeit entfiele, wenn das vom inländischen Recht geschützte Rechtsgut nur deutsche Interessen wahren soll.[14] Doch ist die in § 202a Abs.1 StGB geschützte formelle Verfügungsberechtigung kein nationales Rechtsgut.
Darüber hinaus sei dann eine Strafbarkeit zu verneinen, wenn - ausgehend vom Rechtsgedanken des § 3 Abs.2 StGB a.F. - die Tat wegen der besonderen Verhältnisse am Tatort kein strafwürdiges Unrecht sei.[15] Von kultureigentümlichen Verhältnissen ist allerdings nicht zu sprechen, wenn ein ausländischer Staat noch keine Normen gegen die Computerkriminalität erlassen hat.[16] Erst wenn der Staat

---

10 Knacker sind Täter, die professionell in Rechner eindringen und Paßworte und Adressen weiterer Computer ausspähen. Aufgrund dieser Handlung sind sie - im Sinne des Gesetzgebers - nicht als Hacker zu bezeichnen, auch wenn sie sich so nennen.
11 Diese länderübergreifende Notwendigkeit verdeutlicht die OECD in ihrem Bericht aus dem Jahr 1986, S.66.
12 Dreher/Tröndle, § 9 RdNr.5; Schönke/Schröder/Eser, § 9 RdNr.3
13 SK-Samson, § 9 RdNr.15
14 Leipziger-Kommentar Tröndle, § 9 RdNr.15
15 SK-Samson, § 9 RdNr.16; Jakobs, 5.Abschn. RdNr.22; Jescheck, § 18 I. 1.; Jung, JZ 1979, S.325, S.331
16 Die Gesetzgebung gegen Computerkriminalität hat erst Anfang der 80er Jahre an Bedeutung gewonnen. Zwar sind inzwischen in den westlichen Staaten fast überall Strafgesetze verabschiedet worden (eine Übersicht bis 1986 gibt Sieber Handbook of Computer Crime), doch fehlen oftmals in der Zweiten und Dritten Welt noch Strafvorschriften.

auf die Pönalisierung bestimmter Handlungen verzichtet, ist die Annahme gerechtfertigt, daß wegen besonderer Verhältnisse am Tatort kein strafwürdiges Unrecht vorliegt.[17]
Aus diesen Gründen kommt auch die zweite Auffassung zu einer Anwendung des § 9 StGB. Denn es handelt sich bei der fehlenden Strafbarkeit des Ausspähens von Daten um kriminalpolitische Versäumnisse und nicht um die Würdigung kultureigentümlicher Verhältnisse.

Grundsätzlich ist auch ohne Bedeutung, in welchem Land die Sicherung vorhanden ist. Doch kann ein Täter, der in der Bundesrepublik die Sicherung eines Datennetzes überwindet oder umgeht und einen Computer in Ausland 'anzapft', unter Umständen die Verbindung zwischen der Sicherung und dem Tatobjekt nicht mehr erkennen. Bestehen keine weiteren Sicherungen, um die ausländische Datenbank zu schützen, so stellt sich oftmals die Sicherung des Datennetzes für den Täter nicht als Dokumentationswille des Verfügungsberechtigten dar.

Es bleibt gemäß § 9 StGB folglich bei einer Strafbarkeit wegen Ausspähens von Daten, wenn der Täter entweder von der Bundesrepublik aus handelt oder vom Ausland her einer Person im Inland Daten verschafft.

9.3. Strafprozessuale Fragen

Bei den strafprozessualen Fragen ist zwischen Ermittlungs- und dem Hauptverfahren zu unterscheiden.
Der Nachweis, daß die Daten gesichert waren, bereitet kaum praktische Probleme. Die Sicherungen können beim Opfer überprüft und ihre Wirksamkeit kann durch Probeläufe nachgewiesen werden.
Demgegenüber treten beim Tatbestandsmerkmal des unberechtigten Zuganges Schwierigkeiten auf. Es bestehen Probleme, sowohl den Täter zu ermitteln als auch dabei, ihm den Zugang zu den Daten nachzuweisen.
Im Hauptverfahren werden die hochtechnischen Fragen zu Verständnisproblemen führen. Der Sachverständigenbeweis ist daher von besonderer Bedeutung.

9.3.1. Ermittlungsverfahren

Wie schon angedeutet, kann eine Straftat gemäß § 202a Abs.1 StGB in vielfältiger Weise begangen werden. Für den Fall, daß der Täter in fremde Rechner ein-

---

17 Gerade die Bundesrepublik gehört zu den Ländern, die - wegen der Straflosigkeit des Hackens - auf eine übermäßige Kriminalisierung verzichtet haben.

dringt, um Informationen zu kopieren oder diese zu lesen, bestehen keine Besonderheiten gegenüber den klassischen Ermittlungs- und Strafverfahren.
Die fremden Datenträger können beim Täter nach §§ 94ff StPO beschlagnahmt werden. Im Strafverfahren können Zeugen aussagen, daß der Täter am Tatort anwesend war. Desweiteren können Spuren wie zum Beispiel Fingerabdrücke sichergestellt werden.
Schwieriger gestaltet es sich, wenn der Täter nur auf elektronischem Wege auf die Daten zugreift. In solchen Fällen gibt es oft Schwierigkeiten, den Täter zu ermitteln und seinen Zugang zu den Daten nachzuweisen.
In bezug auf die technischen Voraussetzungen ist festzustellen, daß der Täter nur einen Computer, ein Telefon und ein Modem[18] benötigt. Das Modem ermöglicht dem Rechner, Informationen in die Telefonleitung einzuspeisen und über den Anschluß Daten zu empfangen. Das Telefonleitungsnetz ist dabei nur der Ausgangspunkt. Der Täter wechselt zumeist in das Datex-P Netz der Deutschen Bundespost, das ausschließlich dem Datenaustausch zwischen Rechnern dient. Um in dieses Netz zu gelangen, verwendet der Täter in der Regel eine fremde Benutzernummer (NUI)[19]. Die Nutzungsgebühr wird dann mit dem Inhaber der NUI abgerechnet, ihm wird das Gespräch zugeordnet. Hat der Angewählte keinen eigenen Datex-P Anschluß, erfolgt wiederum die Umsetzung vom Datex-P Netz auf das allgemeine Telefonnetz. Über diese Telefonleitung wird dann der Kontakt mit dem anzuzapfenden Computer hergestellt.[20]
Bei einem so vorgenommenen einmaligen Zugriff fehlt es meistens an verwertbaren Spuren. Da die Deutsche Bundespost als alleinige Betreiberin eines flächendeckenden Datennetzes keine Protokolle über die hergestellten Verbindungen anlegt,[21] ist die Identität eines Täters nur dann festzustellen, wenn dieser Informationen über sich hinterläßt.
Es verbleibt nur die Möglichkeit, dem Täter eine Falle zu stellen und zu hoffen, daß er nochmals in die Rechneranlage eindringt.[22] Zapft der Täter den Computer erneut an, so kann der Anruf zurückverfolgt und aufgezeichnet werden.
Doch die Rückverfolgung des Kontaktes allein ist nicht ausreichend. Es muß außerdem der Inhalt des Kontaktes protokolliert werden, um im Strafverfahren den Beweis dafür antreten zu können, daß sich der Täter fremde Daten tatsäch-

---

18 Modem (MOdulation/DEModulation) ist ein Gerät, das die Impulse eines Computers in Signale umwandelt, um sie über das Fernmeldenetz übertragen zu können. Eine Form ist der Akustikkoppler.
19 NUI = network user identification. Die Post vergibt an jeden Anwender eine Nummer. Diese Zahlenkombination wird zum Beispiel von Hackern ermittelt, um sie für ihre Taten verwenden zu können.
20 Goldmann/Stenger, CuR 1989, S.543, S.544
21 Es wird nur unter der verwendeten NUI eine Gebühr verbucht. Es werden keine weiteren Daten über die Verbindung festgehalten.
22 Goldmann/Stenger, CuR 1989, S.543, S.544

lich verschafft hat. Aufzeichnungen dieser Art sind jedoch rechtlich Grenzen gesetzt.
Die für die Überwachung des Fernmeldeverkehrs geschaffenen §§ 100a und 100b StPO sind nicht anwendbar.[23] Der in § 100a StPO genannte Straftatenkatalog ist abschließend.[24] Das Ausspähen von Daten im Sinne von § 202a Abs.1 StGB ist nicht in § 100a StPO enthalten und könnte aufgrund des schwerwiegenden Eingriffs in das von Art. 10 Abs.1 GG geschützte Grundrecht kaum in den Straftatenkatalog aufgenommen werden.
Eine Überwachung von Fernmeldeeinrichtungen ist somit nur zulässig, wenn der Betroffene zustimmt.
Die Einwilligung muß ausdrücklich erfolgen. Der Strafantrag allein ist nicht ausreichend, da aus ihm nicht ohne weiteres zu schließen ist, daß der Betroffene in eine Telefonüberwachung einwilligt. Der Wille, eine Straftat verfolgen zu lassen, und die vollkommene Überwachung des eigenen Telefonanschlusses sind zweierlei Dinge.
Da die bei der Datenübertragung verwendeten Signale zwar in analoger Form übertragen werden, die Übertragungsgeschwindigkeit aber oberhalb dessen liegt, was für den Menschen noch wahrnehmbar ist, bleibt nur die Möglichkeit, den Dialog vollständig aufzuzeichnen.
Ob allerdings die einseitige Einwilligung des Antragstellers in die Aufzeichnung des Datenaustausches ausreicht, ist fraglich. Beim Abhören von Telefongesprächen ist diese Frage sehr umstritten,[25] dabei wird sowohl auf das Post- und Fernmeldegeheimnis als auch auf den Tatbestand des § 201 Abs.1 StGB verwiesen.[26]
Hören die Ermittlungsbehörden eine Datenleitung ab, so steht zwar der strafrechtliche Schutz des vertraulich gesprochenen Wortes gemäß § 201 Abs.1 StGB dem nicht entgegen, da es sich bei den übertragenen Informationen nicht um gesprochene Worte im Sinne von § 201 StGB handelt.[27] Jedoch fällt diese Abhörmaßnahme unter den Tatbestand des § 202a Abs.1 StGB. Dieses gesetzliche Verbot haben auch die Strafverfolgungsbehörden zu beachten.

---

23 Goldmann/Stenger, CuR 1989, S.543, S.546; Kleinknecht/Meyer, § 100a StPO RdNr. 1; Löwe/Rosenberg/Schäfer, § 100a StPO RdNr.1
24 Karlsruher-Kommentar/Laufhütte, § 100a StPO RdNr.6; BGHSt 26, S.298, S.303; 31, S.296, S.298
25 Rudolphi (SK-StPO, § 100a StPO RdNr.9), Meyer (Kleinknecht/Meyer, § 100a StPO RdNr.1) und OLG Hamm (StV 1988, S.374, S.375) bejahen die Möglichkeit einer einseitigen Einwilligung. Andere Auffassung: Löwe/Rosenberg/Schäfer, § 100a StPO RdNr. 9; Karlsruher-Kommentar/Laufhütte, § 100a StPO RdNr.5 und Vor. § 94 RdNr.4; Krehl StV 1988, S.376, S.377. Sie lassen eine einseitige Genehmigung nicht ausreichen.
26 Löwe/Rosenberg/Schäfer, § 100a StPO RdNr.9 und 9a; Karlsruher-Kommentar/Laufhütte, § 100a StPO RdNr.5 und Vor. § 94 RdNr.4
27 Sieber, Informationstechnologie, S.52; Schönke/Schröder/Lenckner, § 201 RdNr.5

Allerdings sind die von der Deutschen Bundespost verwandten Datenleitungen nicht gegen das Anzapfen durch die Ermittlungsbehörden gesichert,[28] so daß es am Tatbestandsmerkmal der gesicherten Daten fehlt. Da die Abfrage des Täters an den penetrierten Computer nicht verschlüsselt vorgenommen werden kann,[29] fehlt es an jeder Sicherungstechnik. Die vom Täter übermittelten Daten sind deshalb ungeschützt. Einem Anzapfen von Datenleitungen steht § 202a Abs.1 StGB somit nicht entgegen.

Ein solches Vorgehen verletzt auch nicht das Post- und Fernmeldegeheimnis, wenn ein Teilnehmer des Datendialoges in die Aufzeichnung einwilligt. Aus dem Fernmelde- und Postgeheimnis ergibt sich keine Verpflichtung der Parteien, über die erlangten Informationen Stillschweigen zu bewahren. Jeder Teilnehmer hat das Recht, die Daten an Dritte weiterzuleiten.[30] Der Betroffene kann deshalb den Ermittlungsbehörden erlauben, sich gleichzeitig mit ihm über die Datenabfrage des Täters zu informieren.

Bei einer Einwilligung des Opfers können die Strafverfolgungsbehörden somit den Beweis über den Zugang anhand der angefertigten Protokolle erbringen.

Stimmt der Betroffene einer Überwachung nicht zu, so kann ein Beweis für den Zugang zu den Daten nicht aus dem Protokoll einer abgehörten Datenleitung erbracht werden. In einem solchen Fall verbietet § 100a StPO das Anzapfen der Fernmeldeleitungen.

Erst wenn Ausdrucke oder Datenträger mit Informationen des Geschädigten beim Täter beschlagnahmt werden, liegen eindeutige Beweise für ein Verschaffen im Sinne von § 202a Abs.1 StGB vor. Der Nachweis des Zuganges und des Erhaltes der Daten ist deshalb von erheblicher Bedeutung, da der Täter andernfalls behaupten könnte, es sei ihm nicht gelungen, sich die Daten zu verschaffen. Da der Versuch des § 202a Abs.1 StGB nicht strafbar ist, wäre eine solche Einlassung erheblich, und der Gegenbeweis durch die Staatsanwaltschaft dürfte ohne die oben genannten Beweismittel nicht erbringbar sein.

Selbst wenn das Opfer in eine Überwachung einwilligt, steht eine Rückverfolgung vor technischen Problemen. Einfache Fangschaltungen reichen nicht aus, wenn

---

28 Weder die einfachen Telefonleitungen noch das Datex-P Netz sind gegen Abhören gesichert. Die Schutzvorkehrungen an diesen Leitungen dienen nur der Funktionssicherheit. Die an den Leitungen angebrachten Isolierungen sind ungeeignet, um Abhörversuche abzuwehren.
29 Eine Verschlüsselung ist immer erst dann möglich, wenn beide Benutzer für ihre Computer vorher einen Code vereinbart haben. Bei einem illegalen Eindringen in einen anderen Rechner fehlt es an dieser Vereinbarung.
30 OLG Hamm, StV 1988 S.374, S.375; Krehl, StV 1988, S.376, S.377; SK-StPO/Rudolphi, § 100a StPO RdNr.9; Kleinknecht/Meyer, § 100a StPO RdNr.2. a.A.: Löwe/Rosenberg/Schäfer, § 100a StPO RdNr.9 und Gusy, JuS 1986, S.89, S.95

der Täter zwischen den verschiedenen Systemen des Fernmeldenetzes wechselt.[31]

Noch problematischer wird es, wenn der Täter vom Ausland aus agiert. Abgesehen von der juristischen Frage der Reichweite des deutschen Strafrechts[32] führen tatsächliche Probleme de facto zu einem unüberwindlichen Verfolgungshindernis. Im Rahmen der Strafverfolgung einer Tat im Sinne von § 202a Abs.1 StGB ist ein gewaltiger technischer Aufwand im In- wie im Ausland erforderlich, der in keinem Verhältnis zur Bedeutung des § 202a Abs.1 StGB steht.

Im Ergebnis ist festzuhalten, je technischer die Straftat begangen wird, desto unwahrscheinlicher ist ihre Aufklärung. Die Strafverfolgung hängt von der Mitwirkungsbereitschaft sowohl des Betroffenen als auch von der technischen Hilfestellung der Deutschen Bundespost ab.[33]

Angesichts dieser vielfältigen Probleme bleibt zu befürchten, daß die Ermittlungen bei Straftaten im Sinne von § 202a Abs.1 StGB nur schwerfällig vorankommen.[34] Ermittlungserfolge dürften oftmals dem Zufall zu verdanken sein.

9.3.2. Hauptverfahren

Eine Verurteilung des Angeklagten wegen Verstoßes gegen § 202a Abs.1 StGB kommt nur dann in Betracht, wenn der Nachweis gelingt, daß er sich nicht wahrnehmbare Daten verschaffte, die nicht für ihn bestimmt waren.

Ist der Täter geständig, so ist allein darauf zu achten, daß es durch eine eigene Überbewertung der Sicherung auf Seiten des Angeklagten nicht zu einer ungerechtfertigten Verurteilung kommt. Deshalb hat das Gericht aufgrund der restriktiven Auslegung des Tatbestandsmerkmals 'besonders gesichert' die Subsumtion mit der erforderlichen Genauigkeit durchzuführen.

Fehlt dagegen ein Geständnis, so stellt sich die Frage, in welchem Umfang das Gericht in der Lage ist, sich ohne einen Sachverständigen von den tatbestandlichen Voraussetzungen zu überzeugen.

---

31 Als Beispiel sei der am 15. Februar 1990 vor dem OLG Celle zu Ende gegangene Prozeß gegen "Ost-Hacker" genannt. Die Täter waren in Rechenzentren in der ganzen Welt eingedrungen, um sich Informationen über laufende Forschungsprojekte zu verschaffen. Um die Täter ermitteln zu können, benötigten die Behörden über ein halbes Jahr und die Unterstützung von amerikanischen Stellen. In Deutschland waren bis dahin niemandem die Machenschaften der Angeklagten aufgefallen.

32 Siehe Kapitel 9.1.

33 Mit dem Aufkommen von privaten Computernetzen werden sich die Schwierigkeiten nochmals erhöhen, da von diesen Unternehmen keine Amtshilfe verlangt werden kann.

34 Zu differenzieren hiervon sind Ermittlungsverfahren wegen Verstoßes gegen § 17 UWG und § 96 StGB. Im Fall von § 17 UWG wird der Betroffene die Untersuchungen stärker unterstützen. Bei § 96 StGB handelt es sich um ein Staatsschutzdelikt.

Ohne fremde Hilfe kann ein Richter feststellen, daß es sich um nichtwahrnehmbare Daten handelt. Grenzfälle bei der Sichtbarkeit von Informationen kommen in der Praxis faktisch nicht mehr vor. Bei den heute üblichen und auch bei den zukünftig verfügbaren Speicher- und Übertragungsmedien geht die Tendenz dahin, daß immer mehr Daten auf einem immer kleineren Raum untergebracht und in immer kürzerer Zeit übertragen werden können. Die von der Definition geforderte Überschreitung der Fähigkeit von menschlichen Sinnesorganen steht somit nicht in Frage.[35]

Das Merkmal der Bestimmung von Daten als willentliches Element des Rechtsgutsträgers läßt sich durch Zeugenvernehmung ermitteln.[36]

Die Subsumtion des Sicherungsbegriffes durch ein Gericht führt auch unter Zugrundelegen der hier vertretenen Auslegung zu keinen Problemen. Sollte sich die Zielrichtung einer Sicherung nicht schon aus der Maßnahme selbst ergeben, so ist durch eine Zeugenbefragung des Rechtsgutsträgers dieses Tatbestandsmerkmal zu ermitteln. Da die Eignung nicht den neusten Stand der Technik voraussetzt, sondern allein ein Gesamturteil über die vom Dateninhaber getroffenen Maßnahmen erforderlich ist, kann ein Gericht dieses Element ebenfalls aus seiner laienhaften Sicht beurteilen, ohne daß auf einen Sachverständigen zurückzugreifen ist. Da der Täter auch die Sicherung umgehen kann, ist kein Beweis dafür zu erbringen, daß sie tatsächlich überwunden wurde.[37]

Schwierigkeiten treten bei der Tathandlung auf. Hatte der Angeklagte Zugang zu einem Computer, durch den fremde Daten abrufbar sind, so können Zeugen in der Regel nur seine Anwesenheit am Gerät, nicht aber den Zugriff auf die Daten bekunden. Somit muß das Gericht dem Täter zusätzlich den Besitz oder die Kenntniserlangung nachweisen.

Im Falle der Beschlagnahme von Datenträgern beim Täter kann das Gericht diese mit den Informationen des Dateninhabers vergleichen. Wird mit Genehmigung des Betroffenen der elektronische Zugang des Angeklagten zu den Daten protokolliert, so stehen dem Gericht diese Unterlagen zur Verfügung.

Beide Beweismittel setzen beim Richter eine nicht unerhebliche Sachkunde voraus. Das Übertragungsprotokoll beinhaltet neben Befehlen wie "dir" (Zeigen des Inhaltsverzeichnisses) oder "copy *.*" (Kopiere alle Dateien) noch eine Vielzahl

---

35 Zu den verschiedenen Speichermedien siehe Kapitel 4.1.3..

36 Handelt es sich bei dem Täter nicht um einen Mitarbeiter des Berechtigten, sondern um eine betriebsfremde Person, so kann allein schon aus dem Strafantrag die fehlende Bestimmung abgeleitet werden. Handelt es sich demgegenüber um einen Mitarbeiter, so sind die Betriebsstrukturen dem Gericht zu vermitteln, um die Frage der Bestimmung klären zu können.

37 Dieser Nachweis wird zumeist ohne ein Geständnis des Angeklagten nicht gelingen, denn die Sicherungen auf EDV-Basis haben oftmals Schwachstellen. Wollte ein Gericht einen Täter trotzdem verurteilen, so muß es zumindest davon überzeugt sein, daß eben solche Schwachstellen bei dem penetrierten Computer nicht existieren.

von Kontrollinformationen, die für die Übertragung notwendig sind. Der Vergleich von zwei ausgedruckt vorliegenden Dateien ist, wenn diese nicht in vergleichbarer Form aufgearbeitet worden sind, ebenfalls nicht durch einen Laien möglich.
Ausgehend von den in der Rechtsprechung entwickelten Voraussetzungen für die Heranziehung eines Sachverständigen[38] bleibt für § 202a Abs.1 StGB festzustellen, daß der Richter nicht ohne Rückgriff auf den Sachverständigenbeweis seine Entscheidung treffen kann. Die technischen Anforderungen überschreiten regelmäßig die Grenze der eigenen Beurteilungsfähigkeit eines Richters, es sei denn, er ist trotz des technischen Schwierigkeitsgrades aufgrund eigener Sachkunde mit dem Thema vertraut. Ein Sachverständiger ist zwingend erforderlich, wenn die Originaldaten nicht mehr vorhanden sind, sondern nur noch vom Täter verarbeitete Informationen sichergestellt werden konnten.[39]

Der Sachverständigenbeweis prägt somit das Hauptverfahren, falls der Angeklagte nicht gesteht.

9.3.3. Zusammenfassung

Die Hindernisse und erheblichen finanziellen Aufwendungen, die sowohl während des Ermittlungsverfahrens als auch im Hauptverfahren auftreten, erschweren die praktische Umsetzung des in § 202a Abs.1 StGB gewährleisteten Rechtsschutzes.
Aus zivilrechtlicher Sicht gewinnt das Strafverfahren für den materiell Geschädigten allerdings wiederum an Bedeutung, denn § 202a Abs.1 StGB ist ein Schutzgesetz im Sinne von § 823 Abs.2 BGB.[40]

---

38 BGHSt 12, S.18, S.20; BGH, NStZ 1985, S.420 und S.421; BGH, StV 1984, S.232, S.233; in der Literatur: Karlsruher-Kommentar/Herdegen, § 244 StPO RdNr.27 m.w.N.
39 Diese in ersten Moment eher theoretisch anmutende Fallgestaltung hat erhebliche juristische Bedeutung. Ihr liegt das Verschaffen von Quellcodes zugrunde. Hierbei handelt es sich um Programme, die zwar vollständig geschrieben, aber noch nicht in eine für den Computer verständliche Maschinensprache umgewandelt worden sind. Durch einen Vorgang, der "compiling" genannt wird, entsteht aus dem Quellcode ein funktionsfähiges Computerprogramm.
Das LG Hamburg (Urteil vom 7.9.1983; zitiert bei Harte-Bavendamm, CuR 1986, S.615, S.616) war gezwungen, einen Sachverständigen einzuschalten, als ein Spielprogramm von einem Täter modifiziert worden war. Das Original wurde nicht bei ihm gefunden. Der Sachverständige stellte fest, daß von den 7000 Bytes des Originalprogramms 5695 Bytes eindeutig parallelen Datenabläufen zuzuordnen waren. Auffällig war zudem, daß willkürliche und eindeutig fehlerhafte Merkmale des Originals ebenfalls in der Kopie zu finden waren.
40 Kilian/Heussen/Harte-Bavendamm, Abschn. 50, RdNr.31; Zielinski, S.115, S.122

Die Voraussetzungen der zivilrechtlichen Anspruchsgrundlage kann der Betroffene ohne eigenes Kostenrisiko im Strafverfahren ermitteln lassen.
Ob sich diese Überlegung in der Realität durchsetzt, bleibt abzuwarten.

10. Ist das Merkmal der Sicherung zeitgemäß?

Die Frage, ob das Tatbestandsmerkmal 'besonders gesichert' noch zeitgemäß ist, stellt sich aufgrund der Bedeutung der Information in der heutigen Gesellschaft. Nicht umsonst wird die zweite Hälfte des 20. Jahrhunderts als Beginn des Informationszeitalters bezeichnet.
Aufgrund der komplexen Entscheidungsabläufe in der Wirtschaft und des dauernden Versuches, diese Vorgänge zu optimieren, werden immer mehr Informationen benötigt. Maßgebend ist heute in besonderer Weise der Informationsvorsprung. Sein Verlust hat nicht mehr kalkulierbare Folgen. Der exklusive Besitz an Daten ist für viele Entscheidungsträger in der Wirtschaft von größerer Bedeutung als der durch Diebstahl bedrohte Besitz an körperlichen Gegenständen. Hierbei muß es sich nicht notwendigerweise um geheime Informationen handeln. Oft ist erst aus der Summe vieler frei zugänglicher Daten eine Entscheidungshilfe zu ermitteln.
Dies gilt nicht nur für Wirtschaftsunternehmen, sondern in vergleichbarer Weise auch für Privatpersonen. So kann zum Beispiel die Weitergabe von Einkommenszahlen an das Finanzamt für den Steuerzahler erhebliche Konsequenzen haben.
Erst die elektronische Datenverarbeitung ist in der Lage, diese Mengen an Informationen zu erfassen, zu verwalten und in verwertbaren Entscheidungshilfen zusammenzufassen. Die mit Hilfe eines Computers erfaßten Daten sind deshalb für die Wirtschaft und für Privatpersonen ein dringend schützenswertes Gut.
Aus dieser Sicht resultiert die Forderung nach einem weitestgehenden Schutz aller EDV-mäßig erfaßten Daten vor jeder Art der Beeinträchtigung. Trotzdem entschied sich der Gesetzgeber, die einzelnen Normen gegen die Computerkriminalität nicht in gleicher Weise zu gestalten. Die Computermanipulation gemäß § 263a StGB und die Computersabotage gemäß § 303a StGB stellen den Angriff auf jede Information unter Strafe, während das Ausspähen von Daten nur unter der Voraussetzung strafbar ist, daß das Tatobjekt gegen unberechtigten Zugang besonders gesichert ist.
Demgegenüber werden körperliche Gegenstände gegen Zerstörung in § 303 StGB und gegen Diebstahl in § 242 StGB unabhängig von dem Vorliegen einer Sicherung geschützt.
Der Grund für die differenzierte Behandlung von Sachen und Daten im Falle der "Wegnahme" liegt im unterschiedlichen Tatobjekt. Zum einen führt ein Ausspähen von Daten im Gegensatz zum Diebstahl nicht automatisch zum Verlust des Tatobjektes beim Opfer. Es entsteht zumeist nur eine Kopie, die den Täter in die gleiche Position versetzt wie das Opfer. Der Berechtigte verliert nicht die Möglichkeit, die Daten zu nutzen und über sie zu verfügen. § 202a Abs.1 StGB umschreibt nicht den Verlust der Rechtsposition, sondern die Preisgabe der Ausschließlichkeitsstellung gegenüber dem Täter.
Zum anderen resultiert aus dem Element der Preisgabe die Notwendigkeit, neben

der subjektiven Bestimmung der Daten durch den Berechtigten eine auch für den Täter erkennbare objektive Grenze zu ziehen. Die Preisgabe von Informationen ist wertneutral und läßt sich in drei Kategorien einteilen. Neben der Preisgabe, die gegen den Willen des Dateninhabers erfolgt, existiert die beabsichtigte und zielgerichtete Weitergabe. Diese Preisgabe heißt im positiven Sinne Kommunikation und ist Grundvoraussetzung für jede Informationsgesellschaft. Desweiteren kann der Berechtigte einer Preisgabe gleichgültig gegenüberstehen, so daß die Datenerlangung des Dritten aus Sicht des Dateninhabers zufällig und ohne negative Konsequenzen erfolgt.

Nur in der ersten Konstellation erlangt ein Unberechtigter illegal Daten. Für ihn ist die subjektive Zweckbestimmung des Berechtigten nicht ohne weiteres nachzuvollziehen. Insbesondere die Abgrenzung zwischen der ablehnenden und der gleichgültigen Haltung des Berechtigten ist den Daten nicht zu entnehmen. Im Gegensatz zum Diebstahl ist allein aus der Zuordnung von Daten zu einem Berechtigten nicht automatisch zu schließen, daß die Informationen nur beim Berechtigten verbleiben sollen. Der Diebstahl und § 202a Abs.1 StGB sind deshalb nicht gleichzusetzen, denn der Schutz von körperlichen Sachen kennt nur die gezielte Weitergabe und die illegale Wegnahme. Die vom Berechtigten geduldete, von ihm gleichgültig hingenommene Wegnahme ist dem Diebstahl faktisch unbekannt. Insoweit liegt ausschließlich eine Parallele zu § 202 StGB vor.

Die Grenze zwischen legalem und illegalem Handeln konkretisiert sich für einen Dritten somit nicht allein durch die oft innerlich bleibende Bestimmung der Daten.

Diese für jede Form von Information abgeleiteten Grundsätze gelten ebenso für Daten, die mit Hilfe von Rechnern verwaltet werden.[1]
Deshalb läßt sich bei dem Überfluß an Informationen und insbesondere der Vielzahl an frei zugänglichen Daten die Preisgabe von Informationen nur in eingeschränkter Weise verhindern. Um den Tatbestand eindeutig abgrenzen zu können, hat sich der Gesetzgeber für das objektive Merkmal der Sicherung entschieden, da es für jeden wahrnehmbar ist.
Hierdurch wird neben der rechtlichen Notwendigkeit, dem Eindringen die Strafbarkeitsgrenze deutlich aufzuzeigen, zudem das gesellschaftspolitische Ziel erreicht, die bis heute vernachlässigte Datensicherung zu fördern.

---

1 Folgendes Beispiel kann dies verdeutlichen:
In einem Rechenzentrum wird ein neuer Mitarbeiter eingewiesen. Das Programm, mit dem er arbeiten soll, ist für ihn bestimmt. Außerdem sind weitere Programme und Systeminformationen vorhanden, die jedem Benutzer bei Abfrage zur Verfügung gestellt werden. Darüber hinaus existieren Ergebnisse fremder Mitarbeiter, deren Preisgabe zumindest zum jetzigen Zeitpunkt nicht beabsichtigt ist. Unter die illegale Informationserlangung im Sinne von § 202a Abs.1 StGB fällt nur die letztgenannte Kategorie von Daten.

Dies ermöglicht jedem Dateninhaber, durch das eigene Verhalten seine Informationen dem Schutz des Strafrechtes zu unterstellen.

Um strafbares Verhalten überhaupt definieren zu können, benötigt das Gesetz somit das Tatbestandsmerkmal der 'besonderen Zugangssicherung'.

11. Abschließende Bewertung

Der § 202a Abs.1 StGB zeigt sich beim ersten Lesen als eine eher unscheinbare Norm an einer wenig beachteten Stelle des Gesetzes.
Doch dieser erste Schein trügt. Die Zahl der Straftaten im Sinne von § 202a Abs.1 StGB wird in Zukunft stark ansteigen.
Steht heute noch die Frage des physikalischen Zugangs zu fremden Daten im Vordergrund, so wird zukünftig durch die steigende Vernetzung von Computern der logische Zugriff auf übertragene Daten oder Massenspeicher die häufigste Handlungsweise darstellen.
Die durch den elektronischen Zugriff fast vollständig gewährleistete Anonymität senkt die Hemmschwelle des Täters, strafbare Handlungen gemäß § 202a Abs.1 StGB zu begehen. Deshalb sprechen Hacker nicht von Datendiebstahl oder dem Ausspähen von Informationen, sondern allenfalls von ungewolltem Datenaustausch.

Aus materiellrechtlicher Sicht ist der Wortlaut des § 202a StGB geeignet, dieser steigenden Bedrohung entgegenzuwirken. Insbesondere ist entgegen der gesetzgeberischen Begründung das Hacken strafbar.
Der Wortlaut dieser Vorschrift umschreibt im Gegensatz zu anderen Normen des 2. WiKG, die wie § 303a StGB zur Bekämpfung der Computerkriminalität in das Strafgesetzbuch eingeführt wurden, in seinen Handlungsvarianten ein unstreitig strafbares Verhalten.
Durch die Aufnahme des Tatbestandsmerkmales 'besonders gesichert' wird dem Ausspähenden der entgegenstehende Wille des Berechtigten dokumentiert, so daß der Eindringling das von ihm verwirklichte Unrecht klar erkennen kann.

Allerdings ist der in § 202a Abs.1 StGB zugrundegelegte Sicherungsbegriff nicht vergleichbar mit der bis heute durch Rechtsprechung und Literatur entwickelten Auslegung zur gleichlautenden Terminologie bei § 243 Abs.1 S.2 Nr.2 StGB.
Das Gesetzesziel, das Ausspähen von gesicherten und computererfaßten Informationen zu verhindern, ist nur im Zusammenwirken von strafrechtlicher Drohung und verantwortlichem Handeln des Verfügungsberechtigten zu erreichen. Aber gerade in der elektronischen Datenverarbeitung fehlt auf Seiten der Dateninhaber auch heute noch ein ausreichendes Problembewußtsein. Diese Einstellung ändert sich nur, wenn das Gesetz die Verfügungsberechtigten zwingt, den Schutz ihrer Daten nicht nur durch mangelhafte und einmalige Handlungen zu gewährleisten. Das Gesetz muß sich deshalb auch an den Rechtsgutsträger wenden und Pflichten für ihn normieren.
Aus diesen Überlegungen leitet sich die Sorgfaltspflicht des Dateninhabers ab, die den Sicherungsbegriff erheblich reduziert. Dabei darf man das Sorgfalts-

element nicht mit der Kostenfrage verwechseln, denn nicht die kostenintensivste Sicherung ist bei der Bewertung maßgebend, sondern das eigene Verhalten. Darüber hinaus ist das Merkmal der Eigenverantwortlichkeit auch auf die Auslegung der besonderen Sicherung in § 202 Abs.1 StGB und § 243 Abs.1 S.2 Nr.2 StGB übertragbar. Dies hat zur Folge, daß sich die bis heute weite Anwendung gerade beim besonders schweren Fall des Diebstahls reduziert.

Im Gegensatz zur restriktiven Auslegung der besonderen Sicherung ist der Zugangsbegriff in § 202a Abs.1 StGB weit zu fassen und schränkt den Tatbestand nicht ein. Indem das Gesetz den Begriff 'Zugang' verwendet, betont es die eigenständige Bedeutung der mechanischen gegenüber den logischen Sicherungen.

Neben den Merkmalen der besonderen Zugangssicherung sind der Datenbegriff, die Zustände des Speicherns und Übertragens sowie die mangelnde Berechtigung grundsätzlich neu zu definieren.

Ob allerdings § 202a Abs.1 StGB aufgrund der im neunten Kapitel aufgezeigten strafprozessualen Probleme auch tatsächlich die wünschenswerte Bedeutung erlangt, ist jetzt noch nicht zu klären. Die Antwort hängt einerseits von der Bereitschaft der Opfer ab, die Strafverfolgungsbehörden zu unterstützen und andererseits von der Bereitschaft der Strafverfolgungsbehörden, sich in eine technisch komplizierte Materie einzuarbeiten.

Aus dieser Arbeit ergeben sich zwei Reformvorschläge zum Tatbestand des Ausspähens von Daten.

Reformvorschläge:

1. Tatbestandsmerkmal 'unberechtigt'
Das Tatbestandsmerkmal 'unberechtigt' ist zu streichen.
Aufgrund der sich schon aus der Sorgfaltsfunktion ergebenden Notwendigkeit, Sicherungen gegen alle wahrscheinlichen Vorgehensweisen zu treffen, bleibt dem Begriff kein eigenständiger Sinngehalt. Um Fehlinterpretationen zu vermeiden, ist das Wort 'unberechtigt' deshalb aus dem Gesetzestext herauszunehmen.

2. Strafantrag
Das gemäß § 205 StGB für § 202a Abs.1 StGB geltende absolute Strafantragserfordernis ist in ein relatives Erfordernis umzuwandeln.
Die jetzige Fassung widerspricht der Gesetzesintention. Durch die Einführung eines relativen Strafantragserfordernisses würde den Strafverfolgungsbehörden die Möglichkeit gegeben, auch gegen den Willen des Opfers zu ermitteln. Diese Ge-

setzesänderung ist erforderlich, denn die Motivation des Opfers, die Tat nicht publik werden zu lassen, ist nicht in jedem Fall anzuerkennen. Die Integrität der Datennetze ist ein Allgemeingut. Zudem entkriminalisiert die noch immer anzutreffende Firmenpolitik vieler Betroffener, Straftaten gemäß § 202a Abs.1 StGB nicht zur Anzeige zu bringen, um einen Imageverlust zu verhindern, de facto die Handlungen der Täter. Zu der schon mehrfach angesprochenen Überkriminalisierung führt diese Erweiterung ebenfalls nicht. Denn auch die Ermittlungsbehörden kennen den technischen und finanziellen Aufwand, um einen Täter zu überführen. Es ist deshalb mehr als eine Vermutung, daß diese sich bei der Strafverfolgung auf schwerwiegende Verletzungen des § 202a Abs.1 StGB beschränken werden.

Abkürzungsverzeichnis:

a.A.	andere Auffassung
a.a.O.	am angegebenen Ort
Abb.	Abbildung
Abs.	Absatz
Abschn.	Abschnitt
a.F.	alte Fassung
AG	Aktiengesellschaft
AGB	Allgemeine Geschäftsbedingungen
allg.	allgemein
Anh.	Anhang
Anl.	Anlage(n)
Anm.	Anmerkung
Art.	Artikel
ASCII	American Standard Code for Information Interchange
AT	Allgemeiner Teil
Aufl.	Auflage
bayDSG	Bayerisches Gesetz zum Schutz vor Mißbrauch personenbezogener Daten bei der Datenverarbeitung (Bayerisches Datenschutzgesetz)
BayObLG	Bayrisches Oberstes Landgericht
BB	Betriebsberater (Zeitschrift)
Bd.	Band
BDSG	Gesetz zum Schutz vor Mißbrauch personenbezogener Daten bei der Datenverarbeitung (Bundesdatenschutzgesetz)
Begr.	Begründung
Beil.	Beilage
Bem.	Bemerkung
BFuP	Betriebswirtschaftliche Forschung und Praxis (Zeitschrift)
BGB	Bürgerliches Gesetzbuch
BGBl.	Bundesgesetzblatt
BGH	Bundesgerichtshof
BGHSt	Entscheidungen des Bundesgerichtshofes in Strafsachen
BHO	Bundeshaushaltsordnung
BKA	Bundeskriminalamt
BR	Bundesrat
BR - Drs.	Drucksache des Bundesrates
BT	Besonderer Teil
BT-1	Besonderer Teil Band 1
BT-2	Besonderer Teil Band 2
BT-Anhörung	Bundestagsanhörung
BTag	Bundestag
BT - Drs.	Drucksache des Deutschen Bundestages
BTX	Bildschirmtext

BVerfG	Bundesverfassungsgericht
BVerfGE	Entscheidungen des Bundesverfassungsgerichtes
bzgl.	bezüglich
bzw.	beziehungsweise
CCC	ChaosComputerClub
CD	Compact Disk
CD-ROM	Compact Disk - Read Only Memory
CIM	Computer Input from Microfilm
COM	Computer Output on Microfilm
CuR	Computer und Recht (Zeitschrift)
DB	Der Betrieb (Zeitschrift)
ders.	derselbe
d.h.	das heißt
dies.	dieselbe(n)
DIN	Deutsche Industrienorm
Diss.	Dissertation
DM	Deutsche Mark
DOS	Disk Operating System
DSG-NW	Gesetz zum Schutz vor Mißbrauch personenbezogener Daten bei der Datenverarbeitung (Datenschutzgesetz Nordrhein-Westfalen)
DSWR	Datenverarbeitung, Steuer, Wirtschaft, Recht (Zeitschrift)
DuD	Datenschutz und Datensicherung (Zeitschrift)
d.V.	der Verfasser
DV	Datenverarbeitung
DVR	Datenverarbeitung im Recht (Zeitschrift)
E	Entwurf
EDV	Elektronische Datenverarbeitung
Einf.	Einführung
Einl.	Einleitung
EPROM	Erasable Programable Read Only Memory
Erl.	Erläuterung(en)
e.V.	eingetragener Verein
f	folgende
FAZ	Frankfurter Allgemeine Zeitung
ff	folgende folgende
FN	Fußnote(n)
FS	Festschrift
GA	Goltdammer's Archiv für Strafrecht
GBl.	Gesetzblatt
Ges.	Gesetz
GG	Grundgesetz für die Bundesrepublik Deutschland

GmbH	Gesellschaft mit beschränkter Haftung
GMBl.	Gemeinsames Minesterialblatt
gr.	groß(er)
GRUR	Gewerblicher Rechtsschutz und Urheberrecht (Zeitschrift)
GVG	Gerichtsverfassungsgesetz
HDSG	Hessisches Datenschutzgesetz
hL	herrschende Lehre
hM	herrschende Meinung
i.Br.	im Breisgau
i.d.F.	in der Fassung
i.S.	im Sinne
ISDN	Integratet Service Digital Network
IuR	Informatik und Recht (Zeitschrift)
i.V.m.	in Verbindung mit
JA	Juristische Arbeitsblätter (Zeitschrift)
Jura	Juristische Ausbildung (Zeitschrift)
juris	Juristisches Informationssystem des Bundesministeriums der Justiz
JuS	Juristische Schulung (Zeitschrift)
JZ	Juristenzeitung (Zeitschrift)
Kap.	Kapitel
LG	Landgericht
LH	Lehrheft
lit.	litera
Lit.	Literatur
m. Anm.	mit Anmerkungen
MDR	Monatsschrift des Deutschen Recht (Zeitschrift)
Mio.	Millionen
Modem	Modulation/Demodulation
MS	Microsoft
m.w.N.	mit weiteren Nachweisen
n.F.	neue Fassung
NJW	Neue Juristische Wochenschrift (Zeitschrift)
NJW-CoR	Neue Juristische Wochenschrift Computerreport (Zeitschrift)
Nr.	Nummer
NStZ	Neue Zeitschrift für Strafrecht
NUI	Network User Identification
OECD	Organization for Economic Cooperation and Development

OLG	Oberlandesgericht
o.V.	ohne Verfasser
PC	Personalcomputer
Prot.	Protokolle
RAM	Random Access Memory
RdNr.	Randnummer
ROM	Read Only Memory
Rspr.	Rechtsprechung
r-p LDatG	Landgesetz zum Schutze des Bürgers bei der Verarbeitung personenbezogener Daten (Landesdatenschutzgesetz des Landes Rheinland-Pfalz)
S.	Seite
s.-h.	schleswig-holsteinisch(es)
SK	Systematischer Kommentar
s.o.	siehe oben
sog.	sogenannte(r)
StGB	Strafgesetzbuch
StPO	Strafprozeßordnung
StR	Strafrecht
StV	Strafverteidiger (Zeitschrift)
Tab.	Tabelle
TB	Tätigkeitsbericht
UrhG	Urhebergesetz
u.U.	unter Umständen
UWG	Gesetz gegen den unlauteren Wettbewerb
V	Volt
VO	Verordnung
Vor.	Vorbemerkungen
1. WiKG	Erstes Gesetz zur Bekämpfung der Wirtschaftskriminalität
2. WiKG	Zweites Gesetz zur Bekämpfung der Wirtschaftskriminalität
wistra	Zeitschrift für Wirtschaft, Steuer, Strafrecht
WM	Wertpapiermitteilungen (Zeitschrift)
WRP	Wettbewerb im Recht und Praxis (Zeitschrift)
WS	Wintersemester
z.B.	zum Beispiel
ZStW	Zeitschrift für die gesamte Strafrechtswissenschaft

Literaturverzeichnis:

Achenbach, Hans	Das Zweite Gesetz zur Bekämpfung der Wirtschaftskriminalität, in: NJW 1986, S. 1835
Amelung, Knut	Rechtsgüterschutz und Schutz der Gesellschaft, Frankfurt, Diss. 1972
Andrich, Rene	Computer-Kriminalität - ein wachsendes Risiko, in: DB Spezial 1985, S. 20
Arbeitsgemeinschaft des Arbeitskreises Datenschutz und Datensicherung im G.U.I.D.E.	Datenschutz und Datensicherung bei individueller Datenverarbeitung (IDV), in: DuD 1987, S. 238
Arbeitskreis "Datenschutz" im SAVE	Datensicherungsmaßnahmen bei Einsatz von Personalcomputern, in: DuD 1986, S. 349
Arzt, Gunther und Weber, Ulrich	Strafrecht Besonderer Teil LH 3: Vermögensdelikte (Kernbereich), 2. Auflage Bielefeld 1986
Dies.	Strafrecht Besonderer Teil LH 1:, Delikte gegen die Person, 3. Auflage Bielefeld 1988
Auernhammer, Herbert	Bundesdatenschutzgesetz, 2. Auflage München, Berlin, Bonn, Köln 1981
Baumann, Jürgen und Weber, Ulrich	Strafrecht Allgemeiner Teil, 9. Auflage Bielefeld 1985
Baumbach, Adolf und Hefermehl, Wolfgang	Kommentar zum Wettbewerbsrecht 16. Auflage München 1990
Becker, Ernst Eugen	Ordnungsmäßigkeit der Datenverarbeitung - Werden die Warnungen vor Sicherheitsrisiken ignoriert?, in: DuD 1986, S. 223
Bender, Berndt	Zur Methode der Rechtsfindung bei der Auslegung und Fortbildung gesetzten Rechts, in: JZ 1957, S. 593
Betzl, Karl Michael	Computerkriminalität - Dichtung oder Wahrheit, in: DSWR 1972, S. 317
Ders.	Computerkriminalität - Viel Lärm um Nichts, in: DSWR 1972, S. 475
Ders.	Computerkriminalität - Bemerkungen zu einer Richtigstellung, in: DSWR 1973, S. 254
Bittner, Wolfgang	Schwerer Diebstahl nach § 243 Ziff. 2 StGB, in: MDR 1971, S. 104
Blei, Hermann	Anmerkung zu Bittner 'Schwerer Diebstahl nach § 243 Ziff. 2 StGB', in: JA StR 1971, S. 59

Ders.	Anmerkung zum BGH-Urteil vom 18.11.1971, in: JA StR 1972, S. 49
Ders.	Strafrecht II Besonderer Teil, 12. Auflage München 1983
Ders.	Strafrecht I Allgemeiner Teil, 18. Auflage München 1983
Bockelmann, Paul und Volk, Klaus	Strafrecht Allgemeiner Teil, 4. Auflage München 1987
Bschorr, Christian, K.	Computer-Kriminalität: Gefahr und Abwehr, Düsseldorf, Wien, New York 1987
Bühler, Christoph	Ein Versuch Computerkriminellen das Handwerk zu legen: Das Zweite Gesetz zur Bekämpfung der Wirtschaftskriminalität, in: MDR 1987, S. 448
Calliess, Rolf-Peter	Die Rechtsnatur der "besonders schweren Fälle" und Regelbeispiele im Strafrecht, in: JZ 1975, S. 112
Dierstein, Rüdiger	Von Viren, trojanischen Pferden und logischen Bomben, in: NJW-CoR Heft 4/1990, S. 8
Dölling, Dieter	Diebstahl in einem besonders schweren Fall bei Ausschaltung einer Alarmanlage in einem Kaufhaus? - OLG Stuttgart NStZ 1985, 76, in: JuS 1986, S. 688
Dreher, Eduard und Tröndle, Herbert	Strafgesetzbuch und Nebengesetze, 42. Auflage München 1985
Dies.	Strafgesetzbuch und Nebengesetze 45. Auflage München 1991
Engelhard, Hans A.	Computerkriminalität und deren Bekämpfung durch strafrechtliche Reformen, in: DVR 1985, S. 165
Engisch, Karl	Logische Studien zur Gesetzesanwendung, 3. Auflage Heidelberg 1963
Etter, Eberhard	Noch einmal: Systematisches Entleeren von Glücksspielautomaten, in: CuR 1988, S. 1021
Fischer, Thomas	Computer-Kriminalität, Bern 1979
Frey, Silvia	Computerkriminalität in eigentums- und vermögensstrafrechtlicher Sicht, München, Diss. 1987
Frommel, Monika	Das Zweite Gesetz zur Bekämpfung der Wirtschaftskriminalität, in: JuS 1987, S. 667
Gallas, Hans Ullrich, Geiger, Hansjörg, Schneider, Jochen, Schwappach, Jürgen und Schweinach, Joachim	Datenschutzrecht, 6. Auflage Stuttgart, Berlin, Köln, Mainz, Stand: Januar 1986

Gamm, Otto-Friedrich von	Der urheber- und wettbewerbsrechtliche Schutz von Rechtsprogrammen, in: WRP 1969, S. 96
Gliss, Hans	State of the Art (Stand der Dinge), in: "Sicherheit im EDV-Betrieb" Stuttgart 1989, S. 5
Gössel, Karl Heinz	Das Rechtsgut als ungeschriebenes strafbarkeitseinschränkendes Tatbestandsmerkmal, in: Festschrift für Dietrich Oehler zum 70. Geburtstag Köln Berlin Bonn München 1985
ders.	Strafrecht - Besonderer Teil Band 1, Delikte gegen immaterielle Rechtsgüter des Individuums, Heidelberg 1987
Gola, Peter	Zur Entwicklung des Datenschutzrechts im Jahre 1986, in: NJW 1987, S. 1675
Goldmann, Günther und Stenger, Hans-Jürgen	Unbefugtes Eindringen in Computersysteme, in: CuR 1989, S. 543
Granderath, Peter	Das Zweite Gesetz zur Bekämpfung der Wirtschaftskriminalität, in: DB 1986 Beilage 18 1986, S. 1
Gravenreuth, Günter von	Computerspiele und Urheberrecht, in: CuR 1987, S. 161
Ders.	Anmerkung zum Urteil des AG Mainz vom 22. Februar 1989, in: CuR 1989, S. 626
Ders.	Computerviren, Hacker, Datenspione, Crasher und Cracker, in: NStZ 1989, S. 201
Gusy, Christoph	Das Grundrecht der Post- und Fernmeldegeheimnisse, in: JuS 1986, S. 89
Haft, Fritjof	Computerkriminalität und Datenschutz, in: DSWR 1979, S. 136
Ders.	Strafrecht Allgemeiner Teil, 2. Auflage München 1984
Ders.	Strafrecht Besonderer Teil, 4. Auflage München 1991
Ders.	Das neue Computer-Strafrecht, in: DSWR 1986, S. 255
Ders.	Das Zweite Gesetz zur Bekämpfung der Wirtschaftskriminalität (2.WiKG), in: NStZ 1987, S. 6
Ders.	Der Gesetzgeber und die moderne Technik, in: DSWR 1988, S. 235
Hahne, Bernd und Kassel, Hans	Was darf ein Computer? 2. Auflage Berlin, München 1986
Harte-Bavendamm, Henning	Wettbewerbsrechtlicher Schutz von Computerprogrammen, in: CuR 1986, S. 615

Haß, Gerhard	Der strafrechtliche Schutz von Computerprogrammen, in: "Rechtsschutz und Verwertung von Computerprogrammen" Lehmann, Michael (Hrsg.) Köln 1988, S. 299
Hauptmann, Peter-Helge	Zur Strafbarkeit des sog. Computerhackens - Die Problematik des Tatbestandsmerkmals "Verschaffen" in § 202a StGB, in: iur-PC 1989, S.215
Heine, Werner	Die Hacker, Reinbek 1985
Hellfors, Sven und Seiz, Manfred	Praxis betrieblicher Datensicherung, Berlin 1977
Herb, Armin	Mangelnde Normenklarheit im Datenschutz - Strafrecht, Göppingen, Diss. 1984
Herrmann, Ingo	Darum geht es Computerkriminalität, in: Der Kriminalist 1986, S. 462
Hildebrand, Dietmar	Kopierschutzmechanismen und ihre Auswirkungen auf Identitätsprüfungen, in: "Schutz von Computersoftware Technische und rechtliche Aspekte" Kilian, Wolfgang und Gorny, Peter (Hrsg.) Darmstadt 1987, S. 35
Horn, Eckard, Rudolphi, Hans Joachim und Samson, Erich	Systematischer Kommentar zum Strafgesetzbuch, Band I Allgemeiner Teil, Stand: April 1991 Frankfurt, Band II Besonderer Teil, Stand: Juni 1991 Frankfurt
Jakobs, Günther	Strafrecht Allgemeiner Teil, Die Grundlagen und die Zurechnungslehre, 2. Auflage Berlin, New York 1991
Jescheck, Hans-Heinrich	Lehrbuch des Strafrechts Allgemeiner Teil, 4. Auflage Berlin 1988
Jung, Heike	Die Inlandsteilnahme an ausländischer strafloser Haupttat, in: JZ 1979, S. 325
Kassel, Hans und Strnad, Peter	Lexikon Datenschutz und Sicherung, Berlin, München 1978
Kilian, Wolfgang, Heussen, Benno	Computerrechtshandbuch, München Stand: September 1991
Kleinknecht, Theodor und Meyer, Karlheinz	Strafprozeßordnung, 39. Auflage München 1989
Kohlmann, Günter, Löffeler, Peter	Wirtschaftskriminalität im Informationszeitalter, in: BFuP 1990, S. 188
Krehl, Christoph	Anmerkung zum OLG Hamm, StV 1988, S.376, in: StV 1988, S. 376
Kubica, Johann	Computerkriminalität - Versuch einer Systematisierung, in: Schimmelpfeng-REVIEW 1985, S. 49
Kuhlmann, Jan	Kein Rechtsschutz für den Kopierschutz? in: CuR 1989, S. 177

Lackner, Karl	Strafgesetzbuch, 19. Auflage München 1991
Lampe, Ernst Joachim	Computerkriminalität - nur fauler Zauber? in: DSWR 1974, S. 242
Ders.	Die strafrechtliche Behandlung der sog. Computerkriminalität, in: GA 1975, S. 1
Lehmann, Michael	Der Rechtsschutz von Computerprogrammen in Deutschland, in: NJW 1988, S. 2419
Lehmann, Michael und Schneider, Jochen	Kriterien der Werkqualität von Computerspielen gem. § 2 UrhG, in: NJW 1990, S. 3181
Leicht, Armin	Computerspionage - Die "besondere Sicherung gegen unberechtigten Zugang" (§ 202a StGB), in: IuR 1987, S. 45
Leipziger Kommentar zum Strafgesetzbuch	§§ 263 - 370, 9 Auflage Berlin, New York 1977
Leipziger Kommentar zum Strafgesetzbuch	Einleitung §§ 1 - 31, 1985, §§ 201 - 210, 1988, §§ 242 - 248c, 1988, 10. Auflage Berlin, New York
Lenckner, Theodor	Computerkriminalität und Vermögensdelikte, Heidelberg, Karlsruhe 1981
Lenckner, Theodor und Winkelbauer, Wolfgang	Computerkriminalität - Möglichkeiten und Grenzen des 2.WiKG (I), in: CuR 1986, S. 483
Liebl, Karlhans	Erscheinungsformen und beispielhafte Fälle, in: "Computermißbrauch, Computersicherheit: Fälle - Abwehr - Aufdeckung" Zimmerli, Erwin und Liebl, Karlhans (Hrsg.) Ingelheim 1984, S. 25
Löwe, Edvard und Rosenberg	Die Strafprozeßordnung und das Gerichtsverfassungsgesetz, Erster Band: Einleitung; §§ 1-111n, 24. Auflage Berlin, New York 1988
Maiwald, Manfred	Bestimmtheitsgebot, tatbestandliche Typisierung und die Technik der Regelbeispiele, in: Festschrift für Wilhelm Gallas zum 70. Geburtstag Berlin, New York 1973, S. 137
Marx, Michael	Erfaßt das geltende Strafrecht strafwürdige Handlungen aus dem Bereich der sog. Computerkriminalität? in: DSWR 1977, S. 323
Ders.	Zur Auslegung des Tatbestandsmerkmals "Übermitteln" in § 41 Abs.1 Nr.1 BDSG, in: DSWR 1979, S. 86
Maurach, Reinhart, Schroeder, Friedrich-Christian und Maiwald, Manfred	Strafrecht Besonderer Teil Teilband 1, 7. Auflage Heidelberg 1988

Maurach, Reinhart und Zipf, Heinz	Strafrecht Allgemeiner Teil Teilband 1, 7. Auflage Heidelberg 1987
Möhrenschlager, Manfred	Der Regierungsentwurf eines Zweiten Gesetzes zur Bekämpfung der Wirtschaftskriminalität, in: wistra 1982, S. 201
Ders.	Das Zweite Gesetz zur Bekämpfung der Wirtschaftskriminalität (2.WiKG), in: wistra 1986, S. 123
Ders.	Das neue Computerstrafrecht, in: wistra 1986, S. 128
Mucksch, Harry	Datenschutz und Datensicherung in Klein- und Mittelbetrieben, Diss. Wiesbaden 1988
Nelles, Ursula	Untreue zum Nachteil von Gesellschaften, Berlin 1991
OECD	Computer related crime: analysis legal policy, Paris 1986
Ordemann, Hans-Joachim, Schomerus, Rudolf und Riegel, Reinhard	Bundesdatenschutzgesetz, 4. Auflage München 1988
Otto, Harro	Die neuere Rechtsprechung zu den Vermögensdelikten, in: JZ 1985, S. 21
Ders.	Grundkurs Strafrecht, Allgemeine Strafrechtslehre, 3. Auflage Berlin, New York 1988
Ders.	Grundkurs Strafrecht, Die einzelnen Delikte, 3. Auflage Berlin, New York 1991
Pawlikowsky, Gerhart J.	Punktation von Grundsätzen der Datensicherung, in: DuD 1985, S. 105
Pfeifer, Gerd (Hrsg.)	Karlsruher Kommentar zur Strafprozeßordnung, 2. Auflage München 1987
Pfiszter, Franz	Entwicklung der Computerkriminalität, in: Der Kriminalist 1986, S. 509
Poerting, Peter	(ohne Titel), in: Wirtschaftskriminalität: Arbeitstagung des Bundeskriminalamtes Wiesbaden vom 18. bis 21.Oktober 1983 Wiesbaden 1984, S. 99
Ders.	Informationstechnik und Kriminalitätsgeschehen Erscheinungsbild und Abwehrmaßnahmen, in: BFuP 1990, S. 177
Pohl, Hartmut	Krimineller Mißbrauch von Mikrocomputern, in: DuD 1987, S. 80
Rihaczek, Karl	Datensicherheit als Dienstleistungs-Schichtenmodell, in: "Datensicherheit und Datenschutz" Heilmann, Wolfgang und Reusch, Günter (Hrsg.) Wiesbaden 1984, S. 15

Roxin, Claus	Strafrecht Allgemeiner Teil Band 1, München 1992
Rudolphi, Hans-Joachim, Frisch, Wolfgang, Schlüchter, Ellen, Rogall, Klaus und Wolter, Jürgen	Systematischer Kommentar zur Strafprozeßordnung und zum Gerichtsverfassungsgesetz, Frankfurt am Main Stand: Juli 1988
Rupp, Wolfgang	Computersoftware und Strafrecht, Tübingen, Diss. 1985
Ders.	Verstößt die unbefugte Benutzung eines urheberrechtlich geschützten Computerprogramms gegen §§ 97ff, 106 UrhG? in: GRUR 1986, S. 147
Schaffland, Hans-Jürgen und Wiltfang, Noeme	Bundesdatenschutzgesetz, Berlin Stand: November 1990
Schlüchter, Ellen	Zweites Gesetz zur Bekämpfung der Wirtschaftskriminalität, Heidelberg 1987
Dies.	Zweckentfremdung von Geldspielgeräten durch Computermanipulationen, in: NStZ 1988, S. 53
Schmid, J.	Anmerkung zum Urteil des OLG Hamm vom 23.9.1981 (NJW 1982, S.777), in: JR 1982, S. 119
Schönke, Adolf und Schröder, Horst	Strafgesetzbuch, 22. Auflage München 1985
Dies.	Strafgesetzbuch, 24. Auflage München 1991
Schröder, Horst	Anmerkung zum BGH-Urteil vom 18.11.1971, in: NJW 1972, S. 778
Schünemann, Bernd	Der strafrechtliche Schutz von Privatgeheimnissen, in: ZStW Band 90 1978, S. 11
Sieben, Günter und zur Mühlen, Rainer A.H. von	Computerkriminalität - nicht Dichtung, sondern Wahrheit, in: DSWR 1972, S. 397
Dies.	Computerkriminalität - Viel Lärm um Nichts? Eine Richtigstellung zu den Ausführungen von Betzl in DSWR 15/72, in: DSWR 1973, S. 252
Sieber, Ulrich	Computerkriminalität: Probleme hinter einem Schlagwort, in: DSWR 1974, S. 245
Ders.	Computerkriminalität und Strafrecht 2. Auflage Köln, Berlin, Bonn, München 1980
Ders.	Urheberrechtliche und wettbewerbsrechtliche Erfassung der unbefugten Softwarenutzung, in: BB 1981, S. 1547
Ders.	Gefahr und Abwehr der Computerkriminalität, in: BB 1982, S. 1433
Ders.	Informationstechnologie und Strafrechtsreform, Berlin, Bonn, München 1985

Ders.	The International Handbook on Computer Crime, Chichester, New York, Brisbane, Toronto, Singapore 1986
Ders.	Informationsrecht und Recht der Informationstechnik, in: NJW 1989, S. 2569
Sieg, Rainer	Strafrechtlicher Schutz gegen Computerkriminalität, in: Jura 1986, S. 352
Simitis, Spiros, Dammann, Ulrich, Mallmann, Otto und Reh, Hans-Joachim	Kommentar zum Bundesdatenschutzgesetz, 3. Auflage Baden Baden 1981
Steinke, Wolfgang	Kriminalität durch Beeinflussung von Rechnerabläufen, in: NJW 1975, S. 1867
Ders.	Kriminalität durch Beeinflussung von Rechnerabläufen, in: NStZ 1984, S. 295
Stratenwerth, Günter	Strafrecht Allgemeiner Teil, 3. Auflage Köln, Berlin, Bonn, München 1981
Suhr, Christian	Zur Begriffsbestimmung von Rechtsgut und Tatobjekt im Strafrecht, in: JA 1990, S. 303
Tiedemann, Klaus	Wirtschaftsstrafrecht und Wirtschaftskriminalität Band 2, Hamburg 1976
Ders.	Die Bekämpfung der Wirtschaftskriminalität durch den Gesetzgeber, in: JZ 1986, S. 865
Ders.	Wirtschaftsstrafrecht - Einführung und Übersicht, in: JuS 1989, S. 689
Weber, Ahrend	Zweites Gesetz zur Bekämpfung der Wirtschaftskriminalität, in: WM 1986, S. 1133
Weck, Gerhard	Datensicherheit, Stuttgart 1984
Welp, Jürgen	Datenveränderung (303a StGB), in: IuR 1988, S.443 und IuR Sonderheft 1988, S.434
Ders.	Rezension von Ellen Schlüchter : Zweites Gesetz zur Bekämpfung der Wirtschaftskriminalität, in: IuR 1987, S. 353
Welzel, Hans	Studien zum System des Strafrechts, in: ZStW Band 58 1939, S. 491
Wessels, Johannes	Zur Problematik der Regelbeispiele für "schwere" und "besonders schwere Fälle", in: Festschrift für Reinhart Maurach zum 70. Geburtstag Karlsruhe 1972, S. 295
Ders.	Strafrecht Allgemeiner Teil, Die Straftat und ihr Aufbau, 21. Auflage Heidelberg 1991

Ders.	Strafrecht Besonderer Teil - 1 , Straftaten gegen Persönlichkeits- und Gemeinschaftswerte, 15. Auflage Heidelberg 1991
Ders.	Strafrecht Besonderer Teil - 2 , Straftaten gegen Vermögenswerte , 14. Auflage Heidelberg 1991
Westphal, Marion	Strafbarkeit des systematischen Entleerens von Glücksspielautomaten, in: CuR 1987, S. 515
Weyer, Heinrich und Pütter, Paul Stefan	Organisation und Technik der Datensicherung, Köln 1983
Wiesel, Georg	Computer-Kriminalität, in: data report Heft 3 1973, S. 24
Winkelbauer, Wolfgang	Computerkriminalität und Strafrecht, in: CuR 1985, S. 40
Wolfram, Gerd	Bürokommunikation und Informationssicherheit, Braunschweig 1986
Zielinski, Diethart	Der strafrechtliche Schutz von Software, in: "Schutz von Computer-Software Technische und rechtliche Aspekte" Kilian, W. und Gorny, P.(Hrsg) Darmstadt 1987, S. 115
Zimmerli, Erwin und Angst, Ernst	Die Aufdeckung von Computerdelikten, in: "Computermißbrauch, Computersicherheit: Fälle - Abwehr - Aufdeckung" Zimmerli, Erwin und Liebl, Karlhans (Hrsg.) Ingelheim 1984, S. 333
zur Mühlen, Rainer A.H. von	Computer-Kriminalität Gefahren und Abwehrmaßnahmen, Berlin 1973
zur Mühlen, Rainer A.H. von und Scholten, Rainer	Computer-Manipulation aus strafrechtlicher Sicht, in: NJW 1971, S. 1642
o. V.	"Datenmißbrauch - Versicherung" nach amerikanischem Vorbild, in: DuD 1987, S. 202
o. V.	Datensicherheit läßt zu wünschen übrig, in: DuD 1987, S. 568
o. V.	Tarife fuers Hacken, in: Auszug aus einer illegalen Datenbank 1988
o. V.	Hacker in den USA verurteilt, in: DSWR 1989, S. 120
o. V.	Enquête EDV-Sicherheit, in: CuR 1990, S. 751

Veröffentlichungen von Bundes- und Landesbehörden

Bundesrechnungshof	Bericht des Bundesrechnungshofes gemäß § 99 BHO über die Sicherheit der Informationsverarbeitung in Rechenzentren der Bundesverwaltung vom 28.8.1990
Der Landesbeauftragte für den Datenschutz im Saarland	10. Tätigkeitsbericht Saarland 1988
Der Landesbeauftragte für den Datenschutz bei der Präsidentin des Schleswig-Holsteinischen Landtages	12. Tätigkeitsbericht Kiel 1990